权威·前沿·原创

皮书系列为
"十二五""十三五"国家重点图书出版规划项目

冰雪蓝皮书

BLUE BOOK OF
ICE AND SNOW SPORTS

中国滑雪产业发展报告
（2019）

ANNUAL REPORT ON DEVELOPMENT OF SKI INDUSTRT IN
CHINA(2019)

主　编／伍　斌　魏庆华　张鸿俊　于　洋
执行主编／赵昀昀

社会科学文献出版社
SOCIAL SCIENCES ACADEMIC PRESS（CHINA）

图书在版编目（CIP）数据

中国滑雪产业发展报告 . 2019/伍斌等主编 . -- 北京：社会科学文献出版社，2019.10
（冰雪蓝皮书）
ISBN 978 - 7 - 5201 - 5586 - 1

Ⅰ.①中…　Ⅱ.①伍…　Ⅲ.①雪上运动 - 体育产业 - 产业发展 - 研究报告 - 中国 - 2019　Ⅳ.①G863.1

中国版本图书馆 CIP 数据核字（2019）第 210576 号

冰雪蓝皮书
中国滑雪产业发展报告（2019）

主　　编/伍　斌　魏庆华　张鸿俊　于　洋
执行主编/赵昀昀

出 版 人/谢寿光
组稿编辑/邓泳红　吴　敏
责任编辑/王　展

出　　版/社会科学文献出版社·皮书出版分社（010）59367127
　　　　　地址：北京市北三环中路甲 29 号院华龙大厦　邮编：100029
　　　　　网址：www.ssap.com.cn
发　　行/市场营销中心（010）59367081　59367083
印　　装/天津千鹤文化传播有限公司

规　　格/开本：787mm × 1092mm　1/16
　　　　　印张：22　字数：329 千字
版　　次/2019 年 10 月第 1 版　2019 年 10 月第 1 次印刷
书　　号/ISBN 978 - 7 - 5201 - 5586 - 1
定　　价/128.00 元

本书如有印装质量问题，请与读者服务中心（010 - 59367028）联系

《中国滑雪产业发展报告（2019）》
编　委　会

机构简介

北京卡宾滑雪集团创立于 2010 年，是中国滑雪场一站式服务品牌，也是国内首家滑雪产业综合服务商。集团深耕滑雪产业数十年，于 2017 年 12 月获"北京市体育产业示范单位"称号，2018 年 1 月获国家体育总局颁发的"体育产业研究基地"称号，为研究院提供更为专业与科学的平台支撑。

北京卡宾冰雪产业研究院依托北京卡宾滑雪集团在中国冰雪产业领域的丰富实践经验、领先的技术优势和业内实力地位，旨在搭建一个集产业规划实践及其研究、咨询服务与人才培养于一体的开放、创新、前沿性的冰雪产业智库平台。

北京卡宾冰雪产业研究院围绕中国冰雪产业发展中的重大问题与战略性问题，对冰雪产业的政府规划、发展定位、产业体系和产业链、产业结构、空间布局、经济社会环境影响、市场分析、产业可持续发展等做出系统性的科学调查和分析研究。研究院组建了一支专业的研究团队，团队成员包括中外资深行业专家、高级咨询顾问和研究员、技术专家、场地规划设计专家以及中国首位滑雪冠军，他们的平均行业经验超过 10 年。团队成员参与了与冬奥会相关的业务，如冬奥会人员培训工作、冬奥会场地规划等。

研究院与中国滑雪协会、新浪网冰雪频道、环球网滑雪频道、中国青年网等专业机构和媒体建立了战略合作关系，形成了"产学研媒"一体化的现代研究体系，加速推动研究成果转化，实现了理论、产品与产业的协同创新。

2016~2018 年，研究院连续三年出版"冰雪蓝皮书"系列，含《中国滑雪产业发展报告》、《中国冰上运动产业发展报告》与《中国冬季奥运会发展报告》；连续三年协助出版《中国滑雪产业白皮书》；2016~2019 年，连续四年协助出版《全球滑雪市场报告》中文版；协助出版《中国·阿勒泰国际古老滑雪文化论坛报告》等滑雪文化历史研究领域专业报告。除此之外，研究院还编制了《2017年北京市冰雪产业发展白皮书》《河北省冰雪产业发展规划（2018～2025年）》《抚顺市冰雪产业发展规划（2018～2025)》《张家口市冰雪运动培训体系建设规划（2019～2022)》《全球冰雪运动培训行业研究报告》等多部冰雪产业发展报告。

主编简介

伍　斌　北京市滑雪协会副主席，北京市石景山区冰雪体育顾问，北京卡宾滑雪集团股份有限公司总裁，北京卡宾冰雪产业研究院院长，北京安泰雪业企业管理有限公司董事长，《中国滑雪产业白皮书》主要撰稿人，北京体育大学特聘专家讲师。历任万科集团冰雪事业部首席战略官、北京万达文化产业集团营运中心高球冰雪部副总经理、吉林北大壶滑雪度假区总经理、河北崇礼多乐美地滑雪度假村总经理、意大利泰尼卡集团中国（北京）公司营销总监、北京雪上飞体育用品有限公司执行董事等。

长期致力于推动国内滑雪产业发展，对国际国内滑雪产业有深入的研究。主笔编写了2015~2018年度《中国滑雪产业白皮书》、2016~2018年度"冰雪蓝皮书"《中国滑雪产业发展报告》以及《张家口市冰雪运动培训体系建设规划（2019~2022）》《全球冰雪运动培训行业研究报告》《我国冰雪产业发展现状及国际比较研究》等多部冰雪产业政府报告，参与编写了《全国冰雪运动发展规划（2016~2025年）》《全国冰雪场地设施建设规划（2016~2022年）》《中国冰上运动产业发展报告（2017）》《中国冬奥经济发展报告（2017）》《河北省冰雪产业发展规划（2018~2025年）》《抚顺市冰雪产业发展规划（2018~2025年）》等多部冰雪产业政府报告，参与编译了2016~2018年度《全球滑雪市场报告》中文版。

魏庆华　资深滑雪场管理专家，现任中雪众源（北京）投资咨询公司董事长。近30年来，一如既往地从事滑雪行业的高级管理和运营工作。历任黑龙江亚布力滑雪场、北京南山滑雪场、崇礼万龙滑雪场和崇礼密苑云顶滑雪场副场长、执行总经理、总经理、副总裁等多个职位。参与数十家滑雪场的规划设计、开发建设和运营管理等一系列实操工作，有着深厚的理论功底和丰富的实践经验。除滑雪场的经营管理之外，还参与或主持滑雪场规范和标准的制定、滑雪产业研究和重要赛会申办等工作。先后参与编制了《体育场所开放条件与技术要求第 6 部分：滑雪场所》《全国冰雪运动发展规划（2016～2025 年）》《全国冰雪场地设施建设规划（2016～2022 年）》等；参与编写了 2015～2018 年度《中国滑雪产业白皮书》和"冰雪蓝皮书"2016～2018 年度《中国滑雪产业发展报告》。作为资深的滑雪运动专家，全程参与了北京携手张家口申办 2022 年冬奥会的工作。

张鸿俊 北京卡宾滑雪集团董事长、黑龙江冰雪产业研究所滑雪场设备运营与管理客座教授，《滑雪去——跟着冠军学滑雪》主编，中国最早最大滑雪场——亚布力滑雪场的开拓者、建设者、管理者。在中国滑雪场选址、规划设计、建设和经营管理方面具有几十年的实践经验，曾先后建设、经营、管理北京八达岭滑雪场、北京怀北国际滑雪场、沈阳怪坡国际滑雪场等多个大型滑雪场项目。主要研究方向为中国造雪系统的技术与设备研发，已成功研发国产人工造雪机，为业内公认的中国滑雪设备技术专家、中国造雪系统专家。主笔编写了 2016～2018 年《中国滑雪产业发展报告》和《中国冰上运动产业发展报告（2017）》、《中国冬奥经济发展报告（2017）》，同时参与冬奥会相关的业务。

于 洋 北京卡宾滑雪集团副总裁，中国滑雪文化研究的践行者，投身冰雪行业近 10 年，专注于滑雪场规划与落地、冰雪文化的研究与传承创新、冰雪产业资源整合等方面的研究。积极参与国内外各种冰雪文化、冰雪产业论坛与学术研讨会，并多次前往奥地利、意大利、挪威、芬兰、瑞典、德国等地交流探讨滑雪文化发展历史。开创了具有中国特色冰雪旅游产品设计、雪场品牌形象包装、雪场大型活动策划等全方位一体化的服务模式，并立足于雪场经营者角度，潜心研究不断探索适合中国冰雪产业未来发展的全新服务理念。

赵昀昀 北京卡宾冰雪产业研究院研究员，参与编写"冰雪蓝皮书"系列——《中国滑雪产业发展报告》《中国冬季奥运会发展报告》《中国冰上运动产业发展报告》以及《中国滑雪产业白皮书》等多部中国冰雪产业研究报告；参与翻译《2019全球滑雪市场报告》；参与编写《人类滑雪的太阳最先从阿勒泰升起》、《雪·鉴——人类滑雪的摇篮》及《冬奥来了——冠军从零教滑雪》等多本冰雪文化研究报告；参与编写《2017年北京市冰雪产业发展白皮书》《河北省冰雪产业发展规划（2018～2025年）》《抚顺市冰雪产业发展规划（2018～2025）》《张家口市冰雪运动培训体系建设规划（2019～2022）》《全球冰雪运动培训行业研究报告》《我国冰雪产业发展现状及国际比较研究》等多部冰雪产业政府报告。

序

2019 年,"冰雪蓝皮书"系列连续第四年出版,我谨代表中国滑雪协会对其表示衷心的祝愿。

自 2015 年北京携手张家口成功申办 2022 年冬奥会,到 2018 年 2 月 25 日平昌冬奥会顺利闭幕冬奥会正式进入"北京周期",再到 2019 年 5 月 10 日 2022 年北京冬奥会倒计时 1000 天,中国滑雪产业发展势头强劲,大众运动如火如荼。

在冬奥会的带动下,中国滑雪产业迎来了巨大的发展契机。自冬奥会成功申办以来,四年间,利好政策陆续推出、冰雪产业发展不断优化、市场需求不断扩大、"互联网+"滑雪势头发展迅猛。作为全面介绍冰雪产业发展的"冰雪蓝皮书",为我国冰雪产业发展描绘了较为清晰的画像,并发挥了引领作用。

《中国滑雪产业发展报告(2019)》延续了先前版本的基本架构,从总报告、热点篇、案例篇与国际借鉴篇四个角度对中国滑雪产业发展做了阐述。与前三年的报告相比,《中国滑雪产业发展报告(2019)》条理更为清晰、内容更加饱满,相信它能够为 2022 年北京冬奥会成功筹办、中国滑雪场地设施提档升级、中国滑雪产业健康发展带来更有价值的参考意见。

当前,我国滑雪产业正面临着一个重大的历史机遇,同时也面临着严峻的挑战。《中国滑雪产业发展报告(2019)》深刻剖析了产业发展过程中存在的问题,如滑雪转化率不高、设施设备国产化程度不高、滑雪场服务水平有待提高等,我们所面临的差距和不足就是我们冰雪产业发展的巨大空间。

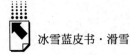

祝愿"冰雪蓝皮书"系列继续为中国冰雪产业带来最新的研究动向，助力 2022 年北京冬奥会，助力"三亿人上冰雪"，助力中国冰雪产业大发展！

中国滑雪协会主席

2019 年 8 月 23 日

自 序

随着冬奥进入北京周期，越来越多有识之士从各行各业进入滑雪相关领域，其中不少同仁感慨"自从开始做滑雪，时间过得飞快"。是的，因为滑雪的我们习惯于用一个又一个的雪季来丈量一年又一年。同样，一年一度的《中国滑雪产业白皮书》和"冰雪蓝皮书"更是用一个特殊的符号标记着我们与北京冬奥越来越近的距离。

呈现给大家的第四本滑雪产业发展报告，集合了更多用心研究滑雪产业的学者、创业者以及资深从业人员，他们从各自不同的角度为滑雪产业画像，以期让读者更充分地了解中国滑雪产业的方方面面。除依据《2018 中国滑雪产业白皮书》（伍斌、魏庆华 & 美团门票）形成的总报告外，本报告热点篇、案例篇中收录的研究报告以及多个经典创业案例等都是以数据为核心展开分析的，相信会为大家提供借鉴和参考的依据。此外，本报告国际借鉴篇收录了《2019 全球滑雪市场报告》（瑞士劳伦特）部分内容，让读者对全球滑雪市场有了初步的概念。

从主编角度，本期报告要重点感谢的是总顾问赵英刚主任、执行主编赵昀昀女士以及副主编刘煜先生，他们三位为报告的按期完成以及最终成稿倾注了大量的心血。

"冰雪蓝皮书"是一个分享信息和智慧的平台，我们很欣慰经过四年多的努力，"冰雪蓝皮书"受到了业内外广泛的关注。由衷感谢一直关注和支持"冰雪蓝皮书"成长的领导、同仁及读者！我们会继续努力，以更严谨的态度不断提升报告的质量，回馈整个滑雪行业。

2019 年 8 月 18 日北京苹果园

摘　要

《中国滑雪产业发展报告（2019）》是"冰雪蓝皮书"系列第四本关于滑雪产业发展的蓝皮书。自 2016 年以来，《中国滑雪产业发展报告》已走过 4 个年头。作为国内第一份关于我国滑雪产业发展的综合性研究报告，《中国滑雪产业发展报告》将立足国内实际，持续为中国滑雪产业发展助力。

《中国滑雪产业发展报告（2019）》延续前三年结构，全书分为总报告、热点篇、案例篇与国际借鉴篇四部分。

总报告以《2018 中国滑雪产业白皮书》为依托，从滑雪场及滑雪者、滑雪设备设施、滑雪者装备、滑雪培训体系、滑雪赛事五部分入手，阐述中国滑雪产业发展现状。

热点篇选取时下滑雪产业发展热点话题，从我国各大区滑雪产业发展、滑雪市场特征、大型滑雪度假区绩效评估研究、京津冀滑雪目的地竞争力钻石模型分析、滑雪场四季运营人才等角度，探讨中国滑雪产业发展面临的机遇与挑战。

案例篇以西岭雪山、安泰雪业、魔法滑雪学院、"SKI + 滑呗"等国内滑雪产业链条经典企业、滑雪度假区等为例，分析总结其发展过程中的成功经验，研究剖析其运营方式及理念，从而为滑雪产业链条相关企业发展带来借鉴。

国际案例篇以《2019 全球滑雪市场报告》为切入点，阐述全球滑雪市场发展现状；以韩国大明（维瓦尔第）滑雪度假区与芬兰滑雪产业为例，分析亚太地区与北欧地区具有代表性的滑雪产业发展案例，以期为中国滑雪产业未来发展指出方向。

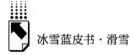

　　本报告采用问卷调查法、市场调查法、专家访谈法、定性分析法、文献资料法等分析当前我国乃至世界滑雪产业发展动态，以期为我国滑雪行业决策提供参考。

目　录

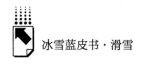
Ⅲ 案例篇

Ⅳ 国际借鉴篇

皮书数据库阅读 **使用指南**

总 报 告

General Report

B.1

中国滑雪产业发展研究报告

伍 斌 魏庆华*

摘 要: 2018～2019年雪季是自冬奥会成功申办以来的第四个雪季。四年间，中国滑雪产业保持了强劲、有力、相对健康的发展态势。同世界滑雪传统大国相比，我国雪场数量增长较快，滑雪运动参与人次显著增加，滑雪场设备设施、滑雪者装备逐渐呈现出国有化的趋势，滑雪培训、滑雪赛事产业逐步形成规模。本报告延续前三年中国滑雪产业发展现状研究模式，通过对滑雪产业链各环节的横向对比分析，总结中国滑雪产业发展过程中的宝贵经验与实际问题，为冬奥会成功举办与

---
* 伍斌，北京市滑雪协会副主席，北京市石景山区冰雪体育顾问，北京卡宾滑雪体育发展集团股份有限公司总裁，北京卡宾冰雪产业研究院院长，北京安泰雪业企业管理有限公司董事长，《中国滑雪产业白皮书》主要撰稿人；魏庆华，中雪众源（北京）投资咨询公司董事长，资深滑雪场管理专家，从事滑雪行业的高级管理和运营工作。

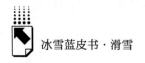

"三亿人上冰雪"运动贡献力量。

关键词： 中国滑雪产业　滑雪场　滑雪者　2022年冬奥会

一　滑雪场及滑雪者

滑雪场与滑雪者是整个滑雪产业中最为重要的两极。

（一）滑雪场发展概况

1. 滑雪场数量及分布

截至2018年底，国内共有滑雪场742家①（见图1），相比2017年新增39家（含室内滑雪馆），增幅为5.55%。

2000年，中国雪场数量迎来第一个增长高峰，增长率高达150%；到2015年，达到21世纪以来第二个增长高峰，增速达23.48%。2015年至今，滑雪场数量增速减缓，保持稳定的增长速度。

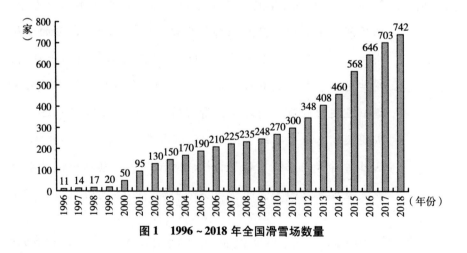

图1　1996～2018年全国滑雪场数量

---

① 本报告中所称滑雪场不含无单双板项目的戏雪场地。

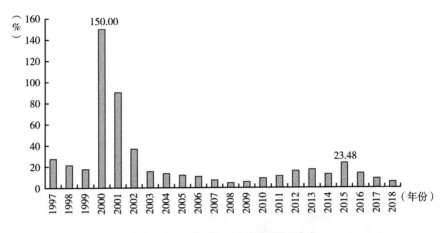

图2　1997～2018 年全国滑雪场增速

说明：2011 年及之前的数据是依据中国滑雪协会的官方数据修正而来的；2012 年之后的数据是根据《2017 中国滑雪场大全》提供的相关滑雪场数据，在剔除戏雪、娱雪乐园部分后结合实际调研情况复核修正后得来的。

目前我国 742 家雪场中，有架空索道的雪场 149 家；新增的 39 家雪场中，有 2 家雪场建设有架空索道①。

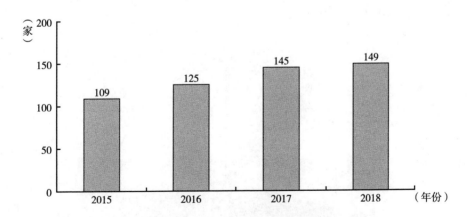

图3　2015～2018 年全国有架空索道的滑雪场数量

---

① 除新建雪场有 2 家外，另有 2 家已开业雪场新建架空索道。

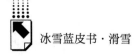

延续前三年分析框架,本章节将按照华北、华东、华南、华中、西南、东北、西北七大区域滑雪场分布做具体分析。2015～2018 年各大区滑雪场数量如图 4 所示。2018 年东北地区以 205 家的数量稳居各大区首位。

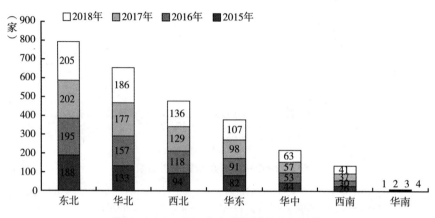

图 4　2015～2018 年各大区域滑雪场数量

2018 年各区滑雪场分布占比如图 5 所示,东北地区以 27.63% 的占比位居全国首位,其次为华北地区 25.07%、西北地区 18.33%、华东地区 14.42%、华中地区 8.49%。

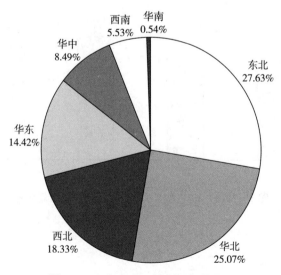

图 5　2018 年各大区域雪场数量占比

从 2015～2018 年四年间各大区滑雪场占比数据来看，各大区排位始终保持一致：东北地区占比虽呈下降趋势，但始终位居全国首位；华北地区前三年间占比呈正增长趋势，2018 年增速减缓。

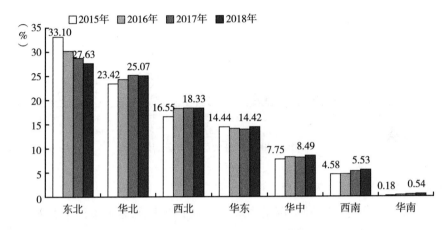

图6　2015～2018 年各区域雪场数量占比

从各大区新增雪场数量来看，东北、华北、西北地区四年间增速均呈下降趋势。2018 年，华北地区与华东地区均新增滑雪场 9 家，分别占总新增雪场数量的 21.43%；其次分别为西北地区 7 家、华中地区 6 家、西南地区 4 家、东北地区 3 家。2018 年，内蒙古地区新增 5 家滑雪场，位居全国省（区、市）第一位。

截至 2018 年底，我国共计 28 个省（区、市）分布有滑雪场[1]。其中黑龙江 2018 年虽无新增雪场，仍以 124 家的数量位居全国首位；山东省以 65 家位于全国第二；新疆与河北分别以 60 家与 59 家位于第三、第四。截至 2019 年初，全国范围内香港、澳门、台湾、海南、上海及西藏等省份尚未建成滑雪场馆设施。

从室内滑雪场来看，截至 2018 年底，全国共有室内滑雪场 26 家[2]，其

①　此处将 2017 年漏统计的江西 2 家雪场归入 2018 年。
②　2019 年 6 月，广州融创雪世界及无锡融创雪世界相继开业，未统计在本报告内。

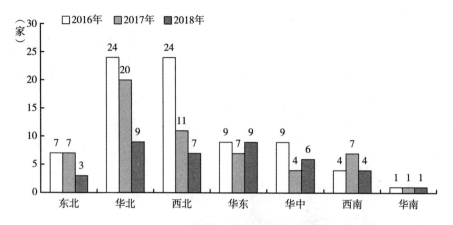

图7　2016～2018年各大区滑雪场新增数量

中2018年新增5家，增速23.81%，相比于2017年室内滑雪场75%的增速来看，呈现减缓趋势；同全国滑雪场5.55%的增速来看，室内滑雪场增速依旧呈较高发展速度。目前全国有13家室内滑雪场项目处于在建状态。

表1　2015～2018年中国部分省份滑雪场数量

单位：家

分区	省份	2015年	2016年	2017年	2018年
东北	黑龙江	120	122	124	124
东北	辽宁	31	35	37	38
东北	吉林	37	38	41	43
华北	北京	23	24	24	24
华北	天津	12	12	13	13
华北	山西	32	42	45	48
华北	内蒙古	26	33	37	42
华北	河北	40	46	58	59
西北	青海	3	7	7	8
西北	宁夏	7	11	12	13
西北	新疆	52	57	59	60
西北	陕西	21	27	31	34
西北	甘肃	11	16	20	21
华东	浙江	17	18	18	19
华东	福建	1	1	1	1
华东	江苏	13	13	15	17

续表

分区	省份	2015 年	2016 年	2017 年	2018 年
华东	安徽	0	1	3	3
华东	江西	0	0	0	2
华东	山东	51	58	61	65
华中	河南	33	41	42	43
华中	湖南	7	7	8	9
华中	湖北	4	5	7	11
西南	四川	10	11	11	11
西南	云南	2	2	2	4
西南	重庆	10	11	14	16
西南	贵州	4	6	10	10
华南	广东	1	1	1	2
华南	广西	0	1	2	2
	合计	568	646	703	742

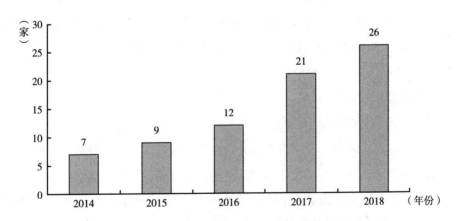

图 8　2014～2018 年国内已投入运营的室内滑雪场数量

2. 旱雪场地及滑雪模拟器

2018 年，旱雪场地发展势头强劲，成为滑雪场馆领域新兴增长极。中国旱雪场目前使用的旱雪毯以金针菇式旱雪毯为主。根据尖锋旱雪提供的资料，截至 2018 年年底，国内旱雪场总数已超过 30 家。

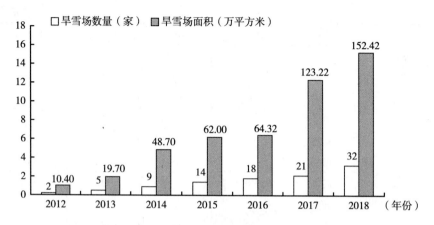

图9　2012～2018 年国内旱雪场数量及面积

从旱雪场的面积分布来看，目前，山东、四川、北京、湖北、广东分别
居全国前五位。

2018 年，滑雪模拟器市场同样呈现迅速增长态势。据雪梦都提供的报
告显示，截至 2018 年年底，全国滑雪模拟器场馆已达 62 家，投入使用的各
类滑雪模拟器达到 145 台。其中，北京、上海、广东分别以 43.45%、
20%、7.59% 的市场份额位居前列。

3. 滑雪场分类统计信息

（1）按照核心目标客群划分

按核心目标客群，国内滑雪场分为三类：旅游体验型、城郊学习型及目
的地度假型。此三类雪场在全部雪场中的占比分别为 75%、22% 及 3%。

把全国有架空索道的雪场按以上分类进行统计显示，在有架空索道的
149 家雪场中，目的地度假型雪场为 19 家，占比为 12.75%；城郊学习型雪
场有 108 家，占比为 72.48%；旅游体验型有 22 家，占比为 14.77%。

（2）按照垂直落差进行划分

滑雪场垂直落差的大小，是衡量滑雪场所在山地的资源规模的一个重要
指标。按滑雪场实际开发雪道的垂直落差，我们将国内滑雪场按以下三类统
计：垂直落差超过 300 米的雪场 26 家，占比为 3.5%；垂直落差在 100 ~

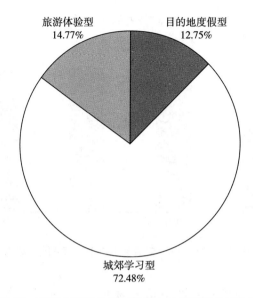

图10 有架空索道的雪场按核心目标客群分类比例

300 的雪场 140 家，占比为 18.87%；垂直落差小于 100 米的雪场 576 家，占比为 77.63%（见图 11、图 12）。

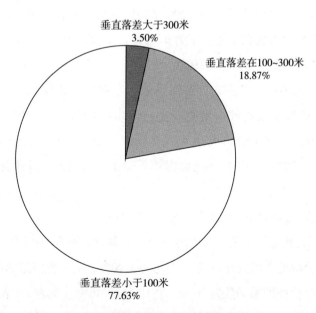

图11 中国滑雪场按垂直落差统计占比

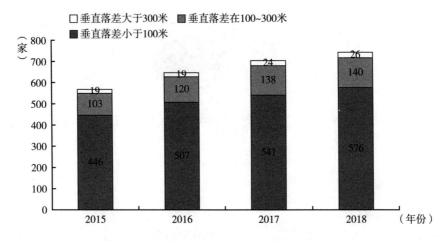

图12 2015~2018年滑雪场按垂直落差统计数量

垂直落差超过300米的26家滑雪场中，有7家位于河北（全部位于张家口市崇礼区），吉林、新疆各4家，黑龙江、内蒙古各3家，辽宁、河南、云南、甘肃、北京各1家。

综合2015~2018年四年数据可得，垂直落差大于300米的雪场数量增长率为8.33%；垂直落差在100~300米的雪场数量增长率为1.45%；垂直落差小于100米的雪场数量增长率为6.47%。垂直落差大于300米的雪场数量增长率虽有减缓趋势，但依旧较快。

此外，目前国内已开发3处野雪场地，主要以雪地摩托、压雪车（雪猫）、直升机等移动设施解决滑雪者上行需求。野雪场地分别为新疆阿尔泰山野雪公园、吉林长白山天池雪滑雪场以及2018年新开发的新疆可可托海滑雪场。其中，新疆可可托海滑雪场计划于2019年雪季开通索道设施。

（3）按照雪道面积进行划分

雪道面积是衡量滑雪场大小的另一个重要维度。截至2018年年底，雪道面积超过30公顷的雪场共计29家，占比为3.90%；有架空索道的雪场中，雪道面积超过30公顷的雪场数为26家，占比为17.46%（见表2、表3）。

不含野雪场地，目前国内雪场按雪道面积排名前十的雪场如表4所示。

表2 2018年按雪道面积统计的滑雪场情况

雪道面积 （公顷）	雪场数量 （家）	占比（%）	有架空索道的雪场 数量（家）	占比（%）
≥100	7	0.94	5	3.36
50~100	7	0.94	6	4.03
30~50	15	2.02	15	10.07
10~30	35	4.72	35	23.49
5~10	106	14.29	88	59.06
<5	572	77.09	0	0.00
合计	742	100.00	149	100.00

表3 2015~2018年按雪道面积统计的滑雪场情况

单位：家

雪道面积（公顷）	2015年	2016年	2017年	2018年
≥100	1	3	6	7
50~100	7	5	7	7
30~50	5	7	15	15
10~30	20	26	34	35
5~10	50	87	105	106
<5	485	518	536	572
总计	568	646	703	742

表4 中国滑雪场雪道面积 Top10

单位：公顷

排序	雪场名称	已开发雪道面积	所在地
1	万科松花湖	175	吉林
2	万龙	140	河北
3	北大壶	126	吉林
4	万达长白山	100	吉林
4	云顶	100	河北
5	太舞	80	河北
6	富龙	75	河北
7	丝绸之路	70	新疆
8	亚布力阳光	50	黑龙江
8	鳌山	50	陕西

注：不含野雪场地。

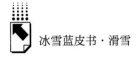

根据估算，国内雪道总面积大约在 3500 公顷左右，其中，超过 30 公顷的 29 家雪场的雪道面积之和占比超过 40%。

（4）按照营业天数进行划分

根据美团门票提供的数据，国内营业天数在 80 天以内的雪场占比大约为 36%。

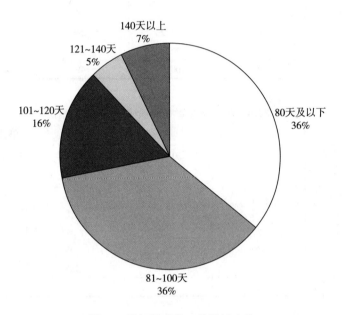

图 13　雪场按营业天数统计占比

（5）按照其他标准进行划分

夜场：目前国内开放夜场的雪场有南山、军都山、庙香山、万龙、北京莲花山、万达长白山、万科松花湖、丝绸之路、西岭雪山、怀北、怪坡、东北亚、富龙、将军山、万科石京龙等。

微信公众号及天猫店：据统计，国内雪场已开通微信公众号的大约有 400 多家，开通天猫店的雪场不到 20 家。

自助取票机及闸机：自助取票机及闸机在雪场的运用越来越广泛，比较有代表性的雪场有万龙、富龙、太舞、翠云山银河、万科松花湖、北大壶、多乐美地、怪坡、乌金山李宁、南山、鳌山等。

（二）滑雪者特征

1. 滑雪者人次及分布

依据《2018中国滑雪产业白皮书》及调研数据，2018年中国总滑雪人次为2113万，其中滑雪场所产生的滑雪人次为1970万，旱雪场地产生的滑雪人次为85万，滑雪模拟器产生的滑雪人次为58万。2014~2018年，中国滑雪场数量、滑雪者人数及滑雪人次均呈现增长趋势；而2017~2018年，除滑雪者人数增长率有所扩大外，滑雪场与滑雪人次增长率均呈收窄趋势。

图14 2014~2018年滑雪场数量、滑雪人次、滑雪者人数增长趋势

从各大区四年间滑雪人次变化来看，与滑雪场数量全国排序不同：华北地区滑雪人次位居全国第一；西北地区与华东地区不相上下，2018年呈现出较快的增长势头；西南地区后来居上，大有超越华中地区的趋势；华南地区也呈现出稳步的增长态势。

2018年滑雪者人数约为1320万，相比2017年的1210万，上浮9.09%。其中，一次性体验者人数占比为75.38%，与2017年的75.2%基本持平。

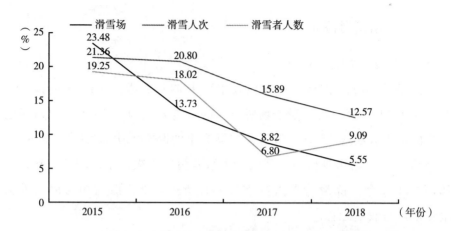

图 15 2015~2018 年滑雪场数量、滑雪人次、滑雪者人数增长率

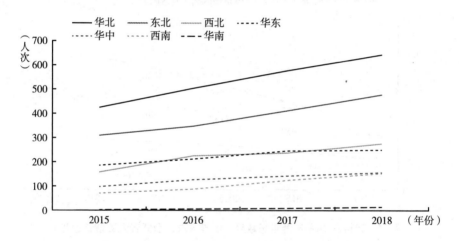

图 16 2015~2018 年各大区域滑雪人次增长趋势

从滑雪人口渗透率①来看，中国仍与其他传统滑雪大国存在巨大差异。

从滑雪人口年均滑雪次数来看，2018 年，奥地利滑雪人口年均滑雪次数高达 6 次，位居全球第一位；2018 年，我国滑雪场人均滑雪次数由 1.45 次上升为 1.49 次。

---

① 国家滑雪人口渗透率：国家滑雪人口/国家总人口 × 100% 。

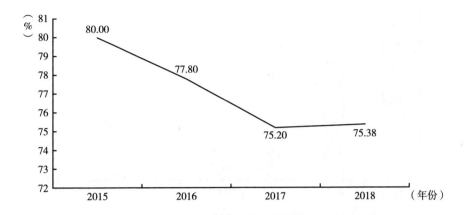

图17　2015～2018年全国滑雪一次性体验者人数占比趋势

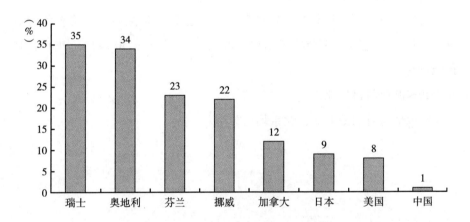

图18　世界部分国家滑雪人口渗透率

2. 滑雪者特征

本报告以美团、滑雪互联网平台、境外滑雪机构所提供的数据为参考，总结出滑雪消费者、滑雪爱好者及出境滑雪者的部分特征。

（1）美团2018年滑雪消费者特征报告

2018年，本报告依托美团门票滑雪场大数据平台，对滑雪消费者做出了较为清晰的画像。

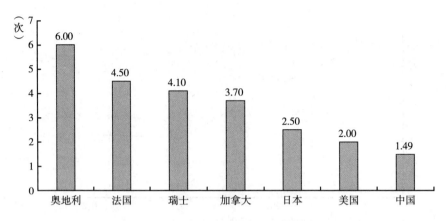

图19　世界部分国家滑雪人口年均滑雪次数

①用户性别及年龄

用户性别方面，男性以64.33%的比重占据绝对优势；消费者年龄方面，20～40岁范围内的青壮年用户比例高达79.30%，50岁以上用户市场有待开发。

②客源地与目的地

客源地与目的地方面，北京均居首位。

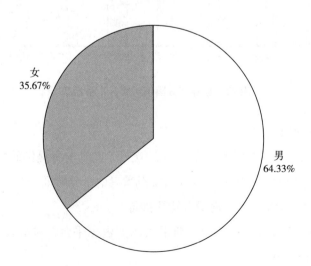

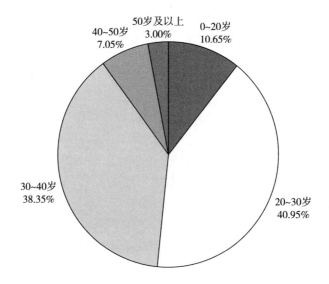

图20 2018年美团滑雪消费者性别及年龄

表5 2018年美团滑雪客源地及目的地

排名	客源地 Top20	目的地 Top20
1	北京	北京
2	西安	沈阳
3	沈阳	西安
4	天津	天津
5	乌鲁木齐	乌鲁木齐
6	大连	哈尔滨
7	济南	太原
8	青岛	大连
9	深圳	济南
10	上海	青岛
11	太原	吉林
12	郑州	石家庄
13	兰州	深圳
14	石家庄	郑州
15	哈尔滨	兰州
16	成都	六盘水
17	长春	长春
18	吉林	银川
19	武汉	保定
20	杭州	张家口

③用户购买次数与复购时间间隔

一次购买用户比例高达90.7%，45%的用户复购时间间隔为1天（见图21）。

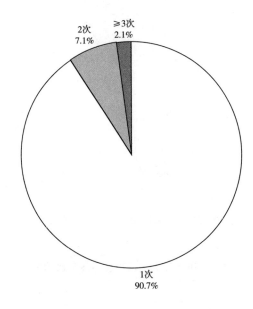

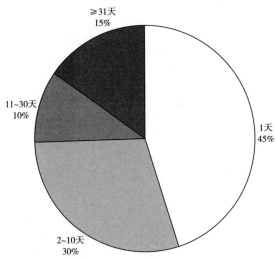

图21　2018年美团滑雪消费者购买次数与复购时间间隔

④入园人次排名

2017 年与 2018 年消费者入园人次排名方面，北京市均居全国第一位，贵州省、安徽省、广东省、重庆市、江西省等省份增长率均突破 200%（见表6）。

⑤"滑雪 + X"

美团用户在选择滑雪产品时，多与景点、温泉、泛主题乐园、动植物园等相关产品搭配购买，产品设置丰富的滑雪场更容易获得顾客的青睐（见图 22）。

表6　2018 年美团滑雪消费者入园人次省份排名

省份	2017 年入园人次排名	2018 年入园人次排名	2018 年同比增速(%)
北京	1	1	5
辽宁	2	2	- 6
山东	4	3	12
陕西	3	4	- 5
河北	5	5	- 6
山西	7	6	- 5
天津	6	7	- 6
新疆	9	8	25
吉林	8	9	- 14
黑龙江	12	10	14
河南	10	11	3
甘肃	11	12	- 6
浙江	13	13	16
内蒙古	14	14	3
贵州	22	15	560
四川	18	16	64
广东	21	17	243
宁夏	15	18	6
湖北	16	19	6
江苏	17	20	- 14
青海	20	21	25
湖南	19	22	- 2
安徽	23	23	266
重庆	24	24	239
江西	25	25	221

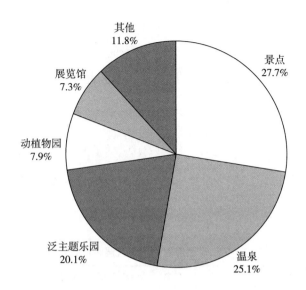

图22　2018年美团"滑雪＋X"项目占比

⑥雪季客流入园人次占比

雪季客流入园人次方面，雪季开始后，入园人次呈现不规则波动，峰值出现在新年小长假期间（见图23）。

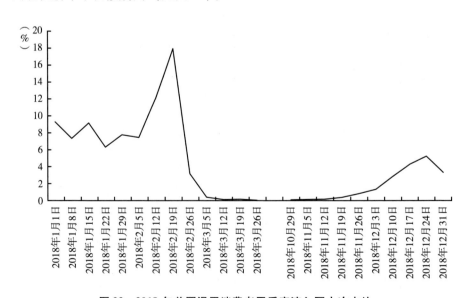

图23　2018年美团滑雪消费者雪季客流入园人次占比

⑦入园人次排名

入园人次排名方面，山东省以美团平台入驻雪场数量最多的优势，占据入园人次第三位；北京市入园人次排名位于全国第一（见表7）。

表7　2018年美团滑雪消费者各省份入园人次排名

省份	雪场数量排名	入园人次排名	省份	雪场数量排名	入园人次排名
山东	1	3	宁夏	16	18
黑龙江	2	11	湖北	17	19
河北	3	5	四川	18	16
辽宁	4	2	青海	19	21
北京	5	1	重庆	20	24
吉林	6	8	湖南	21	22
河南	7	10	贵州	22	15
内蒙古	8	14	安徽	23	23
山西	9	6	广东	24	17
新疆	10	9	广西	25	27
陕西	11	4	云南	26	26
天津	12	7	上海	27	28
甘肃	13	12	江西	28	25
江苏	14	20	福建	29	29
浙江	15	13	西藏	30	30

⑧人均消费金额排名

表8　2018年美团滑雪消费者人均消费金额排名

省份	人均消费金额排名	省份	人均消费金额排名
广西	1	河北	12
浙江	2	黑龙江	13
贵州	3	北京	14
湖北	4	宁夏	15
四川	5	陕西	16
安徽	6	吉林	17
云南	7	青海	18
重庆	8	辽宁	19
新疆	9	山东	20
江苏	10	天津	21
甘肃	11	广东	22

（2）滑雪互联网服务平台用户特征

依托滑雪族、Goski、滑呗三大滑雪互联网服务平台，总结目前我国滑雪爱好者特征。

①用户分布地分析

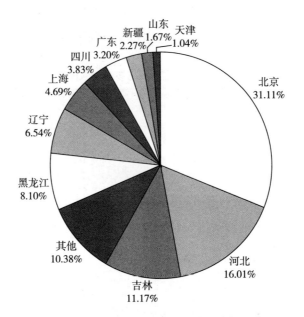

图24　滑雪互联网服务平台用户分布地

②滑雪水平分级

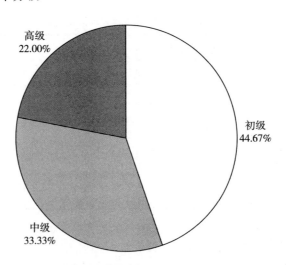

图25　滑雪互联网服务平台用户滑雪水平分级

③用户关注内容类型

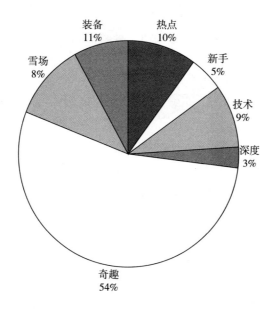

图26 滑雪族用户关注内容

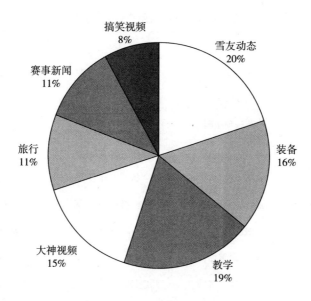

图27 Goski 用户关注内容

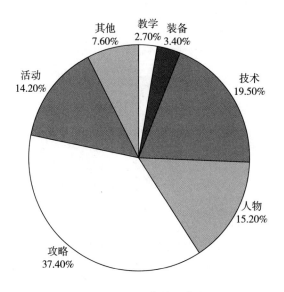

图 28　滑呗用户关注内容

④记录轨迹雪场 Top10

表 9　滑雪互联网服务平台用户记录轨迹雪场 Top10

排序	滑雪族	Goski	滑呗
1	松花湖度假区	万龙度假天堂	万龙度假天堂
2	万龙度假天堂	密苑云顶乐园	松花湖度假区
3	密苑云顶乐园	富龙四季小镇	密苑云顶乐园
4	北大壶度假区	北大壶度假区	北大壶度假区
5	太舞滑雪小镇	松花湖度假区	亚布力阳光国际滑雪场
6	富龙四季小镇	怀北国际滑雪场	太舞滑雪小镇
7	万达长白山国际度假区	南山滑雪场	富龙四季小镇
8	南山滑雪场	万龙八易滑雪场	万达长白山国际度假区
9	怀北国际滑雪场	万达长白山国际度假区	翠云山银河滑雪场
10	亚布力阳光国际滑雪场	太舞滑雪小镇	怀北国际滑雪场

⑤雪场好评 Top10

表10　滑雪互联网服务平台用户雪场好评 Top10

排序	滑雪族	Goski	滑呗
1	松花湖度假区	万龙度假天堂	松花湖度假区
2	万龙度假天堂	万达长白山国际度假区	万龙度假天堂
3	密苑云顶乐园	太舞滑雪小镇	翠云山银河滑雪场
4	北大壶度假区	松花湖度假区	北大壶度假区
5	太舞滑雪小镇	富龙四季小镇	富龙四季小镇
6	富龙四季小镇	南山滑雪场(北京)	万达长白山国际度假区
7	万达长白山国际度假区	密苑云顶乐园	丝绸之路滑雪场
8	亚布力阳光国际滑雪场	长白山天池滑雪场	亚布力阳光国际滑雪场
9	翠云山银河滑雪场	北大壶度假区	太舞滑雪小镇
10	丝绸之路滑雪场	渔阳国际滑雪场	密苑云顶乐园

（3）出境滑雪者特征

众信旅游提供的出境滑雪者特征报告显示：出境滑雪产品的天数为6～8天，人均客单价在8000～12000元的产品最受欢迎；出境游客群年龄在25～40岁之间，男女比例为6∶4；出境游集客地主要集中在北京、天津、上海。

出境游滑雪目的地以日本为主，超过65%。日本主要集中在北海道、长野及东北方向三大目的地。其中北海道地区包括二世古、富良野、留寿都、喜乐乐、旭岳等，长野地区包括白马、志贺、斑尾等，东北方向包括安比高原、藏王、零石等。其他目的地包括欧洲与美洲各大滑雪度假区，欧洲以法国三峡谷为主，其次是瑞士、奥地利。新西兰境外滑雪旅游市场也在初期发展中。

二　滑雪场设备设施

滑雪场设备设施主要分为上行设备、场地设备、租赁设备及收银闸机系统等。

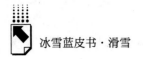
（一）滑雪场上行设备

1. 索道

2015～2018 年全国有架空索道雪场与雪场架空索道增长趋势如图 28 所示。2018 年全国共有 149 家滑雪场配备有架空索道，占全国所有雪场的 20.08%，增速为 2.76%；149 家雪场共有 250 条架空索道，增速为 5.9%。与 2017 年 16% 和 18.59% 相比，增速有所下降。

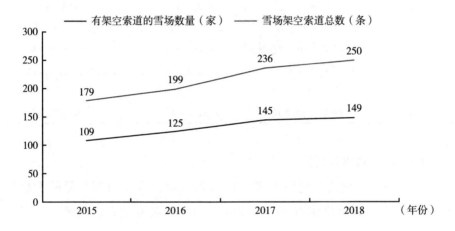

图 29　2015～2018 年全国有架空索道雪场数量及架空索道数量

从索道数量来看，2018 年全国拥有 4 条及以上架空索道的雪场数量为 10 家，占比为 6.71%；10 家雪场共拥有 57 条架空索道，占比为 22.80%；截至目前，拥有 1 条索道的滑雪场为 97 家，占比为 65.10%。

表 11　雪场按索道条数统计占比情况

索道数量分级	索道数量（条）	占比（%）	雪场数量（家）	占比（%）
4 条及以上	57	22.80	10	6.71
3 条	36	14.40	12	8.05
2 条	60	24.00	30	20.13
1 条	97	38.80	97	65.10
合计	250	100.00	149	100.00

从架空索道省份分布来看，2018 年河北、黑龙江、吉林分别以 49 条、39 条、37 条居全国前三位，三省共有 125 条索道，占全国架空索道数量的 50%；从新增数量来看，内蒙古新增 6 条，增速达 66.67%，位于全国首位。

表 12　2018 年中国滑雪场架空索道数量及分布

省市	索道(条)	索道雪场(家)
河北	49	22
黑龙江	39	26
吉林	37	16
辽宁	28	19
北京	20	12
新疆	19	10
内蒙古	15	10
山西	8	5
甘肃	8	7
山东	6	6
陕西	5	4
河南	3	2
重庆	3	3
四川	3	2
云南	3	1
贵州	2	2
天津	1	1
湖北	1	1

脱挂式架空索道数量直接体现雪场规模和效率。从脱挂式架空索道数量来看，2018 年全国共有架空索道 54 条，相比 2015 年的 26 条已翻了一番。54 条脱挂式架空索道分布于 19 家滑雪场，相比 2015 年的 10 家增长 90%。

从脱挂式架空索道进口与国产数量关系来看，国产脱挂式架空索道发展迅速，由 2015 年的 2 条增长到 2018 年的 18 条。

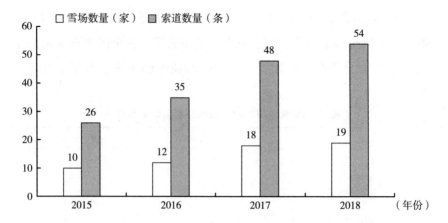

图30　2015～2018年脱挂式架空索道滑雪场数量及脱挂索道数量

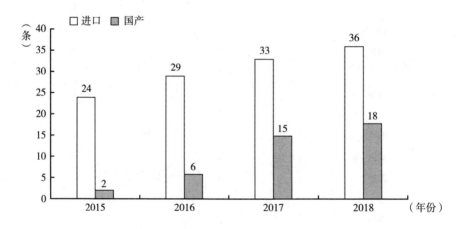

图31　脱挂式架空索道进口与国产数量

从2018年脱挂式架空索道省份分布来看①，54条滑雪用途的脱挂式架空索道中，河北省21条，分布于7家雪场，全部集中在张家口市崇礼区；吉林省19条，分布于6家雪场；黑龙江省6条，分布于3家雪场；新疆4条，分布于2家雪场；陕西、内蒙古各建成2条。

---

① 此项统计中，只包括用于滑雪的索道，不包括运输用途的索道。

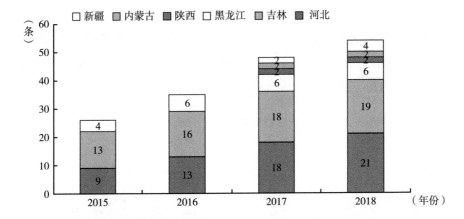

图32　2015～2018年脱挂式架空索道省份分布

表13　2018年中国雪场按脱挂式架空索道数量排名

编号	排名	雪场	2018	省份
1	1	万科松花湖	6	吉林
2	1	万龙	6	河北
3	3	万达长白山	5	吉林
4	3	太舞	5	河北
5	5	北大壶	4	吉林
6	5	云顶	4	河北
7	7	丝绸之路	3	新疆
8	7	富龙	3	河北
9	7	亚布力体委	3	黑龙江
10	10	太白鳌山	2	陕西
11	10	鲁能长白山	2	吉林
12	10	翠云山银河	2	河北
13	10	亚布力阳光	2	黑龙江
14	10	凉城岱海	2	内蒙古
15	15	庙香山	1	吉林
16	15	多乐美地	1	河北
17	15	帽儿山	1	黑龙江
18	15	长春莲花山	1	吉林
19	15	将军山	1	新疆

2. 魔毯

目前我国魔毯主要供应商有道沃机电、娅豪等。截至2018年，国内雪场共计有1196条魔毯处于运营中，包括2018年新增的120条魔毯。全部魔毯总长度约176千米。

图33　2007～2018年滑雪场新增魔毯数量及长度

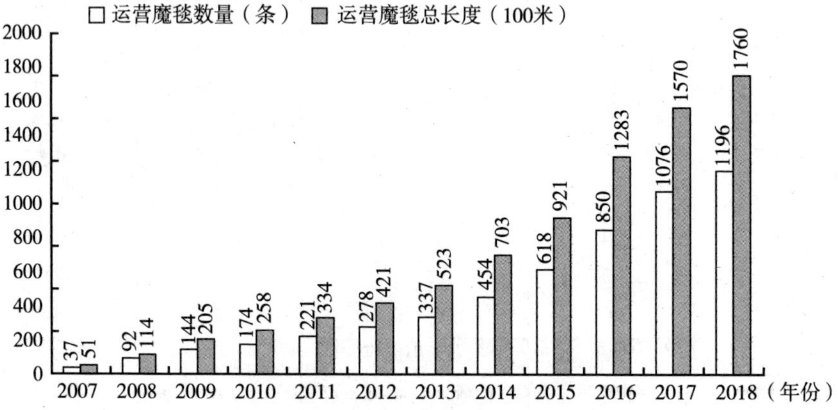

图34　2007～2018年滑雪场运营魔毯总数量及总长度

（二）滑雪场场地设备

1. 压雪车

国内雪场全部压雪车数量约为541台。2018年，国内新增压雪车数量为 56 台，低于 2017 年的 75 台。其中，进口新车 36 台，同比降幅较大。本数据来源于主要压雪车供应商。

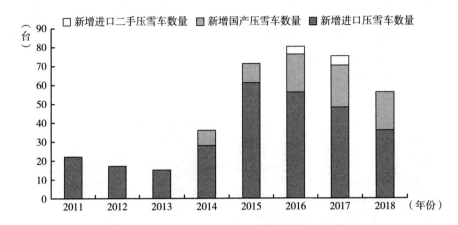

图 35　2011～2018 年中国滑雪场新增压雪车数量统计

通过对中国海关进口压雪车相关数据的研究，2018 年国内进口压雪车的主要产地依次为意大利、德国。

2018 年，压雪车市场出现一个新的现象是，租赁压雪车业务显著提升，据业内人士估计，用于租赁的压雪车保有量已经超过 30 台。

表 14　中国压雪车进口数据统计

进口国	单位	年份					2017 年 11 月～2018 年 11 月		
		2013	2014	2015	2016	2017	11/2017	11/2018	增长率%
合计	台	23	31	68	68	60	58	52	−10.34
意大利	台	10	18	28	28	24	24	31	29.17
德国	台	6	7	16	20	27	25	20	−20
中国	台	0	0	0	0	0	0	1	—
芬兰	台	1	1	0	0	0	0	0	—
奥地利	台	0	0	1	0	0	0	0	—
加拿大	台	2	4	12	11	6	6	0	−100
日本	台	2	0	7	1	1	1	0	−100
俄国	台	0	0	0	1	0	0	0	—
美国	台	2	1	4	7	2	2	0	−100

资料来源：中国海关、北京龙之讯信息咨询有限公司。

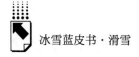

2. 造雪机

2018 年,全国滑雪场新增造雪机 810 台,远远低于 2017 年的 1420 台。截至 2018 年年底,全部造雪机数量合计约 7410 台。

和压雪车有类似之处,2018 年,造雪机租赁业务也受到市场欢迎,用于租赁的造雪机数量估计在 60 台左右。

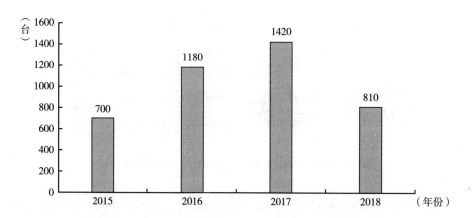

图36 2015～2018 年全国滑雪场新增造雪机数量统计

（三）滑雪场租赁设备

对中国海关进口数据进行分析,双板脱落器的进口数量经过前几年的高速增长后,2018 年有明显回落,同时各类滑雪板的进口数量继续下跌。

根据主要国际品牌雪板供应商提供的信息,雪场租赁双板中,进口国际品牌数量相比 2017 年有明显回落。整体市场租赁双板总数在 60 万副以上,平均每家雪场的租赁双板数接近 900 副。

（四）滑雪场收银及闸机系统

随着中国滑雪产业的发展,滑雪场软件功能模块不断扩展深化,表现为阶梯式发展模式。第一阶段是线上销售平台软件系统。雪场一般会借助线上平台销售雪场产品,例如雪场在美团、马蜂窝、微信等平台销售滑雪产品,

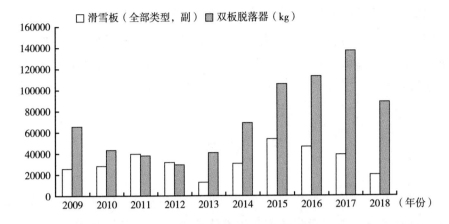

图 37　2009～2018 年中国滑雪板 & 双板脱落器进口数据统计

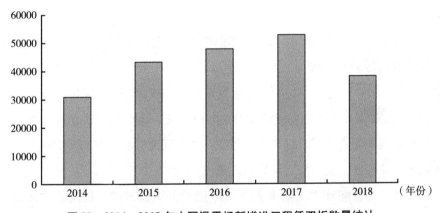

图 38　2014～2018 年中国滑雪场新增进口租赁双板数量统计

此类软件系统主要为第三方所属，起销售入口中介作用。第二阶段是售检票管理平台软件系统。此类系统是专门针对滑雪产品售票、检票工作而设计的软件系统。管理者通过售检票管理平台软件系统可了解滑雪场销售产品数量、客户购买票务渠道等信息。第三阶段是运营管理平台软件系统，此类软件除涵盖售检票管理平台软件系统功能外还涉及仓储管理、员工管理、硬件管理等功能。

随着信息技术的不断发展，滑雪场软件与智能科技产品、大数据平台、物联网技术、区块链技术不断结合，滑雪场管理软件涵盖范围更加广泛，如

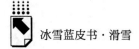

场地照明智能控制系统、餐饮收费管理系统、酒店客房管理系统、会员管理系统、多媒体查询系统、冰雪乐园管理系统等，逐步解决滑雪场、冰雪乐园管理问题中的漏洞，提升管理水平。截至目前，国内有滑雪场管理软件品牌近20种。

三 滑雪者装备

滑雪者装备是滑雪产业必不可少的重要组成部分。在2022北京冬奥战略背景下，滑雪者装备与我国滑雪产业的发展步调基本一致，都处在快速发展阶段，也都获得了来自政策、市场、资本等多方的支持与促进。

政策方面。2016年11月，以国家体育总局为代表的政府有关部门接连下发《冰雪运动发展规划（2016～2025年）》、《全国冰雪场地设施建设规划（2016～2022年）》以及《群众冬季运动推广普及计划（2016～2020年）》三份政策文件，之后省级政府也积极响应，出台与冰雪运动相关的发展规划。其中，吉林省、辽宁省、黑龙江省、河北省相继宣布要打造冰雪装备制造产业园区，支持滑雪者装备发展（见表15）。

市场方面。随着"三亿人上冰雪"运动向纵深推进，我国冰雪运动参与人群正在进一步扩增，冰雪产业"万亿市场"有望如期达成。由此带来的冰雪文化广泛普及、滑雪人群渗透率上升、一次性滑雪者占比降低，为我国滑雪者装备提供了充分的市场支持。

资本方面。2022北京冬奥背景下，冰雪产业一跃成为资本热土，滑雪者装备也因此成为社会资本、企业机构眼中的"香饽饽"，如安踏、李宁、361°、特步等体育用品企业都不同程度地加大了对滑雪者装备的投入，或是收购主打滑雪者装备的海外企业，或是加大冬季运动产品研发力度等。

表15 地方省级政府支持滑雪者装备发展的政策文件

政策文件	发文时间	节选内容
《吉林省关于做大做强冰雪产业的实施意见》	2016年9月27日	推动吉林省逐步发展成为全国冰雪装备研发、制造和交易中心。支持四平、延边等地区建设冰雪装备制造园区
《辽宁省体育领域供给侧结构性改革实施方案》	2016年12月27日	促进冰雪产业集群发展,打造辽宁特色冰雪体育装备中心
《黑龙江省冰雪装备产业发展规划(2017~2022年)》	2017年8月16日	到2022年,以哈尔滨、齐齐哈尔、牡丹江等地为重点,建成三个以上冰雪装备专业化产业园,实现主营业务收入40亿元以上
《河北省冰雪产业发展规划(2018~2025年)》	2018年5月24日	统筹优化全省冰雪装备产业布局,形成"张家口—廊坊—石家庄"联动发展的冰雪装备制造业聚集区 到2025年在雄安、张家口、廊坊、石家庄、唐山、秦皇岛等地建成冰雪装备研发生产基地或园区5~8个,形成以冰雪产业为特色的体育装备制造聚集区

注：根据相关政策文件整理。

整体而言,滑雪者装备在我国的发展态势稳中向好。但是,滑雪者装备的市场形势、发展动态还有待进一步理清。本文将结合数据对我国滑雪者装备的市场形势展开深入探讨,研究我国滑雪者装备的发展动态,以期为业界提供参考。

（一）我国滑雪者装备的市场形势

由于市场的特殊性以及数据收集的复杂性,要以结构较为完整的信息数据来呈现我国滑雪者装备市场形势的全貌具有一定难度。本文仅以已有数据为支撑,更新滑雪者装备的市场形势,为关注我国滑雪产业的广大社会大众和从业人员提供参考。

1. 进口滑雪板跌幅近半

一直以来,滑雪板都是我国滑雪者装备领域最为主要的几大进口品类之一。进口滑雪板品牌进入中国市场时间较早、科技含量较高，而我国滑雪产业发展初期，在滑雪者装备领域存在一定技术短板，所以我国绝大部分滑雪场都以进口滑雪板作为滑雪者使用的租赁板，滑雪爱好者多选购进口滑雪板作为自带板。根据2018年最新数据，进口滑雪板自2016年以来，连续第三年呈现出下跌趋势，而且2018年跌幅明显大于以往两年，跌幅近半，多达48.7%。如图38所示，2015年我国进口滑雪板数量约为53000副，2016年我国进口滑雪板数量开始回落，跌至47000副左右。2017年，我国进口滑雪板数量进一步下滑，跌破40000副大关。而到了2018年，我国进口滑雪板数量继续下跌，跌幅明显超过前两年，接近20000副。整体市场租赁双板总数在60万副以上，平均每家雪场的租赁双板数接近900副。

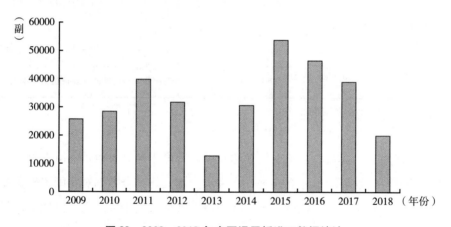

图39 2009～2018年中国滑雪板进口数据统计

2. 进口脱落器近五年首现回落

脱落器（也称双板脱落器）是连接滑雪板和滑雪鞋的一个必不可少的重要部件，对滑雪者具有重要保护作用，若脱落器质量不过关，达不到安全标准要求，将对滑雪运动过程中的人身安全构成严重威胁。2018年与往年的情况基本一致，国内生产制造企业受技术限制，在脱落器这一细分领域依然存在"供给缺位"现象，难以供给符合相关标准的脱落器。如图39所示，2013～2017年，我国进口脱落器数量快速增长。其中2015年，进口脱落器重量首次突破 10 万公斤大关，而后进口重量进一步走高，2016 年涨至 11 万公斤左右，2017 年则增长到接近 14 万公斤，相比 2013 年上浮了 236%。但是 2018 年，进口脱落器不仅没能延续往年的增长势头，反而出现严重下跌。数据显示，2018 年进口脱落器进口重量直接跌破 10 万公斤大关，跌幅超 35.2%[①]。

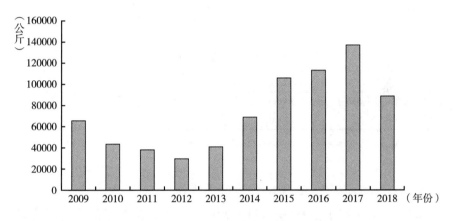

图 40 2009～2018 年中国双板脱落器进口数据统计

3. 单板市场表现较双板更好

通过汇总伯顿（BURTON）、金鸡（ROSSIGNOL）等品牌的零售数据发现（见表 1），2018 年中国滑雪单板市场年度销量约为 38000 副，同比增长 25% 左右。相比之下，滑雪双板的市场表现不如滑雪单板的市场表现。对于滑雪双板市场而言，2018 年是相对疲软的一年，年销量仅为 15000 副左右，同比增幅只有 5% 左右。可以看到，对于中国滑雪板市场而言，滑雪单板 2018 年在年销量方面明显胜过滑雪双板。

4. 线上选购有继续增长趋势

我国滑雪产业，尤其是滑雪者装备这一细分领域，以往对待互联网的态度算不上特别积极，诸多品牌、实体店都未铺设网店。而随着互联网在我国

---

① 伍斌、魏庆华：《2018 中国滑雪产业白皮书》。

的进一步下沉渗透、移动互联网的强势崛起以及快递业的全方位覆盖，人们的消费习惯发生了巨大改变，线上选购商品成为社会主流，这就导致品牌方、雪具店随着社会消费习惯的转变而做出改变，相继在线上平台开设商铺，新添电商销售渠道。现在，越来越多消费者倾向于在线上选购滑雪者装备。根据《2018 中国滑雪产业白皮书》，滑雪者装备线上销售占比为约为1/3，并有继续增长势头①。

表 16 2017～2018 年滑雪板年销量对比

	2017 年	2018 年	同比增长
滑雪单板年销量(副)	30400	38000	25% 左右
滑雪双板年销量(副)	14300	15000	5% 左右

注：根据《2018 中国滑雪产业白皮书》整理。

5. 国内品牌天猫销售额基本持平国际品牌

2019 年 1 月 17 日，ISPO Beijing 2019（亚太地区领军的运动用品商贸平台）第十五届亚洲运动用品与时尚展上，第一财经商业数据中心（CBNData）联合天猫运动户外发布《2019 户外运动趋势分析》报告②，该报告以阿里巴巴大数据为基础，对滑雪等运动户外的消费数据展开了研究。报告显示（见图 40），2017 年国内滑雪者装备品牌在天猫电商平台上的年度销售额只有国际品牌的一半左右，落后十分明显。2018 年，国内滑雪者装备品牌在天猫电商平台上的年度销售额实现了大幅度增长，而国际品牌同比上年稍有回落。可见，在天猫电商平台年度销售额这个维度上，国内滑雪者装备品牌已逐渐追赶上来，并在 2018 年达到与国际品牌基本持平的水准。

（二）我国滑雪者装备的发展动态

透析我国滑雪者装备这一细分领域，既要深入了解和观察我国滑雪者装

---

① 伍斌、魏庆华：《2018 中国滑雪产业白皮书》。
② 第一财经商业数据中心（CBNData），天猫运动户外：《2019 户外运动趋势分析》2019。

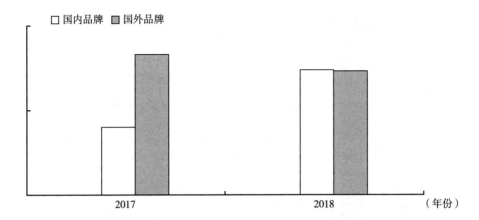

图 41　2017～2018 年国内、国外滑雪者装备天猫年销售额趋势

说明：由于商业问题，本图无具体数据，仅表示增长趋势。

备的市场形势，也要紧跟我国滑雪者装备的发展动态。因此，本文将主要从政策、行业两个视角，探讨我国滑雪者装备的发展动态。

1. 政策视角

2019 年，与我国滑雪者装备息息相关的政策动态主要有三。

第一，国家九部门针对冰雪装备器材出台专项产业政策。2019 年 3 月 31 日，中办、国办印发了《关于以 2022 年北京冬奥会为契机大力发展冰雪运动的意见》，指出要创新发展冰雪装备制造业，建立冰雪装备器材产业发展平台，推动产业链上下游需求对接、资源整合，同时还要求制定冰雪装备器材产业发展行动计划。2019 年 6 月 5 日，工业和信息化部、教育部、科技部、文化和旅游部、国家市场监管总局、国家新闻出版广电总局、国家体育总局、国家知识产权局、北京冬奥组委九部门按照《关于以 2022 年北京冬奥会为契机大力发展冰雪运动的意见》的部署，联合编制了《冰雪装备器材产业发展行动计划（2019～2022 年)》（下文简称《行动计划》），旨在加快培育发展冰雪装备器材产业，助力制造强国和体育强国建设。根据《行动计划》，我国冰雪装备器材产业年销售收入到 2022 年将超过 200 亿元，年均增速在 20% 以上。200 亿元的市场目标，贴合了我国实际情况，同时为我们国家滑雪者装备市场创造了广大的增长空间，对民族品牌和相关产业链企业发展起到了关键的信心提振作用。

表17 《冰雪装备器材产业发展行动计划（2019～2022年）》主要内容

	主要内容
行动目标	·到2022年,冰雪装备器材产业年销售收入超过200亿元,年均增速在20%以上; ·开发一批物美质优的大众冰雪装备器材和北京冬奥会亟需装备,大幅提升供给能力; ·建立较为完善的综合标准化体系,培育一批具有国际竞争力的企业和知名品牌,创建若干特色产业园区,初步形成具备高质量发展基础的冰雪装备器材产业体系
重点任务	·开发大众冰雪装备器材; ·实施精品示范应用工程; ·完善产业支撑体系; ·加强企业品牌培育

注：根据《行动计划》整理。

第二，河北省冰雪产业园区进入实际落地阶段。2018年5月24日，河北省人民政府下发了《河北冰雪产业发展规划（2018～2025年）》，该规划提出，要重点发展冰雪装备制造业，建设冰雪装备制造业集群。经过前期充分准备，规划的执行单位积极开源引流，已与多个滑雪装备项目正式签约（见表2），进入实际落地阶段。可以看到，在科学规划、合理布局的积极推动下，河北省冰雪产业园区的项目引进工作进行得比较顺利和畅通。与西方国家自由生长的发展模式相比，我国在前期规划就做足经验借鉴、科学规划等工作，有效避免了走发达国家走过的弯路，提高追赶速度。

表18 张家口冰雪运动装备产业园项目签约情况

已签约的滑雪者装备企业	产品领域	状态
张家口京禧体育器材有限公司	滑雪板及其它滑雪者装备	已签约
美国布鲁姆滑雪装备团队	全滑雪者装备	已签约
美国卡沃斯公司	滑雪板	已签约
瑞典天绅（TENSON）	滑雪服	已签约
瑞典未来集团（BLIZ）	滑雪头盔、滑雪镜	已签约
北京中青创锐投资管理有限公司、张家口至山体育用品有限公司合资	滑雪服	已签约

已签约的滑雪者装备企业	产品领域	状态
经易控股集团有限公司	部分滑雪者装备	已签约
广州市勇源工业有限公司	部分滑雪者装备	已签约
哈尔滨乾卯雪龙体育用品有限公司	滑雪鞋及其他滑雪者装备	已签约
捷克阿尔派妮运动用品有限公司	滑雪服	已签约

注：信息收集截至 2018 年 12 月 5 日。

第三，体育用品强省福建省宣布要创新发展冰雪装备制造业。福建省是我国体育用品行业的排头兵，安踏、361°、特步、匹克等知名体育用品品牌都发家于此。2019 年 7 月 19 日，为贯彻落实两办《关于以 2022 年北京冬奥会为契机大力发展冰雪运动的意见》精神，福建省体育局颁布了《福建省体育局抢抓机遇发展冰雪运动的若干措施》（以下简称《若干措施》），旨在助力国家备战 2022 年北京冬奥会，立足实际，抢抓机遇，恶补冰雪运动发展短板，有针对性、有步骤地发展福建冰雪运动。《若干措施》指出，将创新发展冰雪装备制造业，重点推动安踏、特步、361°、匹克等福建省本土知名体育制造企业扩大冰雪服饰、装备等市场份额，经 5 年努力力争实现冰雪产值达企业总产值 15% 以上，年产值超 50 亿元。

2. 行业视角

2019 年，与我国滑雪者装备息息相关的行业动态主要有三。一是知名冬季运动品牌法国金鸡（ROSSIGNOL）宣布正式进入中国市场。2018 年 9 月 12 日，法国金鸡宣布，将加快推进在华业务，并首次公布了在华三大战略布局。其中最主要的战略布局就是充分借力北京 2022 年冬季奥运会，重点发力冬季运动产品。法国金鸡集团总裁兼首席执行官布鲁诺（Bruno Cercley）指出，"滑雪竞赛装备始终是法国金鸡集团的传统核心产品之一，未来数年也将一直是集团的主要业务支柱之一。"另外，他还表示这次来到中国，法国金鸡主要是想进一步夯实在中国的市场基础，提升品牌影响力，让中国的消费者、户外运动玩家、滑雪者等认知认可法国金鸡（ROSSIGNOL）这个品牌。

二是安踏体育集团收购芬兰体育巨头亚玛芬集团（Amer Sports）。早在2016年，安踏体育集团就在大众滑雪市场进行了实际尝试，他们与日本滑雪品牌迪桑特（Descente）成立合资公司，享有在中国地区的独家经营权及从事带有"Descente"商标的所有类别产品的设计、销售及分销业务的权益，主要针对高端滑雪市场。2019年，安踏体育集团加大了对滑雪等户外市场的投入。2019年3月，以安踏体育为首的财团正式宣布，收购芬兰高端体育用品集团公司亚玛芬（Amer Sports），一举拿下多个滑雪运动品牌，包括"运动装中的爱马仕"始祖鸟、法国户外品牌Salomon（萨洛蒙）、奥地利滑雪装备品牌Atomic Skis（阿托米克）等著名品牌，极大地扩充了安踏体育的冰雪产品线，提升了安踏体育在冰雪体育用品这个垂直领域与细分市场的知名度和专业度。

三是据业内可靠消息，部分社会资本已与某国际知名滑雪者装备品牌开始接洽，商议收购其中国区业务事宜，在2022北京冬奥会这个千载难逢的机遇下，入局占位。

综上可见，社会资本和集团企业都开始积极布局我国滑雪者装备市场，这表明他们看好中国滑雪者装备市场的发展前景，看好2022北京冬奥会对这片市场的大力推动。

四 滑雪培训体系

中国滑雪市场是全球最大的初级市场，也是全球唯一快速增长的市场。中国滑雪发展历程短、基础薄弱，导致滑雪培训体系不健全、无法配合市场发展的速度，使得整个产业发展遇到巨大瓶颈，集中体现在以下三个方面。

一是巨大的初级滑雪市场的培训需求与滑雪指导员数量严重不足之间的矛盾，

二是大量新增滑雪场馆的管理需求与专业管理人员、专业技术人员严重稀缺之间的矛盾，

三是大量竞技运动员的培训需求与专业教练员稀缺之间的矛盾。

目前，全球培训机构纷纷将视线聚焦中国，都希望在中国市场分一杯羹。中国则可借助于市场优势，嫁接全球的培训资源，以解决因培训体系不健全而导致的各种发展瓶颈问题。

（一）竞技滑雪培训

1. 专业运动员

1980 年中国竞技滑雪运动员首次站在冬季奥运会的赛场上，即第 13 届美国普莱西德湖冬季奥运会。此次比赛，中国队派遣男女运动员共 28 名，参加 5 个项目的比赛。在此次冬奥会上中国选手无一进入参赛项目的前 10 名行列，与世界先进水平差距较大。

中国并非冰雪运动的传统国家，竞技冰雪运动在中国的发展历程不足40 年，尚处于起步阶段。在第一次参加冬奥会并认识到差距后，中国逐渐加强了对竞技冰雪运动的重视。但无论是在运动员数量，抑或在成绩方面，仍呈现"冰强雪弱"的局面，冰上运动取得的成就都远远高于雪上运动。

目前我国雪上项目注册专业运动员数量为 3082 人，专业运动员队伍规模及专业赛事竞技水平仍有很大的发展空间，但冰上注册运动人员已达5816 人。大众滑雪的认知度不断提高、产业发展趋势日盛，为竞技滑雪运动在中国的发展也提供了绝佳的机遇。

我国现有的竞技滑雪专业运动员培养分为以下几个层面。

（1）国家级运动队。这是由国家所组建的体育运动队伍。国家级运动员以国家训练中心作为主要的训练体制，以协会为主的培训体制作为辅助，开展多元培训。个别项目由协会单独培训，自成体系。

在 2022 年北京冬奥会的契机下，中国冰雪运动的发展获得了大力支持，已组建 19 支专业运动队，将参加 15 个分项，共 109 个小项的全部比赛。每个项目都有专业队伍，要在冬奥会上超越历史最好成绩，力争冰上有突破，雪上有提升，实现全项参赛。

（2）省级运动队。省级运动员也就是国家运动员等级中的一级运动员，采用以地方为主的专业系统培训，如亚布力滑雪训练队。

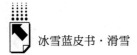

（3）院校运动队。由专业院校组建的运动队，不享受专业运动员待遇，如哈尔滨体育学院、沈阳体育学院、北京体育大学等。

①哈尔滨体育学院

哈尔滨体育学院是国内第一所开展冰雪教育的体育院校，培养了大量冬季竞技体育人才和管理人才。根据2017年2月学校官网信息，学校在国内外各项赛事中荣获冠军242项、亚军123项、季军101项。特别是在第26届世界大学生冬季运动会上，学校学生共获得了2金3铜。

2017年学校制定并着手实施《哈尔滨体育学院2016～2022七年发展规划》，规划的宗旨是为冬季运动发展输送人才，培养冬季项目高水平运动员、教练员、科研人员、管理人才、冰雪场地设施管理和维护专业人员等。

②沈阳体育学院

沈阳体育学院是新中国建立最早的体育院校之一，1980年1月起隶属于国家体育运动委员会，并设立附属竞技体校。学校共培养各级各类体育人才5万余人，在世界大赛中获得金牌122枚、奖牌289枚，参加省级以上比赛获得金牌142枚、银牌105枚、铜牌88枚。

学校学生代表中国队连续参加了第18～23届冬奥会，夺得我国冬奥史上雪上项目12枚奖牌中的10枚（1金6银3铜）。是国内唯一一所自主培养的运动员在冬、夏两个奥运会上都夺得金牌的高校，韩晓鹏、郑姝音分获都灵冬奥会、里约奥运会金牌。

③北京体育大学

北京体育大学建校以来为国家培养了近10万名学校体育、竞技体育和体育产业等领域的优秀人才，培养了一大批享誉国内外的优秀体育专家学者、教师、教练员、运动员和管理干部，得到了党和国家、社会各界及国际社会的充分肯定，曾荣获中共中央、国务院授予的"北京奥运会、残奥会先进集体"荣誉称号和由国际奥委会授予的"体育与社会责任奖"。学校3任校长钟师统、马启伟、金季春分别荣获国际奥委会"奥林匹克运动银质奖章""体育运动学习和研究奖"和"体育与教育奖"。

（4）业余体育训练队

以体育运动学校为主，招收业余运动员自行培训，向省队输送有潜力的业余运动员，不享受专业运动员待遇。

北京大学的学生于2006年春季组建了北京大学滑雪协会，为北京大学团委下属学生社团组织，组织了滑雪活动和各种交流沙龙，传播滑雪文化，成为近年来唯一在高山滑雪项目比赛中拿过冠军的业余运动队，且成绩稳居全国前三。

在针对滑雪运动传统强国的体育科学进行研究后，中国国家高山滑雪队新疆组应运而生。2019年1月23日，来自维吾尔族、哈萨克族、蒙古族、回族等民族的约350名运动员参加了新疆组选材测试，最终一批14至18岁的青年运动员组成了国家高山滑雪队新疆组。队伍组成后将以阿勒泰将军山滑雪场为基地，完成基础训练，而后将根据训练计划赴奥地利长期外训，融入国际化训练备战环境，反复锤炼队伍、积累备战经验，进一步带动新疆地区高山滑雪项目以及大众滑雪运动的发展。

2. 裁判员

我国的雪上项目裁判员主要分布在黑龙江、吉林、辽宁、北京、内蒙古和新疆六个省份，其中黑龙江和吉林两个省的裁判员占全国的比重在80%左右，主要呈现南少北多的特点。从职业来看，裁判员的职业涉及以下几种，高校教师、体育行政人员、普通干部、工人、医生、教练员，其中高校教师人数最多，占总人数的56%左右；其次是体育行政人员，占19%左右。从年龄来看，裁判员的年龄区间为25～56岁，其中国家一级裁判员年龄集中在25～35岁；国家级裁判员年龄集中在26～50岁。从学历来看，50%以上的裁判员具有研究生学历，45%左右的裁判员具有大学本科和大专学历，由此可见我国的裁判员团队具有较高的学历层次。从英语掌握水平来看，我国裁判员中能非常流利地进行英语交流的人占比接近12%。

（1）裁判员的培养与监督

体育竞赛裁判员（以下简称裁判员）实行分级认证、分级注册、分级管理制度，由国家体育总局对在我国（不含港澳台地区）正式开展的体育运动项目裁判员的管理工作进行监督，各级政府体育主管部门负责本地区相应等级裁判员的监督管理工作。由全国单项体育协会、省、自治区、直辖市各级地方单项体育协会负责本项目、本地区相应技术等级裁判的资格认证、培训、考核、注册、选派等技术等级认证的监督管理工作。

全国单项协会负责本项目我国国际级裁判员的注册和日常管理工作，并对我国国际级裁判员在国内举办的体育竞赛中的执裁工作进行监管（国际单项体育组织对所属国际级裁判管理有其他规定的按其规定办理）。同时，全国单项协会负责对本项目各级裁判员的技术等级认证等工作的管理，具体负责对本项目的国家级裁判员进行技术等级认证等管理工作，负责对本项目一级（含）以下裁判员的技术等级认证等工作进行管理和业务指导，由省级单项协会承接省、自治区、直辖市政府体育主管部门一级裁判员技术等级认证工作职能。

省级单项协会可负责本地区相应运动项目一级（含）以下裁判员的技术等级认证等管理工作。承接地（市）、县级政府体育主管部门二、三级裁判员技术等级认证工作职能的同级地方单项协会，可负责相应运动项目二级、三级裁判员的技术等级认证等管理工作。如地方有关单项协会组织不健全的，应由相应的地方政府体育主管部门按照本办法的各项规定负责本地区相应项目的裁判员的有关监督管理工作。

全国各单项协会都会成立其裁判员委员会，由裁判委员会具体负责本项目裁判员的技术等级认证等监督管理工作，同时负责制定本项目裁判员发展规划；制定裁判员管理的相关规定和实施细则；组织裁判员培训、考核；国家级裁判员技术等级认证、注册；对本项目裁判员的奖惩提出意见；翻译并执行国际单项体育竞赛规则和裁判法，研究制定国内单项竞赛规则和裁判法的补充规定。

（2）裁判员技术等级认证

各全国单项协会负责制定本项目各技术等级裁判员培训、考核和技术等级认证的具体标准，以及报考国际裁判员人选的考核推荐办法。各全国单项协会，各省、自治区、直辖市政府体育主管部门或同级地方单项协会可根据本项目、本地区开展裁判员技术等级认证的条件，组织一级（含）以下的裁判员技术等级认证等工作。最终，由各全国单项协会应当统一制作并发放本项目各技术等级裁判员证书。

裁判员技术等级认证考核内容分别为：竞赛规则、裁判法和临场执裁考核和职业道德的考察。晋升国家级裁判员应当加试英语或该运动项目的国际工作语言，作为资格认证的参考。根据各运动项目裁判工作的需要，晋升国家级、一级裁判员的技术等级认证可增加专项体能的考核内容。

（3）裁判员注册管理

全国各单项协会应当根据本项目的特点确定裁判员注册的相关限制条件，裁判员必须持有注册有效期内的相应裁判员技术等级证书方能参加各级体育竞赛的执裁工作。

国际级、国家级裁判员按年度向各全国单项协会进行注册，全国各单项协会可视本项目裁判员队伍状况对一级裁判员进行注册或备案。一级（含）以下裁判员注册可由各省、自治区、直辖市体育行政部门或地方单项协会做出规定。

（4）裁判员选派

根据赛事性质与等级的不同，对于裁判员的选派要求也不同，全国单项体育协会选派裁判员参加全国性、国际性体育竞赛的裁判工作，应向裁判员注册申报单位所在的省级体育行政主管部门或地方单项协会备案。

全国性体育竞赛要求临场技术代表、仲裁、裁判长、副裁判长、主裁判员须由国际级、国家级裁判员担任，其他裁判员的技术等级应为一级以上。

在国内举办的国际性体育竞赛，按照国际单项体育组织的要求选派裁判员；国际单项体育组织未对竞赛的裁判员技术等级做出要求的，应当选派国际级、国家级裁判员担任临场裁判。

各省、自治区、直辖市举办的同级以下的各类体育竞赛，临场技术代表、仲裁、裁判长、副裁判长、主裁判员、其他裁判员的选派条件，由各省、自治区、直辖市政府体育主管部门或地方单项协会做出规定。

（5）裁判员考核与处罚

全国各单项协会，各省、自治区、直辖市政府体育主管部门或地方单项协会应至少每两年对本单位注册裁判员进行工作考核。各全国单项协会、各地方单项协会负责对相应等级的违规违纪裁判员做出处罚。地方单项协会不健全的，由当地政府体育主管部门向上级单项协会提出处罚意见，由上级单项协会对违规违纪裁判员进行处罚。

对违规违纪裁判员的处罚分为警告、取消若干场次裁判执裁资格、取消裁判执裁资格一至两年、降低裁判员技术等级资格、撤销裁判员技术等级资格、终身禁止裁判员执裁资格。

（二）大众滑雪培训

1. 概况

（1）国家

大众滑雪培训是滑雪运动体系中最基础、最重要的环节之一，是滑雪运动推广、普及的基础。

为引导大众冰雪运动安全、科学、快乐地开展，中国滑雪协会将于近期正式推出《中国大众滑雪技术等级评定标准》。为做好标准评定组织实施工作，培养大众滑雪竞赛组织管理人员，2018 年 10 月，由国家体育总局冬季运动管理中心、中国滑雪协会主办，河北省体育局承办的全国首期大众滑雪技术评定考官和赛事组织管理人员培训班在河北省石家庄市西部长青四季滑雪场举行。全国 16 个省（区、市）的 306 名学员参加了培训。培训班讲授了滑雪大众技术等级标准与考试细则，展示了大众滑雪 1~9 级考试内容和技术要求，并带领学员进行了模拟考核练习。

双板滑雪大众技术等级标准适用于喜爱滑雪运动并掌握基本理论和技能的双板滑雪爱好者，技术等级共分为 12 级。其中 1~4 级为初级，5~7 级为中级，8~9 级为高级，预留 10~12 级为专业级，将与滑雪指导员技术等级衔接[①]。

---

① 双板滑雪大众技术等级标准 1~9 级见附录。

单板滑雪大众技术等级标准适用于喜爱滑雪运动并掌握基本理论和技能的单板滑雪爱好者，技术等级也分为12级。其中1~4级为初级，5~7级为中级，8~9级为高级，预留10~12级为专业级，与滑雪指导员技术等级衔接。

（2）地区

2018年8月，北京市冬季运动管理中心与北京市滑雪协会在魔法学院的协助下，历时一年研究制定了《北京市大众滑雪锻炼等级标准》，分成人、儿童，单板、双板不同项目，每个项目均细分为9个级别。每个级别均描述了该级别滑雪者适合滑行的雪道类别及需要达到的滑行技术水平。其中1~4级属于初级滑雪者级别，5~7级属于中级滑雪者级别，8~9级属于高级滑雪者级别。雪友可通过考级明确自己处于何种水平，并以此为依据选择适合自己的雪道，滑雪指导员亦可根据滑雪者的等级为其量身定制训练目标。

2018年11月，河北省发布了《河北省大众滑雪等级标准（试行）》，其中规定双、单板滑雪各为6个等级，最高级为6级。

目前世界范围内最为常见的、接受程度最广的提供大众滑雪培训服务的组织与机构主要为雪场自营的滑雪学校与第三方滑雪学校。除此之外，日渐增多的室内旱雪体验馆也成为推动大众滑雪培训的一个重要渠道。

2. 雪场自营滑雪学校

雪场自营的滑雪学校作为滑雪场的服务与销售部门，目的是开拓大众滑雪市场，普及滑雪文化，为大众提供单板、双板的滑雪教学。伴随大众对滑雪这项运动的认识逐渐加深，滑雪学校的产品也日渐丰富，如为吸引并提高初次滑雪体验者的兴趣提供的免费公益教学，为受教学价格影响较大的青少年滑雪者提供的团队教学，为滑雪爱好者提供有针对性的技能提升教学，以及为高级滑雪发烧友提供技术指导等。

我国的滑雪场客群多以一次性体验者为主，滑雪指导员的工作同滑雪场经营一样受季节影响。指导员的数量与雪季息息相关，雪季初与雪季末滑雪者人数较少，此时雪场对滑雪指导员的数量要求也相对较少，指导员处于供大于求的局面。而当雪季中期时，滑雪者的人数较多，雪场对指导员的数量要求猛增，以圣诞节、元旦、春节期间最为显著，出现指导员供不应求的局面。同时，周一至周五时，雪场中的人数较少，此时指导员对游客的数量供大于求；周末、节日，雪场中的人数猛增时，指导员的数量就远远满足不了滑雪者的需求。

从指导员的收入看，滑雪指导员的收入一般由"底薪＋提成"构成，其中雪场付2000~4000元的底薪，收入与提成按指导员"出导"时间提取不同比例。

根据滑雪场规模与接待能力的不同，各滑雪场滑雪学校的运营模式分为滑雪场自营、与第三方合作经营、第三方培训机构承包与聘请管理顾问。每个滑雪学校的滑雪指导员的人数也有很大差别，从几十人至几百人不等。

目前滑雪指导员的从业人员主要由几部分组成：一是滑雪场周边的居民，二是退役运动员，三是各大院校体育相关专业的大学生。退役的教练员在滑雪教学方面具有独特的优势，是滑雪指导员中最为宝贵的人才，他们曾经在国家队、省队担任过专业运动员的教练，其教学方法多、理论水平高、技术规范，在滑雪指导员构成中是非常紧缺的人才，他们一般都在管理岗位上从事管理工作。体育院校滑雪专业的学生，是大众滑雪的中坚力量，他们具备良好的体育素质、滑雪的专业技能，在理论水平、教学水平、教学方法、语言表达能力等方面都高于普通运动员。

对于滑雪场来说，合理地管理好滑雪指导员是一项十分重要的任务，这与客人的安全息息相关。滑雪场的教练属于临时工，因社会背景不同，个人素质参差不齐，加强对滑雪指导员的培训管理，成为滑雪学校管理的一项重要工作。

3. 第三方滑雪学校

伴随大众对于滑雪这项运动的认识的加深，参与的热情也愈加强烈，因此对于滑雪教学产品的要求也越来越高，比如对滑雪指导员的综合素质、教学的系统性、国际性等方面的要求也越来越多。因此，滑雪教学的商业价值与盈利能力愈加凸显，这一需求促使第三方滑雪学校这一产业形成。第三方滑雪学校通过与诸多滑雪场广泛建立合作关系，直接服务于大众。

截至2018年，国内有安泰国际滑雪学校、魔法滑雪学院、郝世花滑雪学校、红花滑雪学校、雪乐山室内滑雪培训学校、亚冠滑雪学校、高山兔滑雪学校、娅豪滑雪学校、美艺滑雪学校、圣祥滑雪学校、赵权国际滑雪学校、斯伯克滑雪学校、飓风团队户外运动学院、兄弟滑雪培训学校、刘吉俱乐部、高峰滑雪学校、冰雪传奇滑雪学校、枫滑雪业等数百家家第三方滑雪培训机构，仅崇礼地区就有40余家。

（三）滑雪职业培训

滑雪职业培训分为两部分，即滑雪指导员培训和滑雪行业从业人员培训，后者包含缆车工人、压雪车司机、运营服务人员等。

1. 滑雪指导员培训

（1）培训体系

中国的滑雪指导员的培训由国家体育总局职业技能鉴定指导中心与中国滑雪协会管控，二者共同组织行业专家依据《社会体育指导员国家职业标准》及中国滑雪指导员职业岗位对从业人员的能力要求，在充分借鉴国际经验的基础上，研究制定《滑雪指导员国家职业技能鉴定考核实施细则》，作为滑雪指导员的培训、考评标准。细则包括初级、中级、高级、培训师和考评员五个级别，是指导全国开展滑雪指导员技能鉴定的依据和实施规范。

各省（区、市）体育行业职业技能鉴定站负责对本辖区滑雪指导员培训工作进行具体的业务指导和监督。全国有滑雪指导员职业技能鉴定的鉴定站只有黑、吉、京、冀、陕、蒙、新、川几个。中国滑雪协会承担指导员的培训与认证等工作。我国的指导员体系分为国家级、省级以及市级三层。其中滑雪协会负责一、二级指导员的管理工作，三级指导员由各省体育部门负责（见图41）。

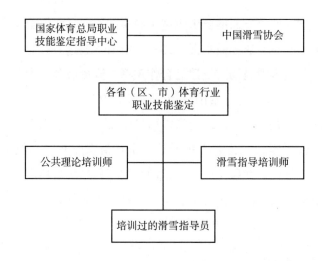

图42　我国滑雪指导员培训体系

　　中国滑雪协会的主要工作包括对指导员的管理，例如出台了《滑雪社会体育指导员管理办法》，对滑雪指导员的职责、认证标准、层级、培训内容、培训时间、考核及证书颁发等做了较为详细的界定。中国滑雪协会从事相应的培训和考核标准的制定，出台了《中国高山滑雪指导员晋级考核标准》等针对滑雪指导员的制度，对考核的技术、场地等做了详细说明。同时，协会也编纂了相应的滑雪教程，主要内容包括滑雪运动的基本理论，技术教程及相关的教学方法。高山滑雪指导员的培训、考核由笔试与雪上考核两部分组成。其中，滑雪指导员笔试部分的题库，是由国家体育总局委托首都体育学院设计制定的，共四套试题，每次培训随机抽取一套，考试题库沿用至今。滑雪指导员共分为五个等级，即滑雪（初级）指导员（5级）、滑雪（中级）指导员（4级）、滑雪（高级）指导员（3级）和滑雪培训师（2级），滑雪考评员（1级）。

　　滑雪（初级）指导员经本职业初级正规培训达到规定标准学时数，通过初级滑雪运动理论知识与技能考核，即取得毕（结）业证书。在取得初级资格证书后，连续从事本职业工作3年以上；或取得滑雪项目二级以上（包括二级）运动员等级证书，经本职业中级正规培训达到规定标准学时数；或有开展滑雪教学的高等院校体育专业专科以上毕业者，同时经本职业中级正规培训达到规定标准学时数，方可考取毕（结）业证书。在取得中级资格证书后，连续从事本职业工作 5 年以上，经本职业高级正规培训达到规定标准学时数，并取得毕（结）业证书。

中国滑雪指导员培训师、考评员培训的培训及考评工作由国家体育总局职业技能鉴定指导中心、中国滑雪协会共同组织，各相关省（区、市）体育行业职业技能鉴定站、职业技能培训基地等相关单位承办，目的是加快滑雪指导员职业资格工作的推进，满足各地滑雪职业技能鉴定工作对相关专业人员的需求。

在冬奥会的推动下，我国滑雪人口逐年快速递增，为统一滑雪水平的概念与标准，2018 年 10 月，国家体育总局冬季运动管理中心下发最新的《大众滑雪技术等级标准与考试细则》，并组织了全国首期大众滑雪技术评定考官和赛事组织管理人员培训班。

滑雪培训师主要由从业 3 年以上的具有滑雪中级以上资质的指导员（国家职业资格四级以上）、高山滑雪项目高级以上（含高级）教练员、高等体育院校教师以上（含讲师）滑雪专任教师组成。

滑雪考评员主要由从业 3 年以上的滑雪中级以上资质的指导员（国家职业资格四级以上）、高山滑雪项目中级以上（含中级）教练员、高等体育院校讲师以上（含讲师）滑雪专任教师组成。男性年龄不超过 65 周岁，女性年龄不超过 60 周岁。

（2）发展历史

2005 年 8 月 20 日，由中国滑雪协会和国家体育总局发起的全国首批高山滑雪指导员培训班在上海银七星室内滑雪场开班，从全国 2000 多名专业滑雪运动员中选拔 38 名"准指导员"，最终有 34 人在上海接受了为期 5 天的培训和考核，并获得了由国家体育总局颁发的高级滑雪指导员资格证书。

自 2007 年，中国滑雪协会便致力于推动中国滑雪指导员体系的规范化，制定了滑雪指导员的教学理念，明确了滑雪指导员的责任，对于滑雪指导员

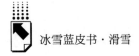

的培训项目也进行了完善。

2009 年，中国滑雪协会与吉林北大壶滑雪度假区联合创办中国滑雪学校，开展大学生指导员培训。

此后陆续制定了《中国滑雪协会 2007～2010 年发展计划纲要》，重点提出指导员综合培训计划、特训队及国家滑雪示范队、大众滑雪教育计划、国际 Interski 会员国计划、雪场安全计划、行政组织、指导员委员会、网站信息系统、《中国滑雪产业人才培养计划》、《中国滑雪学院架构蓝图》等重要发展规划。策划、加强和提升了中国与国际滑雪指导员联合会的合作与协同。融汇国际各种极具代表性的教学体系，结合中国实际情况，对滑雪课程研发与指导员培训、滑雪学校管理、滑雪场规划、滑雪产业管理等方面提出独到的解决方案等。

2015 年，国家体育总局冬季运动管理中心、中国滑雪协会发布了《中国滑雪场所管理规范（试行版)》。2017 年 10 月 30 日召开了全国滑冰滑雪场所安全工作会议，并于会上发布《中国滑雪场所管理规范（2017 年修订版)》，在文件中对滑雪指导员在滑雪场的工作的人数限制、从业资质、岗位职责等做出明确要求。

截至目前，全国从事滑雪教学工作的滑雪指导员已超过 2 万人，其中考取国家体育总局及人力资源和社会保障部颁发的滑雪社会体育指导员证书的指导员有 12000 人左右，占比约为 60%。

此外，越来越多的国内滑雪指导员和爱好者考取美国 PSIA、加拿大 CSIA、新西兰 NZSIA 以及英国、奥地利、日本等国家滑雪指导员协会执照，并呈现逐年递增趋势。截至 2018 年，累计超过 1000 人获得境外机构颁发的滑雪指导员执照。

（3）中国引进的国外滑雪培训体系/机构

我国滑雪培训机构不断加强与美国、加拿大、日本、新西兰等滑雪学校的合作，加快引进国际先进的滑雪培训体系。针对双板、单板等不同的类型及成年、儿童滑雪者等不同的滑雪群体，充分满足我国滑雪培训市场发展的需求。

表19　国内引进的国外滑雪培训体系/机构

体系/机构名称	引进时间	内容	国家	引进主体
美国滑雪协会（PSIA-AASI）	2014年	培训各级别初级指导员	美国	魔法滑雪学院、万科松花湖度假区、万龙滑雪场
加拿大职业滑雪指导员联盟（CSIA-CASI）	2016~2017年雪季	服务大众	加拿大	北京、崇礼
加拿大SA	2016~2017年雪季	单板教学	加拿大	雪山之王
奥地利滑雪学校协会（ÖSSV）	2016~2017年雪季	滑雪指导员培训	奥地利	亚布力滑雪场、万龙滑雪场
瑞士雪上运动协会（SSA）	2016年	滑雪指导员培训	瑞士	北京延庆万科石京龙滑雪场、太舞滑雪小镇、万科松花湖度假区
英国雪上运动指导员协会（BASI）	2015年	初级滑雪者	英国	北京乔波室内滑雪馆、吉林北大壶滑雪度假区
日本熊猫雪人儿童滑雪学校	2014年	3~6岁儿童滑雪教学课程及装备	日本	万科松花湖度假区
新西兰滑雪指导员联盟（NZSIA）	2017年	滑雪指导员培训	新西兰	万龙滑雪场
新西兰滑雪指导员培训学院 – Rookie Academy	2015年	培训亚布力地区的滑雪指导员	新西兰	亚布力滑雪场
瑞士雪协高级教练	2017年	滑雪指导员培训	瑞士	北京延庆万科石京龙滑雪场

2. 滑雪行业从业人员培训

目前，我国滑雪场具有开发建设和运营管理能力的高级管理人员在100人左右，中级管理人员不足500人。而当下，我国滑雪场各级管理人员的需求量至少在2000人的水平，在2022年会达到4000人的水平，我国现有的管理人才、技术骨干等远不能满足滑雪市场的需求和发展。

对包括北京、黑龙江、吉林、河北、辽宁等14个省份，共28家主要滑雪场的从业人员进行调查后发现，工作10以上的技术骨干和管理人才仅有146

人左右，5~10年的仅有683人，没有梯队建设，技术人才和管理人才青黄不接。又因滑雪行业季节性经营，滑雪产业从业人员队伍不稳定，高素质人才流失，从业人员素质普遍偏低。

我国现有的滑雪方面的职业和教育主要包括以下五类。

➤滑雪行业各类协会是国家冰雪人才的培训基地之一，如滑雪协会与社会劳动保障部门协同组织进行的社会体育指导员（滑雪）培训；索道协会每年进行的索道技术人员培训；国家冰雪人才培训基地与"金雪花"协会提供的滑雪行业管理人才培训等。

➤压雪车、造雪机、索道、雪地机械、滑雪器材、门禁系统和票务系统等雪场设备、装备供应商围绕各自产品所进行的业务培训。

➤各雪场自行组织到国外的考察调研。

➤各种培训机构纷纷涌现，为行业从业人员提供由浅及深的专业培训，如北京安泰雪业等。

➤专业院校类培训，如北京体育职业学院、黑龙江冰雪职业学院等。

早期的培训具有分散性、随机性和即时性的特点，使得培训的目的性、系统性、实效性难以体现。目前滑雪场地技术人员和管理人员，以老牌滑雪场为主要输出渠道，辅之以各滑雪场的开发和运营实践培养，真正意义上的滑雪方面的职业培训和教育还处于摸索阶段。比如，滑雪行业内各种协会的交流活动不断增多，以及安泰雪业、北京体育职业学院、黑龙江冰雪职业技术学院等一批提供滑雪职业培训机构的不断涌现。

索道、造雪机、压雪机等滑雪设备设施的良好运作对滑雪场的经营至关重要。由于大部分设备由国外进口，技术含量较高，操作与维护较为复杂，加之各种设备在滑雪旺季使用频率很高，故障的发生不可避免，雪场必须配备固定的专业的技术人员和维保人员。这类人员需要确保滑雪场的设备正常运转，可以独立处理突发事件，是滑雪场正常经营不可缺少的人才和骨干力量。经调查得知，进口设备厂家一般会对购买设备的雪场相关工作人员进行短期培训，但真正了解设备的专业技术人员非常缺乏，大部分由雪场在实际操作中自行培养，培训效果并不理想。

表20　我国滑雪行业场地专业人才现状及未来需求

单位：人

年份	索道运营维护	压雪车司机	器材维护人才	体能康复师	滑雪巡逻员	造雪人才	摩托驾驶及维护人才
2017	2400	530	1400	240	1650	6700	1900
2022	4000	1800	1600	1000	3200	7000	2300
2035	10000	3000	1900	2500	7800	8000	2800

（1）索道技术工人

索道技术人员的培训以岗位技能、安全运营培训为重点，以数值和能力建设为核心，不同培训内容和培训级别的培训周期为1月至半年不等，培训后将熟悉掌握索道日常运营、维护保养、安装调试、应急救援等工作内容。

按照国家索道检测的最低标准，一条索道专业技术人员的编制至少为3～4人（快速索道和一般索道的技术人员编配略有差异），其中索道站长1人、电器维修1～2人、机械维修1人。索道运行期间，所有编配技术人员必须在岗跟班作业。按照规范要求，我国现有滑雪索道应编配技术人员1500人左右，而实际在技术岗位工作的人员要多于这个数字，因为拖牵索道的管理人员尚未在统计之列。魔毯的专业技术人员尚未在国家索道协会的管理范围之内。

国内滑雪场使用的索道分为固定式、脱挂式、往复式三种；从技能掌握区分从业人员，有索道司机和维修技术人员两种；从管理职能区分，从业人员有负责全面管理的总监或经理，负责电气维修的经理，索道站长、站务员等。

中国索道协会成立于2003年8月1日，对本行业的发展趋势、企业经营管理等相关工作，组织索道会员单位进行人才、技术、管理、法规等教育培训，帮助会员企业提高素质、增强创新能力、改善经营管理。

目前我国的索道工人培训渠道非常有限，仅有2个渠道可以接受培训并获得从业资格证：

➤湖北咸宁旅游（索道）技工学校；

➤武汉三特索道集团股份有限公司与崇阳龙翔技工学校联合建立的索道

培训基地。

（2）压雪车司机

目前我国的压雪车司机并没有接受国家相关机构认证的从业资格培训及认证，一般由雪场自行培养，压雪车品牌厂家会提供短期专项培训并颁发操作资格证书。在中国市场上有三个压雪车品牌：意大利普瑞诺特压雪车、德国凯斯鲍尔压雪车、广西玉林悍牛压雪车。

一个成熟的压雪车专业操作人员通常需要 3 ~ 5 个雪季的培养，而机修人员则需要更长时间的专业培训。关于压雪车司机和维修人员数量，国内约有 470 人操作和维修 300 多辆压雪车。估计到 2022 年以后，这方面的人员需求会达到 1500 人左右甚至更高水平。

压雪车的培训内容包括压雪车操作入门、赛事压雪、定制雪道管理（根据不同雪场的实际情况优化造雪及压雪管理）、压雪车基本结构和雪道整理（理论）、雪铲操控及运用（实践 + 理论）等，所有培训在理论的基础上必须经过大量的实际操作才能掌握。压雪车司机必须完善并丰富压雪的理论知识与实践经验，才能优秀地完成压雪工作、提高压雪效率。目前，普瑞诺特（Prinoth）压雪机厂商每年定期组织 1 ~ 2 次的系统培训，每次培训 2 周的时间，并在我国设立维修中心进行每辆车的跟踪保养和服务。

PRO ACADEMY 压雪车专业学院是专门从事压雪车及雪道管理培训的机构，由国际知名的雪道管理专家弗洛里安·普罗范特先生（Florian Profanter）创建。该机构旨在通过传递全面、专业、系统的，结合先进理论和实践的培训，来帮助雪场及压雪车司机更好地进行压雪和雪道维护工作。PRO ACADEMY 自成立以来，已为来自全球上百家雪场的压雪车司机提供了培训，是目前世界上压雪及雪道管理培训领域的权威机构。

培训结束后，通过结业考核的学员可获得 PRO ACADEMY 颁发的合格证书，并直接获得参与今后由 PRO ACADEMY 组织的高阶压雪培训班的资格。

（3）运营服务人员

早期滑雪场运营服务人员主要来自普通院校，一般是酒店管理、旅游管理及市场营销等相关专业的学生。自 2015 年北京联合张家口成功申办 2022 年冬奥会后，国内各大普通高校、专业学校纷纷设立冰雪运动学院或相关专业，更有冰雪体育的主题院校相继成立。

黑龙江冰雪体育职业学院是教育部备案、省政府批准、省体育局主管的全日制普通专科学校，是全国首家以冰雪体育为主要特色的高等院校。

为支持冰雪体育产业发展及为 2022 年冬奥会输送服务型人才，学院专业设置采用"一体两翼"格局。一是以运动训练（冰雪方向）、高尔夫球运动与管理、体育运营与管理、汽车运用与维修技术（体育机械设备操作与维护方向）四个体育产业服务类专业为主线，培养冰雪运动指导、冰雪场馆运营、健身指导、体育营销策划、冰雪机械操作与维护、赛事管理、冰雪辅助裁判等方面的人才；二是以康复治疗技术、护理（运动康复方向）两个涉医类专业推动"体医结合"，培养专业运动队、医疗机构所需运动康复、运动防护、高危运动项目救护类人才；三是以计算机应用技术专业（体育产业软件开发与维护方向）推动"互联网＋体育"，培养体育产业电子信息技术方面人才。

北京安泰雪业企业管理有限公司是一家全面服务于滑雪产业链的综合集团公司，专注于滑雪场的标准化管理和专业技术管理人才培训，业务范围涵盖室内外滑雪场（馆）、滑雪学校、营地、城市冰雪主题公园等项目的投资咨询、规划设计、开发建设、人才培训、经营管理及活动策划，除前文提到的公司所属的安泰国际滑雪学校这一合作项目外，公司还合作了以下项目：张家界室内滑雪馆的施工指导、大王山冰雪世界的项目顾问。

公司不断吸收和整合国内外优质资源，培养适应行业发展需求的专业人才；不断建立和完善行业的标准体系，形成高效规范的管理运营模式，为新建雪场提供一站式"管家"服务，为已建雪场提供改造升级服务。安泰雪业与北京高校联合创办新型的安泰滑雪职业技术学院，系统引进国外先进产业技术，结合中国国情，开展学历与非学历教育培训，为冰雪行业培养具有良好职业素质、具备相关理论知识和专业技能的各类人才，驱动我国滑雪产业的技术升级并与国际标准体系契合，为我国滑雪产业提档升级提供人才保

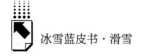

障，为 2022 年冬奥会的举办提供软支撑。在滑雪行业内，安泰雪业开办了 2015～2016 滑雪场经营管理总裁班、2016～2017 滑雪场经营管理研修班和 2017 滑雪场经营管理实战班。

（4）高级管理人员

国家冰雪旅游人才培训基地是国家旅游局会同相关省市，采取局省共建模式，在吉林长春设立的，目的是贯彻落实《"十三五"旅游人才发展规划纲要》，充分发挥人才培训在旅游业发展中的重要作用，加大旅游人才开发力度等。经过筛选、专家评审决定，吉林市万科松花湖度假区滑雪场、吉林市北大壶度假区滑雪场、白山市长白山国际度假区滑雪场三家单位获评首批国家冰雪旅游人才培训基地现场教学点；第二届雪博会期间，国家旅游局正式授牌吉林省为国家冰雪旅游人才培训基地，目的就是逐步建立完善我国的冰雪人才培训体系，为吉林省建立国家冰雪体育旅游综合管理和专业服务全产业链旅游人才开发基地、打造东北亚旅游人才交流培训中心奠定基础。

2018 年 11 月 12 日，由文化和旅游部主办，吉林省文化和旅游厅、国家冰雪旅游人才培训基地承办了全国冰雪旅游导游员（讲解员）培训班，来自全国 14 个具有冰雪旅游资源的省（区、市）的大中型旅行社及旅游景区的营销主管、骨干导游员（讲解员）、乡村旅游带头人、文化企事业单位创意设计人才、冰雪旅游产品生产企业负责人等 150 余人参加了培训。本次培训采用集中的理论培训、实地考察、模拟演练等形式，课程内容涉及冰雪旅游时长前景分析和趋势预测，冰雪旅游营销战略制定、营销与品牌定位，"互联网＋"时代营销渠道与维护，冰雪导游员（讲解员）讲解要求与技能提升，团队建设与管理等，旨在全面提高冰雪旅游导游人员的营销水平，为各地培养和输送一批专业型冰雪旅游导游员人才。

2018 年 12 月 17 日，由文化和旅游部人事司、吉林省文化和旅游厅共同主办，国家冰雪旅游人才培训基地承办了全国主要雪场发展规划和经营战略研究班，来自全国 14 个省（区、市）的大中型滑雪场、旅游度假区的负责人共计 85 人参加培训。本次培训邀请了法国山地联盟首席专家高宁先生、中法山地旅游研究院秘书长王晓宁先生现场与学员点评互动。在一周的培训期内，分别在万科松花湖、北大壶、万达长白山、鲁能胜地等吉林重点滑雪企业进行学习交流。通过专家授课、分组讨论、交流点评、参观考察、现场体验等方式，使学员系统了解滑雪场（度假区）规划与开发建设、法国滑雪场的发展历史运营与创新、大型滑雪度假区运营与管理、户外运动助力四季山地旅游发展学员分组讨论了冰雪旅游度假区（滑雪场）规划建设与运营管理的难点及对策，研究探索新时期滑雪场经济在冰雪运动与休闲度假市场的战略定位和运营模式，全面提高了战略规划能力、运营管理能力，为建设国际一流的滑雪场，实现冰雪旅游大发展提供智力支持和人才保障。

2019 年 3 月，为加快培养高素质冰雪旅游人才，推进滑雪场高质量发展，吉林省文化和旅游厅、国家冰雪旅游人才培训基地和中国滑雪场联盟联合组织了滑雪场高级管理人员培训班，该培训班分为两期，共 200 名滑雪场管理人员参加。一期培训面向滑雪场运营管理主要负责人，邀请了国内冰雪旅游和滑雪场管理方面的专家学者和著名企业家，采取案例教学和研讨等方式，分享国内外滑雪场发展现状和先进经验，研讨解决运营管理中的突发问题。二期培训面向场地高级经理人，采取案例教学和实际操作相结合的形式，学习索道、拖牵管理，造雪系统及设备维护和管理，压雪车维护等培训内容。

"金雪花"滑雪产业联盟与全国滑雪场联盟这种行业联盟也致力于整合行业平台，推动冰雪产业的规范化、组织化、品质化发展，为联盟内滑雪场的现有从业人员定期组织交流、培训。

（四）学历教育

在我国北方的体育大学，诸如北京体育大学、首都体育学院、哈尔滨体育学院、沈阳体育学院等，有相关的专业对学生进行滑雪方面的教育培训，甚至有专业的滑雪队。学校在注重滑雪理论教育和滑雪技能培训的同时，也注重学生职业技能的实操练习，学校一般会选择 1～2 家滑雪场作为学生的实习、就业基地，满足学生的实习需求。

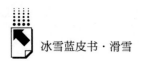

表 21　国内开设冰雪专业的高校

院校名称	所在地区	特色专业/学院
哈尔滨体育学院	黑龙江省	体育教育训练学（冰雪方向）
沈阳体育学院	辽宁省	冰雪专业
北京体育大学	北京市	冰雪管理专业、中国冰球运动学院、中国冰壶运动学院
黑龙江冰雪体育职业学院	黑龙江省	运动训练（冰雪方向）专业
北京体育职业学院	北京市	冰雪运动服务与推广
吉林体育学院	吉林省	冰雪学院
北华大学	吉林省	冰雪学院
东北电力大学	吉林省	高水平运动员（冰雪项目）
长春师范大学	吉林省	高水平运动员（冰雪项目）
首都体育学院	北京市	冰雪运动（损伤预防与康复方向） 体育经济与管理（冰雪运动方向） 体育教育（冰雪方向）
张家口冰雪学院	河北省	运动训练专业（冰雪方向） 护理学院（滑雪救援班） 财务管理专业（冰雪管理与营销） 英语专业（冰雪翻译人才） 旅游专业（冰雪旅游人才）
张家口职业技术学院	河北省	冬奥场馆设备专业维护维修方向 机电设备维修与管理（冰雪方向）
张家口机械工业学校	河北省	机电设备安装与维修专业 （含冰雪设备保养与维修方向） 汽车运用与维修专业 （含冰雪车辆保养与维修方向） 旅游服务专业 （含冬奥英语及冰雪服务接待相关方向）
首钢工学院	北京市	社会体育冰雪专业
吉林大学	吉林省	冰雪专业
东北师范大学	吉林省	冰雪专业
长春光华学院	吉林省	冰雪专业

<h1 style="text-align:center">五　滑雪赛事</h1>

从传统角度来看，我国滑雪赛事主要分为三类：一是以政府机关、协会

为主导，相关企业联合承办的赛事；二是以企业为主导，政府机构、协会组织联合承办的赛事；三是企业自主承办的赛事。2014年12月国家体育总局取消含17项单滑雪赛事在内的全国性体育赛事审批列167项名录，中国滑雪赛事迎来巨大发展转机。随着我国滑雪产业持续发展，除传统线下滑雪赛事外，线上赛事等新兴模式异军突起。

（一）2018滑雪赛事发展特点

1. 赛事数量持续增长，大众性滑雪娱乐休闲赛事增速明显

滑雪赛事是滑雪产业发展的活力源泉。本报告统计，2018~2019年雪季，国内共举办专业滑雪赛事251场（次），同比增长42.61%。其中，越野滑雪、跳台滑雪北欧两项、高山滑雪、自由式滑雪、单板滑雪、冬季两项等雪上项目赛事共192场（次），同比增长32%；雪地足球、雪地马拉松、雪上自行车等各类滑雪娱乐休闲赛事59场（次），同比增长90.32%[①]。

2. 赛事区域性分布明显，北方地区滑雪赛事占比为持续走高

受滑雪场分布影响，251场（次）滑雪赛事分布于华北、东北及西北地区，三地区占比为95.62%，延续2017年滑雪赛事的分布规律。其中，华北地区以113场（次）、45.02%的占比居全国首位，华南地区仍未有相关滑雪赛事举办。未来随着南方地区室内滑雪馆、旱雪场馆的建设及滑雪模拟器的推广，滑雪赛事数量及质量将有较大的提升空间。

3. 赛事组织与参与主体日益多样

除专业竞技滑雪赛事参与者——专业滑雪运动员外，2018年滑雪赛事组织与参与主体日益多样化。从赛事组织方面来看，随着冬奥会临近以及我国体育赛事市场化运作模式的开展，越来越多地参与到滑雪赛事组织中来，借助冬奥会契机与滑雪赛事提升品牌知名度，为企业创造有力的生存条件与

---

① 本报告赛事数量统计来源为国家体育总局冬季运动管理中心、各省市体育局等官网及各类赛事媒体新闻报道。统计范围为2018~2019雪季。2017年仅举办过一次的滑雪赛事未统计在内。

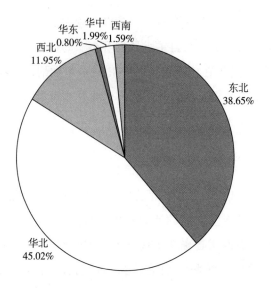

图43　2018年我国各大区滑雪赛事分布比例

发展环境。从赛事参与主体来看，2018年，我国共举办41项青少年滑雪赛事，占所有专业滑雪赛事的比重为16.33%，青少年成为参与滑雪赛事的主要力量。除此之外，企业职工、农村青年、普通民众等，也在逐渐成为滑雪赛事参与主体。

4. 高端赛事持续引进，赛事发展空间巨大

随着冬奥会临近，根据国家体育总局冬季运动管理中心公布的"冰雪项目2018～2019赛季竞赛计划"，全国计划举办29项国际、国内赛事。其中，张家口市崇礼区在2018～2019年雪季举办了几十项冰雪赛事，其中包括5项国际A级赛事，对张家口崇礼区赛场设施、赛道维护、接待服务、医疗保障等各类基础设施提出更高的要求。

随着我国冰雪产业高速发展，冰雪赛事活动逐步增多，国际大型滑雪赛事IP逐步引入，为我国滑雪场提档升级并跻身国际先进行列、滑雪产业持续快速健康发展提供了有利的契机。但目前国内雪场符合雪联标准的雪道较少、承接国际大型滑雪赛事的经验不足，滑雪赛事发展仍有巨大的进步空间。

表 22　2018～2019 年雪季崇礼区举办的 5 项国际 A 级赛事

赛事名称	举办时间	举办地
国际雪联自由式滑雪雪上技巧世界杯	2018 年 12 月 15 日～16 日	太舞滑雪小镇
国际雪联单板滑雪 U 型场地和坡面障碍技巧世界杯	2018 年 12 月 19 日～21 日	密苑云顶滑雪场
国际雪联自由式滑雪 U 型场地世界杯	2018 年 12 月 20 日～22 日	密苑云顶滑雪场
国际雪联单板滑雪平行项目世界杯	2019 年 2 月 23 日～24 日的	密苑云顶滑雪场
国际雪联自由式滑雪空中技巧世界杯	2019 年 3 月 2 日～3 日	密苑云顶滑雪场

5. 线上赛事等新兴模式异军突起

随着互联网思维的深入、滑雪产业大数据支撑作用的增强，越来越多的组织跳出传统线下赛事的框架，将互联网技术与滑雪运动结合、将线下滑雪与线上比赛结合，打造全新滑雪赛事规则，重新定义滑雪赛事新标准。

以 phenix（菲尼克斯）品牌为例，2018～2019 年雪季，菲尼克斯联手中国滑雪领域移动社交服务平台滑呗，基于滑呗轨迹记录程序，举办了"菲滑不可"全球线上滑雪大奖赛。大奖赛分为俱乐部团体赛及个人挑战赛两部分，共历时三个月，范围遍及 20 多个国家的 500 多家雪场，参与人数超过 20000 人。其中，共有 834 支滑雪俱乐部参与团体赛，累计滑行约 20 万天，总里程高达 240 万公里。

线上赛事打破了地域、年龄、性别的限制，以全民参与作为赛事主基调，避免了传统赛事扎堆挤用滑雪爱好者周末时间、赛程多采用一周双赛的弊端，提高了赛事的可参与性，开辟了互联网时代全新的体育赛事方向。

（二）大众滑雪赛事新动向

1. 中国滑雪公开赛、中国青少年滑雪大奖赛首次启动

2018～2019 年雪季是冬奥会正式进入北京周期的首个雪季。2018 年 09 月 20 日，冬运中心全面整合各方资源，推出中国滑雪公开赛、中国青少年滑雪大奖赛，成为推动群众性冰雪赛事活动广泛开展的创新之举。

中国滑雪公开赛于 2019 年 2 月 16 日～17 日在张家口崇礼区密苑云顶举

办，比赛共设高山滑雪、单板平行大回转以及单板滑雪坡面障碍技巧等项目。中国滑雪公开赛是为推动群众性冰雪赛事活动广泛开展而设立的创新型赛事，将突出赛制专业化、提升赛场体验，同时将通过跨界合作的方式，融合娱乐、音乐、健康、旅游、美食等，为赛事活动植入更多元素，立体呈现"滑雪＋"模式。同时，降低入门门槛，增加兴趣点，吸引更多初级滑雪者参与，实现"从0到1"的过程。

中国青少年滑雪大奖赛共设吉林北大壶、湖北神农架以及张家口云顶三个赛区，于2018年12月至2019年1月相继开赛。除高山滑雪、单板平行大回转及单板滑雪坡面障碍技巧等项目外，青少年大奖赛增加了自由式滑雪坡面障碍技巧的较量。中国青少年滑雪大奖赛是中国国内首个面向全国17周岁及以下青少年公开招募的大众级别"U系列滑雪赛事"，是全面推动青少年冰雪运动广泛开展的积极尝试和有益探索。中国青少年滑雪大奖赛组织模式区别于成人赛模式，在赛制设置、安全保障以及组织执行过程中会充分考虑到青少年的身体素质，通过榜样的力量影响青少年，让其以享受滑雪为前提，感受大自然的魅力、体会滑雪的快乐。国家滑雪队运动员贾宗洋、徐梦桃、蔡雪桐担任2018～2019中国青少年滑雪大奖赛推广大使，各组别冠军将获得和推广大使共同造访冬奥举办城市、亲身感悟冬奥精神的机会。

2.各地开展"三亿人上冰雪"系列活动

（1）2018～2019年度黑龙江省"赏冰乐雪"系列活动

2018～2019年度黑龙江第三届"赏冰乐雪"系列活动于2018年12月启动。系列活动共设置了4大版块100项活动内容，活动辐射全国，贯穿整个冬季。

第一版块冰雪精彩赛事共45项，其中包括国际级赛事5项、国家级赛事15项、省级赛事25项。包括2019中俄界江黑龙江国际冰球友谊赛、2019中俄界江黑龙江国际速度滑冰大众马拉松赛、2019中俄界江黑龙江国际越野滑雪大众马拉松赛、2019年黑龙江省国际冬泳邀请赛等冰雪精彩赛事活动。

第二版块趣味性群众赛事活动共35项，为体现黑龙江冰雪资源优势的全民参与的群众性赛事活动。包括黑龙江省全民冰雪活动日活动、2019年冰雪嘉年华、2019年黑龙江省大众冰钓公开赛等百姓喜闻乐见的冰雪趣味性赛事活动，为全国冰雪运动爱好者提供多样化的趣味冰雪运动体验。

第三版块城市挑战赛共15项。本项活动覆盖全省13个地市，在各地市人群相对集中的区域设置活动点，使群众能够随时参加。包括世界雪日、全民冰雪活动日等10项规定活动和5项本地特色冰雪活动。

第四版块涉外赛事共5项，包括了2018年中国·七台河中俄青少年短道速滑国际邀请赛暨黑龙江省短道速滑联赛、国际雪山穿越大赛、中俄青少年冬令营、中俄冰雪汽车拉力赛等涉外赛事活动，旨在依托黑龙江的区位优势，因地制宜地开展与周边国家的冰雪体育活动，促进双边的人文体育交流。

2016~2018年黑龙江省体育局连续两年举办了黑龙江"赏冰乐雪"系列活动，活动累计带动全国近4400万人次参与冰雪运动，有效推动了冰雪体育、冰雪旅游、冰雪文化等产业深度融合发展。

（2）"健康河北，欢乐冰雪"2018~2019河北省雪季系列活动

围绕实现全省3000万人参与冰雪运动、力争在冬奥会上取得优异成绩的目标，河北省体育局统筹推进冰雪竞技队伍建设、大众冰雪运动普及、冰雪体育产业和冰雪人才培养四大任务，先后组建了15支冰雪专业运动队，培育了欢乐冰雪、四季冰雪等一系列大众冰雪品牌活动，催生了冰雪装备、冰雪小镇、冰雪文化等诸多新生业态，开创了冰雪运动强省建设的新局面。2018年12月~2019年3月，第三次组织举办"健康河北欢乐冰雪"2018~2019河北省雪季系列活动。本次系列活动在总体规模、项目种类、覆盖范围等方面均超以往，活动数量达到265项，主要包括冰雪竞技赛事、区域性冰雪活动、大众性体验活动、传统特色类活动、青少年普及活动、普及指导人才培育活动、冰雪与相关业态融合发展活动等七个类别。活动带动1000万人参与冰雪运动，为加快普及推广群众性冰雪运动、建设冰雪运动强省发挥了积极作用。

3. 国内热点大众赛事

（1）新浪杯高山滑雪公开赛

新浪杯高山滑雪公开赛是新浪体育首个滑雪领域的专业赛事，也是其自主创办的特色冰雪赛事 IP。2018～2019 年雪季，新浪杯高山滑雪公开赛历时 5 个月，跨越 11 个省份，覆盖 20 余家雪场，吸引 5000 余名选手参赛、2万余名雪友观赛，成为中国规模最大的大众滑雪赛事。

2019 年 7 月 16 日，国际滑雪联合会与新浪体育签订战略合作协议，新浪杯高山滑雪公开赛正式成为全球首个由国际雪联授权认证的大众滑雪赛事。预计 2019～2020 年雪季将在全球 18 个地区举办近百站分站赛，预计吸引 10 万名滑雪爱好者参与，助力"三亿人上冰雪"运动。

（2）大众滑雪技术大奖赛

大众滑雪技术大奖赛始于 2015～2016 年雪季，第一届于崇礼地区举办，吸引了全国 16 个省（区、市）的 200 余名选手参与。2016～2017 年雪季，大众滑雪技术大奖赛扩大了合作雪场，分站赛雪场涵盖东北、华北、西北地区 7 个省（区、市），辐射全国。2017～2018 年雪季，大众滑雪技术大奖赛全方位升级，以"比赛＋跨界"为理念，形成跨平台多维度复合社交，打造全新滑雪生活方式，进一步吸引了大众人群和其他运动爱好者参与。截至2018～2019 年雪季，大众滑雪技术大奖赛已成功举办四届，数千名大众滑雪爱好者曾参与比赛。

（3）（中国）精英滑雪联赛

（中国）精英滑雪联赛始于 2006 年，到 2016～2017 年雪季已走过 9 站、2 个城市、4 个滑雪场，吸引 4000 余名滑雪发烧友参加。2018～2019 年雪季比赛时间为 2018 年 12 月 3 日至 2019 年 3 月 5 日，以滑行（回转计时、多人追逐）为主，规模扩大至 300 场。联赛包含了日赛（智能雪道平日赛）、周赛（智能雪道周末赛）、分站赛和年度总决赛等不同级别的赛事。经营滑雪联赛参照美国滑雪协会赛事体制，用积分衡量赛事参与者，是中国首个拥有积分的职业赛事。

（中国）精英滑雪联赛属于大众体育竞技赛事，以冬奥会滑雪项目为主，如回转赛、追逐赛等。双板赛事优秀选手可去美国参加大众滑雪竞技赛事——美国标准赛。单板项目赛事优秀选手会去日本参加亚洲乃至世界顶级的比赛。青少年组的优秀选手可前往挪威参加高级别的青少年大赛。2018～2019（中国）精英滑雪联赛——高得运杯滑雪挑战赛"已被纳入 CSSF 赛事积分体系。

主办方接受定制化赛事内容，同期会举办雪地音乐节、雪地嘉年华、滑雪后派对等赛事周边的娱乐活动。

（三）滑雪赛事存在问题

1. 赛事体制不健全，有效供给不充分

目前，我国部分滑雪产业发展相关政策尚未完全落地，税收、土地等方面的政策对滑雪产业没有明显倾斜，对滑雪赛事发展支撑力度不够，给赛事组织、运营等造成了影响。赛事体制不健全导致医疗、餐饮、交通等方面过多因素不确定，使得滑雪赛事时间、财力、物力成本增加，办赛风险变大，导致赛事盈利困难，影响滑雪赛事举办。

2. 滑雪赛事经营管理水平低

随着我国滑雪产业蓬勃发展、各类滑雪赛事数量的增加，以及滑雪赛事规模级别的扩大与提高，对赛事组织经营所需专业人员的数量及质量要求随之日益提高。面对日益复杂的滑雪赛事组织环境，我国滑雪赛事经营者管理水平未能跟上滑雪赛事产业的发展需求，无法准确把握大众滑雪消费需求及滑雪产业发展脉络。

3. 产业化程度低，创新能力欠缺

目前我国滑雪产业仅发展二十余年，市场化程度低、产业发展不成熟。同世界传统冰雪大国相比，缺乏滑雪专业赛事组织经验，未能引进大规模、大数量的世界著名滑雪品牌赛事。在现有国内滑雪赛事中，滑雪赛事自主品牌 IP 少，赛事研发投入力度小，赛事品牌附加值低，难以有力支撑滑雪赛事产业的发展。

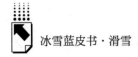
4. 滑雪赛事消费覆盖面窄

在我国竞技体育项目中，冰雪项目处于劣势，未形成类似传统竞技体育项目广泛的消费者与观众受众群体。同时，滑雪项目大众普及率低，大部分滑雪爱好者水平处于初级阶段，公众滑雪消费意识不够强，滑雪消费未成为普通民众生活性消费的必要组成部分，导致滑雪赛事消费覆盖面窄，未能形成成熟、系统、完善的滑雪产业链。

（四）滑雪赛事发展建议

1. 打造滑雪完整产业链，稳固滑雪赛事培育平台

2017～2018 年雪季，我国冰雪旅游人数约为 1.97 亿人次，冰雪旅游收入约为 3300 亿元，比 2016～2017 年雪季分别增长了 16%、22%。预计 2021～2022 雪季冰雪旅游收入将达到 6800 亿元[1]。应当借助冬奥会东风，依托冰雪旅游，推动各地滑雪场地提档升级。通过赛道设施、设备装备、个人装备、滑雪教学培训、滑雪赛事服务等各产业链条的发展，搭建稳固有力的滑雪赛事培育平台，营造冰雪产业发展氛围，提高滑雪赛事价值。以赛事为依托，推广冰雪运动。

2. 鼓励支持赛事组织者、运营者

政府推动冰雪产业有利政策尽快落地，为滑雪赛事发展提供稳固的基础。扩大冰雪学历教育赛事管理专业招生范围，为我国冰雪赛事产业发展提供专业人才保障。坚持政府引导、市场配合，赛事组织方深刻把控产业发展脉络，承担滑雪赛事组织、运营责任，培养优质执行团队，配合雪场提供的场地、设备、人才等各类资源，吸引更多资金介入，打造适合中国国情与滑雪产业发展的赛事，推动滑雪赛事在国内的传播与发展。

3. 培育赛事参与者，稳定赛事消费者

建立各级运动协会，设立培训机构，组建专业队伍，进行赛事项目、比

---

[1] 《新浪旅游运营总监李沂蒙：冰雪旅游人群增多》，http://sports.sina.com.cn/others/magicski/2019－03－19/doc－ihrfqzkc5098000.shtml。

赛设置、技术方面的专业服务培训，制定科学、权威、系统的赛事规则与制度，形成长久化和常规性的系统，提高社会参与度与认可度，向下渗透覆盖更多滑雪初级爱好者；培训滑雪爱好者，统一规则、注册、报名，定期做晋级或达标测试赛；设置竞赛委员会，组织赛区排名赛，进一步明确俱乐部排名和个人排名，组织全国性比赛。

推动滑雪赛事线上线下推广，改变大部分人对滑雪"难度大、危险高"的固有看法，降低参赛、观赛门槛，增加创新元素，提高观众参与度，扩大赛事受众覆盖范围，培育赛事观众，打造体系性滑雪赛事。

4. 打造赛事专业IP，推动赛事商业化进程

高质量滑雪赛事能够推动滑雪产业商业化的进程。要借助冬奥会机遇，打造产业基础，维持冬奥影响力，合理利用冬奥会遗产；努力扩大办赛规模，专业提升选手水平，着力增强参赛体验；注重赛事赛后转播传播，提高滑雪赛事质量，打造滑雪赛事专业IP。以2018～2019新浪杯高山滑雪公开赛为例，2018年新浪杯通过与全国20家雪场合作，覆盖全国11个省份，引入积分制度，体现选手信息，完备摄像、摄影、直播团队，从细节提升参赛选手参赛体验与参与感。同时，新浪借助自身媒体资源，实现赛事三亿微博话题量、一亿视频播放量，推动大众体育普及。2019年，新浪杯预计增长到50～100个分站赛，吸引全国滑雪高手参与，打造国内外规模最大的滑雪比赛。

提高赛事品牌商业价值，培育赛事赞助商，支持媒体、电视转播媒体，搭建赛事商业平台，夯实市场基础，通过赛事为品牌方带来更多的曝光、为雪场带来更多的活性，更大化回馈赞助商，彰显滑雪赛事在市场经济领域中的生存地位。

支持引进国际重大赛事。综合评估世界锦标赛、世界杯赛等大型单项国际赛事的影响力和市场价值，引进一批品牌知名度高、市场前景广的国际顶级赛事。筹办好北京冬奥会、冬残奥会及赛前各级各类测试赛，树立国际重大赛事与城市良性互动、共赢发展的典范。

5. 重视滑雪娱乐休闲赛事发展

滑雪作为较为垂直的运动，需要广泛的社会认知度。从赛事参与来看，

滑雪赛事主要分为群众参与型与群众观赏型。应当从全产业链的角度进行滑雪赛事布局，注重产业间的融合发展，运用跨界思维，促进滑雪娱乐休闲赛事与文化、旅游、娱乐、互联网等相关产业深度融合，探索基于大众滑雪赛事的模块化运营体系，拓展滑雪赛事发展空间。运用明星效应、创新创意等，将滑雪赛事打造成"节日"，保持雪场竞争性，节省办赛成本，优化赛事组织，加快滑雪产业及滑雪赛事 IP 的成熟速度，促进群众滑雪赛事的进一步成熟和标准化运营。积极推进冰雪娱乐休闲赛事专业化、品牌化、融合化发展，培育壮大市场主体，加快产业转型升级，挖掘与释放消费潜力，打造经济增长新动能，使滑雪娱乐休闲赛事成为推动冰雪产业向纵深发展的重要引擎。

6. 深化赛事＋相关产业发展

除单纯的广告赞助外，通过教学服务、出境游、个性定制化服务等赛事衍生与增值产品，扩大滑雪赛事受众范围。2016～2017 年雪季，（中国）精英滑雪联赛通过将冠军选手带到美国 Jackson Hole 滑雪的方式，带动"滑雪赛事＋滑雪培训与滑雪旅游"的发展。未来我们将带领更多的选手走出去，与国际高手切磋交流，也将开发出更多的滑雪旅游产品。雪山之王在中国多个城市开展街区滑雪培训，未来将推出混合滑行滑雪赛事，引入跨界元素，让受众在一个"节日"里体验"滑雪赛事＋多种元素"的乐趣，更好地推动大众滑雪产业发展。

附表：2018～2019 年国内热点赛事

序号	赛事名称	主办方	举办时间	省份
1	2018～2019 国际雪联自由式滑雪雪上技巧世界杯	国际滑雪联合会	2018.12	河北
2	2018～2019 国际雪联自由式滑雪空中技巧世界杯中国站	国际滑雪联合会	2019.3	吉林
3	2018～2019 国际雪联自由式滑雪 U 型场地世界杯	国际滑雪联合会	2018.12	河北

序号	赛事名称	主办方	举办时间	省份
4	2018～2019 国际雪联单板滑雪 U 型场地和坡面障碍技巧世界杯	国际滑雪联合会	2018.12	河北
5	2018～2019 国际雪联单板滑雪平行项目世界杯	国际滑雪联合会	2019.2	河北
6	2018 北京国际雪联单板滑雪大跳台世界杯	国际滑雪联合会	2018.11	北京
7	2019 国际雪联越野滑雪中国巡回赛	国际滑雪联合会、中国滑雪协会	2019.1	吉林
8	2017～2018 国际雪联高山滑雪积分赛	国际滑雪联合会	2018.12	河北
9	2018/2019 国际雪联高山滑雪远东杯	国际滑雪联合会	2018.12	河北
10	2019 年首创集团·国际雪联中国北京越野滑雪积分大奖赛	国际滑雪联合会、国家体育总局冬运中心、中国滑雪协会、北京市体育局	2019.3	北京
11	2018 太舞国际雪联自由式滑雪雪上技巧中美对抗赛	国际滑雪联合会	2019.1	河北
12	全国越野滑雪青少年锦标赛	国家体育总局冬季运动管理中心	2019.1	黑龙江
13	全国越野滑雪锦标赛	国家体育总局冬季运动管理中心	2019.1～2	新疆
14	全国越野滑雪冠军赛暨 U18 精英赛	国家体育总局冬季运动管理中心、陕西省体育局、宝鸡市人民政府	2019.3	陕西
15	全国跳台滑雪青少年锦标赛	国家体育总局冬季运动管理中心	2019.2	吉林
16	全国北欧两项青少年锦标赛	国家体育总局冬季运动管理中心	2019.1	吉林
17	全国北欧两项冠军赛	国家体育总局冬季运动管理中心	2019.2	黑龙江
18	全国高山滑雪锦标赛	国家体育总局冬季运动管理中心	2018.12	甘肃

续表

序号	赛事名称	主办方	举办时间	省份
19	全国高山滑雪青少年锦标赛	国家体育总局冬季运动管理中心	2019.3	黑龙江
20	全国高山滑雪冠军赛	国家体育总局冬季运动管理中心	2019.3	黑龙江
21	2018~2019年度全国高山滑雪巡回赛	国家体育总局冬季运动管理中心、中国滑雪协会	2018.12~2019.1	吉林
22	2018全国大众高山滑雪巡回赛暨单板平行大回转系列赛	国家体育总局冬季运动管理中心、中国滑雪协会	2018.12	北京
23	全国自由式滑雪空中技巧锦标赛暨全国自由式滑雪空中技巧U16青少年赛	国家体育总局冬季运动管理中心	2018.12	吉林
24	2018~2019年度全国自由式滑雪空上技巧冠军赛	国家体育总局冬季运动管理中心	2019.3	吉林
25	2018~2019年度全国自由式滑雪雪上技巧锦标赛	国家体育总局冬季运动管理中心	2018.12	河北
26	全国自由式滑雪雪上技巧冠军赛	国家体育总局冬季运动管理中心	2019.3	内蒙古
27	2018~2019赛季全国自由式滑雪U型场地锦标赛	国家体育总局冬季运动管理中心	2018.11~12	河北
28	全国自由式滑雪U型场地冠军赛	国家体育总局冬季运动管理中心	2019.3	辽宁
29	全国自由式滑雪障碍追逐锦标赛	国家体育总局冬季运动管理中心	2018.11~12	黑龙江
30	全国自由式滑雪大跳台和坡面障碍技巧冠军赛	国家体育总局冬季运动管理中心	2018.11~12	吉林
31	全国单板滑雪U型场地锦标赛暨U18青少年锦标赛	冬季运动管理中心、中国滑雪协会	2018.12	河北
32	全国单板滑雪U型场地冠军赛	国家体育总局冬季运动管理中心	2019.2	内蒙古
33	全国单板滑雪平行项目锦标赛暨U18青少年锦标赛	国家体育总局冬季运动管理中心	2018.12	河北
34	全国单板滑雪平行项目冠军赛	国家体育总局冬季运动管理中心	2019.2	吉林

序号	赛事名称	主办方	举办时间	省份
35	全国单板滑雪大跳台和坡面障碍技巧锦标赛暨 U18 青少年锦标赛	国家体育总局冬季运动管理中心	2018.12	河北
36	全国单板滑雪大跳台和坡面障碍技巧冠军赛	国家体育总局冬季运动管理中心	2019.2	吉林
37	全国单板滑雪障碍追逐锦标赛	国家体育总局冬季运动管理中心	2019.2	黑龙江
38	全国单板滑雪障碍追逐冠军赛	国家体育总局冬季运动管理中心	2019.3	黑龙江
39	全国冬季两项锦标赛	国家体育总局冬季运动管理中心	2019.3	内蒙古
40	全国冬季两项冠军赛	国家体育总局冬季运动管理中心	2019.3	黑龙江
41	2018~2019 中国青少年滑雪大奖赛北大壶赛区	国家体育总局冬季运动管理中心、中国滑雪协会	20185.12~2019.1	吉林、湖北、河北
42	2018~2019 中国滑雪公开赛	国家体育总局冬季运动管理中心、中国滑雪协会	2019.2	河北
43	2018 全国大学生滑雪开板节暨高校滑雪挑战赛	国家体育总局冬季运动管理中心、中国滑雪协会	2018.12	北京
44	2018~2019 年全国大众单板滑雪大回转系列赛	中国滑雪协会	2019.1	甘肃
45	国际高山定点滑雪公开赛	中国银行	2019.3	吉林
46	2018 年中国大学生越野滑雪锦标赛	中国大学生体育协会	2018.12	吉林
47	2018~2019 年度万科杯第五届全国大学生滑雪挑战赛	中国大学生体育协会	2018.12~2019.3	吉林
48	2018~2019（中国）精英滑雪联赛——高得运杯滑雪挑战赛	（中国）滑雪赛事联盟（CSSF）、泰瑞智杰	2018.12	河北
49	第二届单板技术滑行选手权大会	（中国）滑雪赛事联盟（CSSF）	2019.1	河北
50	滑雪定向越野挑战赛	中国体育场馆协会、中国企业体育协会	2018.3	河北

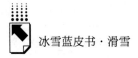
续表

序号	赛事名称	主办方	举办时间	省份
51	2018年首届全国残疾人高山滑雪和单板滑雪锦标赛	中国残疾人联合会	2018.12	河北
52	2018年全国残疾人高山滑雪和单板滑雪锦标赛	中国残疾人联合会、中国残奥委员会、中国聋人体育协会	2018.12	河北
53	2019中国俱乐部滑雪联赛	奥创体育	2019.3	河北
54	2018年全国残疾人越野滑雪与冬季两项锦标赛	中国残疾人联合会、中国残奥委员会	2018.12	黑龙江
55	第五届全国大学生滑雪挑战赛	中国大学生体育协会	2019.2~2019.1	吉林
56	2018年全国大学生越野滑雪赛	中国大学生体育协会冰雪运动分会、吉林省教育厅、长春市体育局	2018.12	吉林
57	首都高校大学生第十三届高山滑雪比赛	北京市大学生体育协会	2019.1	北京
58	2018全国大众欢乐冰雪周——全国青少年夏季滑雪挑战赛（华北赛区）暨第二届京津冀青少年夏季滑雪挑战赛	国家体育总局冬季运动管理中心、北京市体育局、中国滑雪协会	2018.7~2018.12	北京
59	首届京津冀大众滑雪巡回赛暨河北省大众滑雪等级标准推广赛	河北省体育局	2019.2	河北
60	2019年第三届京津冀大众山地滑雪公开赛	崇礼区文化旅游体育广电新闻出版局、万龙旅游运动有限公司、天津体育发展有限公司	2019.3	河北
61	2018~2019首届京津冀大众滑雪巡回赛暨京津冀第四届滑雪比赛	保定市体育局、北京市石景山区体育局	2019.1	河北
62	猛犸滑雪挑战赛	河北省体育局	2018.12	河北
63	河北省第九届残疾人运动会高山滑雪和单板滑雪比赛	河北省残联、河北省体育局	2018.1.18	河北

序号	赛事名称	主办方	举办时间	省份
64	2018 第二届"云顶杯"国际滑雪大奖赛	河北省体育局、河北省教育厅	2018.3	河北
65	多乐美地杯滑雪追逐赛	多乐美地滑雪场	2019.2	河北
66	中国·保定狼牙山国际单板滑雪比赛	河北省体育局	2019.1	河北
67	2018～2019 新浪杯高山滑雪公开赛	新浪体育有限公司	2018.11～2019.3	全国
68	2018～2019 大众滑雪技术大奖赛	大连市滑雪协会、张家口滑雪协会、北京春秋永乐体育发展有限公司	2018.12～2019.1	全国
69	第十二届南山业余猫跳滑雪比赛	北京南山滑雪滑水度假村有限公司	2019.2	北京
70	第四届大众冰雪北京公开赛高山滑雪比赛	北京市体育局、北京市体育总会	2019.1	北京
71	第十三届首都高校大学生滑雪比赛暨首届京津冀大学生滑雪比赛	北京市延庆区体育局	2019.1	北京
72	第五届南山自由滑雪双板公开赛	北京市密云区体育局、北京密云南山滑雪场	2019.1	北京
73	第十七届南山公开赛		2019.1	北京
74	首届南山(国际)青少年滑雪比赛	北京市密云区人民政府	2018.1	北京
75	第四届大众冰雪北京公开赛滑雪比赛	北京市体育局、北京市体育总会	2018.12	北京
76	"SWIX 杯"第二届新闻媒体滑雪邀请赛	北京市滑雪协会	2019.2	北京
77	第二届 8264 大众滑雪公开赛	天津信一科技有限公司、黑龙江省滑雪协会、哈尔滨市滑雪协会	2018.12	黑龙江
78	2018～2019 年度黑龙江省越野滑雪锦标赛	黑龙江省体育局	2019.2	黑龙江

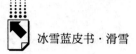

续表

序号	赛事名称	主办方	举办时间	省份
79	全国大众高山滑雪混合赛	黑龙江省冬季运动项目管理中心、黑龙江省滑雪协会、黑龙江广播影视传媒集团	2018.10～2019.3	黑龙江
80	2018年第九届奥地利滑雪赛	奥地利驻华使馆和奥地利国家旅游局,中国吉林省、吉林市人民政府	2018.2	吉林

热 点 篇

Hot Reports

B.2
中国各滑雪大区发展分析报告

赵 薇[*]

摘 要： 发展冰雪产业，寒冷的气候和丰富的水资源是基本条件，而冰雪资源受地理位置的影响极大。在世界范围内，冰雪资源主要集中在纬度40度以上的区域内，低于40度则气温偏高，冰雪易融化，而超过60度则进入高寒区域。因此，在40～50度的区域内，最适合开发自然条件下的冰雪项目。中国的冰雪主要分布在西部高山冰川积累区。中国的稳定积雪面积为420万平方千米，包括东北、内蒙古东部和北部、新疆北部和西部以及青藏高原区；不稳定积雪区位于北纬24～25度。无积雪地区仅包括福建、广东、广西、云南四省份及海南岛和台湾岛大部分地区。中国年平均降雪补给量为3451.8亿立

---

* 赵薇，中雪众源（北京）投资咨询有限责任公司教育培训部总监，从事滑雪产业十余年，在滑雪产业研究、滑雪场服务体系编制、滑雪场运营管理方面具有丰富的经验。

方米，冰雪资源的一半集中在西部和北方高山地区。大致来看，中国滑雪场应主要布局在五个冰雪产业带上，即长白山冰雪产业带、大兴安岭－阴山冰雪产业带、燕山－太行山冰雪产业带、秦岭－伏牛山冰雪产业带、邛崃山－岷山冰雪产业带。

关键词： 滑雪大区　滑雪产业　冰雪资源

一　中国滑雪市场发展分析

（一）市场特征

在中国，冰雪产业的发展历程相对复杂，受区域经济发展的影响较大。相对来讲，东北地区作为中国老工业基地，经济的发展推动冰雪资源开发，相对于国内其他区域比较早。在 1965 年，哈尔滨就对冰灯开始了规模性开发，并取得一定的成绩。尽管如此，受到国家经济体制的制约，哈尔滨冰雪产业的开发相对滞后，冰雪文化底子较为薄弱。1996 年，第三届亚冬会在哈尔滨举办，这是中国第一次举办国际冬季综合运动会，中国冰雪产业开始走向世界，以哈尔滨为代表的东北地区，成为中国冰雪产业发展的先行者。2015 年 7 月 31 日，国际奥委会宣布 2022 年冬奥会举办城市为中国北京，这在助推中国冰雪产业加速发展的同时，也预示着中国冰雪产业发展的区域格局将发生重大变化。

1. 冬奥助力，冰雪运动迅速发展

从 1996 年起至 2018 年底，中国滑雪场数量从 11 家发展至 742 家，滑雪人数从 1 万人次发展至 1970 万人次。相比于 2017 年度，2018 年度滑雪场数量增加了 39 家，增幅为 5.55%；滑雪人数增长了 220 万人次，增幅为 12.6%。从图 1 分析来看，滑雪场数量增速放缓，但滑雪人数增速依然较快。

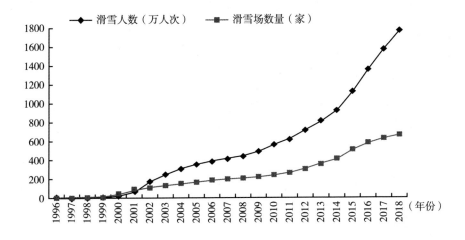

图1 1996～2018 年中国滑雪场数量及滑雪人次

北京携手张家口成功申办 2022 年冬奥会引发滑雪热潮，中国滑雪产业已经进入黄金发展时期，并且还有巨大的市场空间和增长潜力亟待挖掘。根据图 2 推测分析，至 2035 年滑雪场数量预计达到 800 家，滑雪者数量预计达到 5980 万人次。

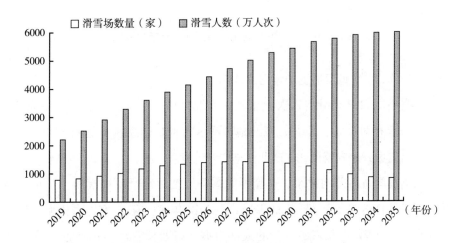

图2 2019～2035 年中国滑雪场发展趋势预测分析

2. 政策驱动，中国冰雪市场规模持续扩张

国家发展改革委发布的《2017年中国居民消费发展报告》显示，2017年，中国冰雪产业规模已达3976亿元。2016年，国务院《"十三五"旅游业发展规划》中将冰雪旅游作为重点项目。按照国家体育总局的发展规划，到2020年我国冰雪产业总规模将达到6000亿元，2025年直接参加冰雪运动的人数将超过5000万人次，被带动参与到冰雪运动中的人数将达到3亿人次，冰雪产业总规模将达到1万亿元。未来，随着滑雪设施的完善、政策推动及消费人群的增加，滑雪的渗透率有望继续提升。

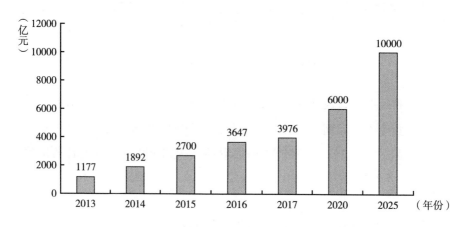

图3　2013～2025年我国冰雪产业规模情况及预测

3. 华北、东北地区滑雪市场日趋成熟

从滑雪场数量和滑雪人次上来看，东北地区、华北地区市场份额最大，滑雪消费者相对稳定，华北、东北地区滑雪市场日趋成熟（见图4）。

4. 滑雪场开始向规模化、产业化与专业化发展

滑雪场垂直落差的大小，是衡量滑雪场所在山地资源规模的一个重要指标。国内垂直落差大于300米的雪场，至2018年底已有26家，占比为3.5%。

得益于2022年北京冬奥会的成功申办，以及世界滑雪产业发达国家滑雪场发展模式的影响，我国传统小型滑雪场开始重视雪场升级与改造，新开滑雪场也多倾向于更为专业的发展途径，滑雪场不再仅仅是满足一次性体验

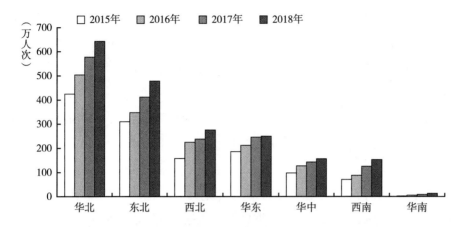

图4　2015～2018年中国各大区滑雪人次统计

的场所，而是更多地向规模化、产业化与专业化发展。因此，垂直落差大于300米的雪场增长速度最快，而垂直落差小于100米的小型雪场增长速度有所减缓（见图5）。

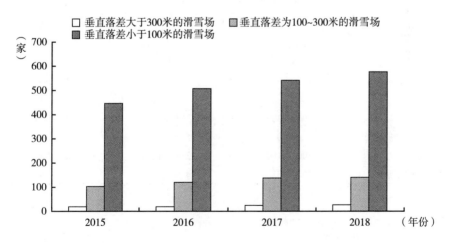

图5　2015～2018年中国滑雪场按垂直落差统计

（二）资源特征

发展冰雪产业，寒冷的气候和丰富的水资源是基本条件，而冰雪资源受地理位置的影响极大。在世界范围内，冰雪资源主要集中在纬度40度以上的区域内，低于40度则气温偏高，冰雪易融化，而超过60度则进入高寒区域。因此，在40~50纬度的区域内，最适合开发自然条件下的冰雪项目。

中国的冰雪主要分布在西部高山冰川积累区，稳定季节冰雪面积为420万平方千米，包括东北、内蒙古东部和北部、新疆北部和西部以及青藏高原区；不稳定积雪区位于北纬24度~25度。无积雪地区仅包括福建、广东、广西、云南四省份及海南岛和台湾大部地区。中国年平均降雪补给量为3451.8亿立方米，冰雪资源的一半集中在西部和北部高山地区。大致来看，中国滑雪场应主要布局在五个冰雪产业带上，即长白山冰雪产业带、大兴安岭－阴山冰雪产业带、燕山－太行山冰雪产业带、秦岭－伏牛山冰雪产业带、邛崃山－岷山冰雪产业带。

表1　中国若干地区冰雪资源比较

山脉名称	一般海拔	存雪期	年降水量（毫米）
长白山	1000 米以上	4 个月左右	600 ~ 800
太行山	1500 ~ 2000 米	3 ~ 4 个月	400 ~ 600
吕梁山	1500 米左右	3 ~ 4 个月	400 ~ 600
阴山	1000 ~ 2000 米	4 个月	300 ~ 400
秦岭	2000 ~ 3000 米	3 个月	600 ~ 800
大兴安岭	1500 米	5 个月以上	400 ~ 600
岷山—邛崃山	1000 ~ 1800 米	3 个月以上	600 ~ 800
阿尔泰山	1000 ~ 3500 米	4 个月以上	300 ~ 400

（三）分布特征

1. 分布情况

在滑雪资源和市场作用的影响下，中国的滑雪产业已经扩展至全国。全国34个省级行政区中，目前仅香港、澳门、台湾、上海、西藏及海南尚未建成滑雪场馆设施。

表2　全国滑雪场数量分布

区域	省份	滑雪场数量（个）
东北区域	黑龙江	124
	吉林	43
	辽宁	38
	小计	205
华北区域	北京	24
	天津	13
	河北	59
	山西	48
	内蒙古	42
	小计	186
西北区域	陕西	34
	甘肃	21
	青海	8
	宁夏	13
	新疆	60
	小计	136
华东区域	江苏	17
	浙江	19
	安徽	3
	福建	1
	江西	2
	山东	65
	小计	107
华中区域	河南	43
	湖北	11
	湖南	9
	小计	63
华南区域	广东	2
	广西	2
	小计	4
西南区域	重庆	16
	四川	11
	贵州	10
	云南	4
	小计	41

2. 分布特点

我们按照华北、华东、华南、华中、西南、东北、西北七大区域滑雪场分布做具体分析，其中东北区域滑雪场数量占比为 27.63%，位居七大区首位；其后分别为华北区域 25.06%、西北区域 18.33%。

由上述分析得知，中国现阶段已经发展形成了三个主要冰雪产业板块，分别是东北板块、华北板块、西北板块。

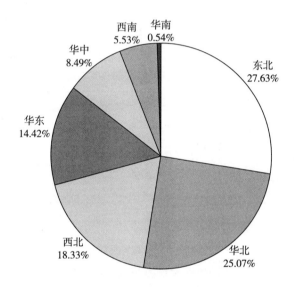

图6　全国各大区域滑雪场比例

二　全国重点滑雪区域发展分析

（一）东北地区

东北地区是我国冰雪资源分布最为集中的地区之一，黑龙江、吉林、辽宁三省冰雪文化积淀相对深厚，冰雪旅游起步早、发展历史最长，冰雪产业是该地区区域经济发展的主要构成，也是未来该区域经济实现可持续发展的支柱产业。

1. 滑雪产业的诞生

1957 年，中国第一次滑雪比赛在吉林省通化市举行，标志着中国近代滑雪运动的开始。1996 年，黑龙江省承办了第三届亚洲冬季运动会，承办雪上项目比赛的亚布力滑雪场拥有了全国规模最大的滑雪训练、比赛场地，并借此机会创建了旅游滑雪场，正式对外营业，大众滑雪开始走向产业化道路。

2. 区域产业发展特色

（1）冰雪资源得天独厚

我国东北地区位于北半球的中纬度地段，在我国地势的第三阶梯上，地形特点是地域广博、丘陵遍布、坡陡平缓、纬度偏高，为温带大陆性季风气候，冬季寒冷漫长，夏季温暖短促。大自然赋予东北得天独厚的地理位置与气候条件，是东北发展冰雪运动最宝贵的资源。黑龙江流域、鸭绿江流域、辽河流域封冻期历时 4 ~ 5 个月，大部分地区从 11 月至次年 3 月以降雪为主，降雪日数 20 至 50 天；积雪日数 80 至 120 天，长白山、兴安岭及黑龙江北部地区可达 150 天以上；积雪较厚，最大深度为 58 至 80 厘米。

（2）冰雪文化积淀深厚

东北地区冰雪文化有着丰富的历史蕴藏和文化积淀，可谓源远流长。从国内竞技体育的人才输出与培养，到大众体育的喜好与日常普及，再到以冰雪为主题的旅游文化节庆活动的定期举办，都为东北冰雪文化的发展、推广提供了助力。

（3）冰雪旅游开发较早且广为人知

东北地区冰雪旅游开发较早，已经形成了区域特色，且广为人知。依托冰雪文化的各类资源优势，东北地区冰雪旅游进入快速发展阶段。

3. 区域产业运行现状

黑龙江、吉林、辽宁三省是我国滑雪场最为集中的三个省份。冰雪旅游的广泛传播，使东北地区的滑雪产业也迎来了快速发展的机遇期、黄金期。截至 2018 年底，东北地区滑雪场数量达到 205 家，居全国之冠；黑龙江省滑雪场数量达到 124 家，居区域之冠；哈尔滨市域滑雪场数量达到 61 家，居全省之冠。

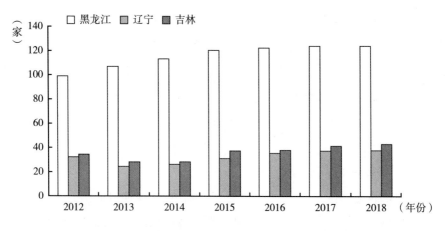

图 7　2012～2018 年东北地区滑雪场数量

东三省的滑雪产业经过 20 多年的发展和积累，已逐渐形成规模和体系，正处于快速发展阶段。在 2018 年冬季，东三省的各类冰雪旅游项目火爆，在春节黄金周期间，冰雪经济正成为当地经济发展的有力支撑。辽宁省共接待游客 2032 万人次，同比增长 11.5%；实现旅游总收入 145.12 亿元，同比增长 12.1%。吉林省共接待游客 1471.51 万人次，同比增长 16.52%；实现旅游收入 142.85 亿元，同比增长 19.64%。黑龙江省共接待国内游客 1122.67 万人次，同比增长 11.21%；实现国内旅游收入 136.32 亿元，同比增长 13.16%。旅游业保持了持续快速增长的强劲势头。

表 3　东北地区著名滑雪场概况

项目名称	滑雪面积（公顷）	雪道总长（公里）	建设时间	配套设施
万科松花湖	175	31	2014 年	酒店、度假小镇、连锁餐饮、滑雪博物馆、俱乐部、大型滑雪场
万达长白山	100	34	2010 年	旅游新城、大型滑雪场、高端度假酒店区、旅游小镇、森林别墅等
吉林北大壶	126	37	1993 年（初建）2009 年（扩建）	酒店、商场、商务中心、KTV、体能恢复中心、棋牌娱乐室、大型滑雪场等
亚布力阳光	50	16	2008 年	酒店、会议中心、中西餐厅、咖啡厅、多功能厅等

但从总体看，东北地区滑雪场的特点是大部分滑雪场规模小、档次低。少数的滑雪场具有一定的规模和档次，例如黑龙江的亚布力滑雪场，吉林省的北大壶滑雪场、长白山滑雪场、松花湖滑雪场。这些滑雪场以度假村、四季运营模式运营，正在成为我国未来模式的实践者。

（二）华北地区

华北地区冰雪资源并不充足，但京津地区人口密集、经济发达、居民的旅游意识很强，旅游消费水平居全国前列，是我国重要的旅游客源市场之一。华北地区道路体系完备、交通便捷，市场运营模式成熟。同时，2022年冬奥会对于进一步发展群众冰雪运动，开发和培养冰雪产业消费市场也起到巨大推动。

1. 区域滑雪产业特色

（1）区位交通便利，为冰雪产业发展创造了优越条件

华北地区地处环渤海中心地带，拥有我国京津冀经济圈的核心地区，自古以来便是中国政治、经济、文化的中心。区域地势平坦，城镇密布，又拥有北京、天津这种经济发达、人口众多的城市，形成巨大的城市发展辐射效应。铁路、公路、航空、轨道交通等交通网络四通八达，拥有较为完备的交通条件，尤其是高速公路系统非常发达，极大地缩短了中心城市之间的车程，非常有利于形成区域间的流动消费。

（2）依托京津，客源市场前景广阔

从本质上讲，华北地区的冰雪资源并不十分占优，但京津地区是我国重要的旅游客源市场之一，人口基数大、消费能力强，形成了较大的市场需求。且根据《中国旅游统计年鉴2018》显示，冰雪旅游已成为京城居民最喜爱的旅游产品之一。

（3）以2022年冬奥会为契机，形成区位产业联动，搭建复合型冰雪产业

2022年冬奥会的成功申办，无疑成为华北地区冰雪产业实现跨越式发展的契机，对于探索冰雪产业未来发展模式有着重要的现实意义。以新建或改建场地设施为冰雪产业发展的起点，冬奥会的举办将联动外围产业及相关

产业的发展，包括基础设施建设、区域环境治理、旅游、餐饮、住宿、运动
用品制造等，刺激冰雪体育消费。为举办冬奥会，除政府就冰雪运动重大建
设项目进行规划、审批和投资外，社会民间资本也已进入。冰雪产业链很
长，借助冬奥会，形成区域产业联动。从器材、场地、赛事、培训，到相关
上下游产业（如旅游业、地产业、娱乐业等），可形成复合型冰雪产业。

表4　2018年中国部分省（区、市）人均GDP

省份	GDP（亿元）	常住人口（万人）	人均GDP（万元）	人均GDP（万美元）
北京	30320	2170	13.97	2.11
上海	32679	2418	13.51	2.04
天津	18809	1556	12.08	1.83
江苏	92595	8029	11.53	1.74
浙江	56197	5657	9.93	1.50

2. 区域滑雪产业运行情况

华北地区滑雪产业以北京为中心展开，客源基础好、消费能力强、消费
意识超前。同时，在承办2022年冬奥会和在京津冀协调发展的助力下，华
北地区迎来了滑雪产业的快速发展。截至2018年底，华北地区滑雪场数量
达到186家，仅次于东北地区，其中河北的滑雪产业发展最为迅猛。

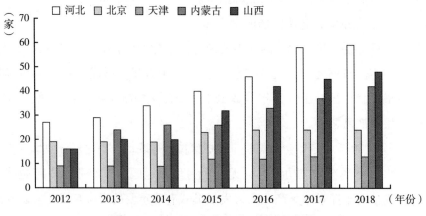

图8　2012～2018年华北地区滑雪场数量

华北地区 2018 年滑雪人数达 210 万人次，新增 66.3 万人次，增量稳居全国第一位。

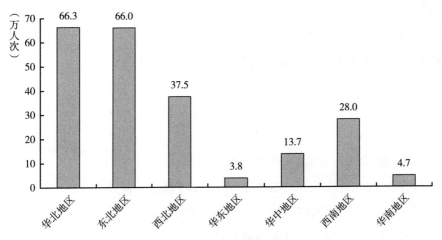

图 9　2018 年与 2017 年比较新增滑雪者数量

从运营分析来看，北京市目前以一日游、体验型滑雪者为多，河北省则瞄准旅游目的地型雪场开展建设。相对而言，天津市、山西省、内蒙古自治区绝大多数的滑雪场规模较小，不过也各有特色。天津注重冰雪影视文化的开发，内蒙古则以冰雪为媒介打造冬季草原冰雪游特色，山西的滑雪场也进入兴建阶段。目前，各省份盈利状况依然存在差异，盈利能力不强，仅有少数的滑雪场具有一定的规模和档次，例如崇礼滑雪大区的万龙滑雪场、云顶滑雪场、太舞滑雪场等，正在成为我国滑雪场未来模式的实践者。

（三）西北地区

1. 区域滑雪产业特色

西北地区属于冰雪资源相对丰富的地区之一，目前西北冰雪产业进入快速建设和发展期，冰雪产业的开发势头必将成为整个区域市场的重要组成部分，成为其获得区域竞争力的产业筹码。

（1）高山资源丰富，很多地区常年积雪

西北地区山多、气候条件特殊，很多山峰常年积雪，为冰雪产业的建设和发展提供了资源上的保障。目前，全球有 14 座 8000 米以上的山峰，我国西北地区占有四座，分别是乔戈里峰、迦舒布鲁姆 I 峰、布洛阿特峰、迦舒布鲁姆 II 峰。四座山峰常年覆盖冰雪，冰川、积雪遍布。以"三山夹两盆"的新疆维吾尔自治区为例，其不仅拥有天山、昆仑山和阿尔泰山 3 座绵延千里的山脉，而且冬季时间长达半年，雪期早、雪期长、雪质好，冰雪产业发展空间巨大。目前，新疆对外开放的海拔 7000 米以上的可攀登山峰就有 10 余座，包括慕士塔格峰、公格尔峰、乔戈里峰等。

（2）独特的民族风情和地域特色

我国西北地区居住的民族种类多，汇集了藏族、回族、维吾尔族、蒙古族，这些不同的民族风情，为形成具有西北特色的冰雪文化培植了土壤。

（3）滑雪历史悠久，文化韵味深厚

2006 年 1 月 16 日，中国的滑雪专家、考古专家聚集新疆阿勒泰市，发布了确认中国新疆阿勒泰地区是人类滑雪起源地的《阿勒泰宣言》，同年 12 月 15 日在北京人民大会堂举行新闻发布会。经过国内滑雪专家、考古专家十几年的考察研究，确认至少一万年前阿勒泰人就开始了滑雪，比目前认为的人类滑雪起源时间（距今 4500～5000 年）要早几千年。

2. 区域滑雪产业运行情况

所处的纬度位置和气候条件决定了当地冬季相对漫长，大量的积雪和大大小小的山丘遍布整个地区，这些天然优势使西北地区的滑雪资源相对丰富。但也因为区域差异，西北五省区中具备滑雪条件的地区都有不同的滑雪旅游项目。

以"丝绸之路＋冰雪旅游＋民族风情"这套旅游组合为特色，新疆冰雪旅游取得了优异的成绩。新疆在发展冰雪旅游过程中，利用夏季旅游产品的知名度，多方面、全方位地大力宣传自身的冰雪旅游，让更多的人了解新疆独特的冰雪旅游资源和人文资源，从而吸引了大量的旅游消费者前往新疆。经历数十年的发展，新疆已经跃居中国第二大冰雪旅游大省。

目前，西北地区滑雪旅游收益已经占到旅游收入的 5%～10%。受时间和季节的限制，经营时间通常只有四到五个月，而作为旅游旺季的春节，收入占到整个滑雪旅游收益的 2/3 左右。

三 中国重要滑雪度假区发展分析

在各个板块内，以产业集群效应的视角看，中国冰雪产业现阶段的四个发展极为黑龙江省的亚布力地区、吉林省的吉林市地区、河北省的崇礼地区、新疆的阿勒泰地区。

（一）黑龙江省亚布力滑雪旅游度假区

黑龙江省是滑雪资源的大省，是滑雪运动的强省，为我国滑雪事业和滑雪产业的发展做出了突出的贡献。

亚布力是黑龙江省拥有冰雪资源最多的地区，是中国冰雪产业的发源地，是全国体育产业的示范基地。不仅举办过综合性、单项的全国、国际和洲际滑雪比赛，为国家培训了大量的优秀滑雪运动员，还在我国冬季全民健身运动推广以及滑雪体育产业发展方面成绩斐然，是黑龙江冰雪文化和冰雪运动的代表，文化积淀、历史深厚。

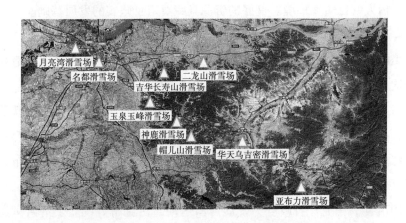

图10 亚布力地区及周边著名滑雪场分布

1. 地理位置分析

哈尔滨是黑龙江省的省会，中国东北北部的政治、经济、文化中心，是中国著名的历史文化名城、热点旅游城市和国际冰雪文化名城。亚布力位于哈尔滨南部，东临牡丹江、南临吉林省。

2. 交通环境分析

可进入性较强，公路、铁路和航空的立体交通网络业已形成，且不断优化升级。现在的亚布力滑雪旅游度假区，已经有快速公路和铁路接入，20公里以外便有高速公路接口，200公里半径范围内有哈尔滨太平和牡丹江海浪两个机场，交通相对便捷。当下，哈牡高速铁路已开通，亚布力站距度假区仅有20公里；附近拟建的通用机场正在选址中，可进入性被持续优化。便捷的交通环境，极大地促进了亚布力冰雪产业的发展。

3. 自然环境分析

亚布力滑雪度假小镇位于长白山脉小白山系张广才岭腹地。区域山地、雪地、林地和小气候资源独特，发展的自然基础坚实。特有的山形地貌适合进行国际量级滑雪场的建设；区域内独特的小气候造就了冬季丰富的降雪，且又适合人工造雪。雪期长，可持续5个月之久；雪质佳，适合竞技和比赛。区域内林地覆被率高达85%以上，壮阔的长白植物区系针阔混交林，形成了怡人的自然大环境。良好的资源禀赋奠定了坚实的发展基础。

4. 产业发展分析

美丽的山城亚布力，金朝时期是王公贵族们培育中草药之地。清朝时期，这里一直作为皇室和贵族的狩猎围场，禁止百姓入林垦荒狩猎。1861年，封禁大开，那时这里松树满山岭，野果遍沟壑。1897年，中东铁路修建时，在此筑路的沙俄工头，经常发现成片的苹果树，秋天结出累累果实，于是将此地用俄语命名为"亚布洛尼"，即"苹果园"，音译为"亚布力"，沿用至今。

1974年，黑龙江省政府为发展滑雪运动，在亚布力设立了滑雪训练基地，先后承办了第五届、第七届、第十届全国冬季运动会及第三届亚洲冬季运动会、第二十四届世界大学生冬季运动会。从此，亚布力作为滑雪名镇闻名遐迩，享誉全国。

1994 年 8 月 20 日，为做好第三届亚冬会的接待工作，中国国际期货经纪有限公司应黑龙江省政府的恳切要求，在亚布力投资三亿元，兴建中国第一家以滑雪旅游运动为主的滑雪场——风车山庄。风车山庄的建成，标志着中国商业滑雪产业的产生。截至目前，亚布力及周边区域，已经建成了数十家滑雪场。

为了打造全国性滑雪品牌，实现度假区域的可持续发展，2014 年 12 月 26 日，亚布力滑雪旅游度假区实现了"三山联网"，组成了全新的亚布力滑雪旅游度假区。亚布力滑雪旅游度假区有滑雪道 50 条，其中高级道 8 条、中级道 24 条、初级道 15 条、专项道 3 条（空中技巧雪道 1 条、U 型槽雪道 1 条、跳台 1 条），总长度 90 公里。其中高山雪道 50.8 公里、滑雪训练场雪道 9.2 公里、越野雪道 30 公里。索道 25 条、18896 米。高山竞技雪道最大落差 900 米，休闲旅游雪道最大落差 600 米，最长单条雪道长 5 公里，单条滑道 2680 米，雪具 18000 副。

图 11　亚布力滑雪旅游度假区全景

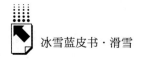

（二）吉林省地区

吉林省的冰雪旅游正在强势崛起，区域内最著名的滑雪场是北大壶滑雪旅游度假区、万达长白山国际度假区、万科松花湖度假区。

1.北大壶滑雪度假区

北大壶滑雪场始建于1993年，位于吉林市区西南，距市区仅49公里，是集竞赛、训练、旅游、健身康复于一体的体育和旅游中心。它曾成功举办了第八届、第九届全国冬季运动会、第六届亚洲冬季运动会，以及第十二届全国冬季运动会全部雪上项目。

北大壶滑雪场现有初、中、高级雪道及越野雪道共26条，雪道总长度37公里，总面积110公顷。其中人工造雪雪道11条，造雪面积65公顷。雪场还配备K50m、K90m跳台、U形槽、冬季两项靶场、空中技巧、雪上技巧、高山滑雪等场地。滑雪场现有2人吊椅索道1条、4人吊椅索道2条、6人吊厢索道1条。其中4人吊椅索道、6人吊箱索道为世界著名品牌奥地利多贝玛亚索道。

图12 北大壶滑雪度假区全景

2. 万达长白山国际度假区

长白山国际度假区位于吉林省白山市抚松县松江河镇、长白山西麓，是万达集团投资 230 亿元打造的中国高端山地度假体验地，是全国投资规模最大的单个旅游项目。度假区集滑雪、山地度假、高端酒店群、度假小镇、娱乐、温泉于一体，满足度假需求。2015 年被国家旅游局评为首批首席国家级旅游度假区。

万达长白山国际度假区总占地面积 7 平方公里，共有滑雪道 43 条，其中有满足冬奥会比赛要求的 9 条高级雪道，以及 14 条中级雪道、20 条初级雪道。雪道总长度约 30 公里，总面积 93.5 万平方米，可同时容纳 8000 位滑雪者。滑雪场有 7 条缆车，索道总长度达 7.1 公里，其中 3 条奥地利多贝玛亚 6 人吊椅脱挂式抱索器缆车、2 条法国巴马 8 人吊箱脱挂抱索器缆车、2 条国产 4 人吊椅固定抱索器缆车、12 条适合初学者的魔毯，每小时运力达到 22000 人。

图 13　长白山国际度假区全景

3. 万科松花湖度假区

万科松花湖度假区位于吉林市东南部，东邻国家 4A 级景区松花湖，交通区位优越，距离主城区仅 15 公里，距长春龙嘉国际机场 86 公里。度假区可同时容纳 15000 人滑雪，是中国著名的城区滑雪度假区。万科集团以 31 年的专业开发经验，准备将万科松花湖度假区打造成中国北方最具吸引力的度假目的地。度假区拥有松花湖西武王子大饭店、青山客栈、北美风情商业小镇、吉林 ONE 山顶餐厅等度假配套设施。度假区每年以"家庭"为主题开展春季户外踏青、夏季消夏避暑、秋季登高赏叶、冬季滑雪旅行等四季项目，全年为顾客提供优质的休闲旅行度假体验。

滑雪场最高山体落差达 605 米，拥有 34 条优质雪道，雪道面积达 175 公顷，5 条高级雪道已经通过国际雪联认证。

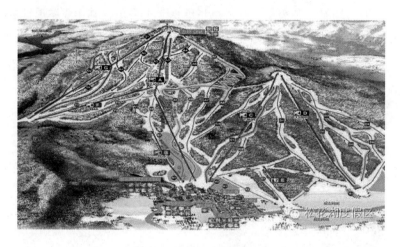

图 14　松花湖度假区全景

（三）河北省崇礼地区

1. 发展进程分析

崇礼位于河北省西北部坝上和坝下过渡地带，属于内蒙古高原与华北平原过渡地带，海拔为 814 米~2174 米，境内 80% 为山地，森林覆盖率达到 57.9%。夏季平均气温 18.4℃，空气中负氧离子浓度高达 10000 个/cm³。冬季降雪量大，存雪期长，雪质参数均符合国际滑雪标准。距首都北京仅 230 公里，交通便捷。

（1）集群的初起（1996～2002年）

1996年，由几个自然人（业内滑雪专业人士）共同选址并融资兴建了崇礼区第一家滑雪场——塞北滑雪场，投资金额约10万元。1997年，张家口广电局与崇礼区合作，又建设了翠云山滑雪场，投资金额约500万元。

（2）集群雏形的渐成（2003～2007年）

2003年，好利来副总裁罗力先生协同诸多滑雪专业人士，选址红花梁，投资兴建了万龙滑雪场，启动资金为3000万元。2003年同期，河北省体育局投资建设了长城岭滑雪场，启动资金为2600万元。2006年，世界知名滑雪设备生产商LEITNER公司与意大利滑雪经营商DOLOMITI集团合作进入崇礼，携手兴建了第一家外资滑雪场——多乐美地滑雪场，投资1亿元。

（3）集群初成（2008～2016年）

2008年，马来西亚卓越集团携巨资入驻崇礼，开始兴建密苑云顶项目，投资15亿。2012年，瑞意、河北建投、富龙集团等战略投资商进入崇礼，开始兴建太舞四季旅游度假区、翠云山银河滑雪场、富龙滑雪场。2017年万科集团进驻崇礼，开始筹建汗海梁项目。为备战2022年冬奥会和加强中国冬季运动竞技能力，国家体育总局计划在崇礼建设国家训练基地。这个环京津的小镇，正在塑造新的产业发展格局。

截至目前，崇礼已经建成了云顶、万龙、太舞、富龙、多乐美地、银河、长城岭7家滑雪场；建成雪道133条136.6公里；建成索道、魔毯、拖牵56条，共31.1公里，8条雪道通过国际雪联认证。

2. 旅游市场分析

2022冬奥会申办之前，崇礼滑雪市场的客群是平稳、小幅度增长的。北京携手张家口筹划2022年冬奥会的申办，极大地推动了崇礼冰雪旅游产业快速发展。近些年崇礼区域滑雪旅游发展迅速，且增长趋势明显。

3. 盈利模式分析

经过陆续的投资和建设，从1996年起到2018年，崇礼已有万龙、云顶、太舞、富龙、多乐美地、银河、长城岭七家滑雪场正式运营。这几个雪

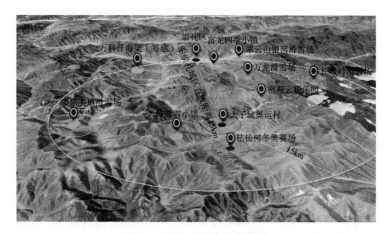

图15　崇礼区域滑雪场布局

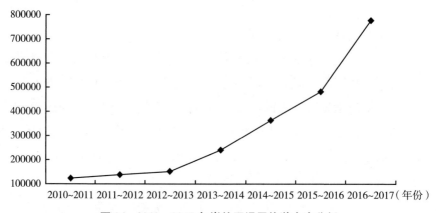

图16　2010～2017年崇礼区滑雪旅游人次分析

场各具特色、各有特点，我们从以下几个方面展开分析，它们到底都胜在何处、有何不同。

（1）万龙滑雪场

万龙滑雪场作为国内首家开放式滑雪场，目标定位在高端消费市场，在营业的前十年时间里，主要经营滑雪项目，高质量的服务也使去万龙滑雪成为一项奢侈的体验。随着人们消费意识的转变和市场需求的增长，万龙不仅仅要成为国内引以为傲的滑雪场，为了在激烈的竞争中立于不败之地，也开始向滑雪地产发展。

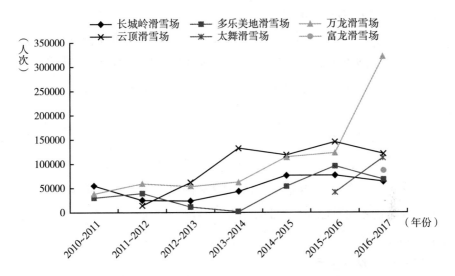

图17　2010～2017年崇礼区各大滑雪场旅游人次

（2）富龙四季度假小镇

富龙四季度假小镇是一个集餐饮、酒店两大产品于一体的地产项目。随着崇礼区域滑雪爱好者群体的逐渐扩大，为了顺应市场需求大幅拉动房地产的销售，富龙开始完善地产配套，富龙滑雪场由此诞生。

（3）云顶滑雪场

从2008年开始，崇礼的滑雪场开始有了本质上的变化。越来越多的旅游地产、旅游经营公司投入滑雪场的开发和建设中。滑雪场项目也由单纯的滑雪运动向旅游、度假、房地产开发的综合性业态转变。云顶滑雪场隶属于马来西亚卓越集团，滑雪场规模大、配置高，度假项目齐全，目标定位在高端度假消费市场，意图打造四季度假小镇。

（4）太舞滑雪场

太舞滑雪场目标定位于四季度假人群。度假区配套设施齐全，娱乐项目丰富，由酒店、公寓、别墅、大型滑雪场、餐厅、滑雪小镇等组成。雪场执行力度大，规划落地性强。随着规划的不断落地，这些优势将会吸引大部分高端滑雪度假人群。

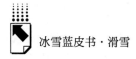

（5）多乐美地滑雪场

多乐美地滑雪场于 2006 年 6 月正式奠基开工，主营项目就是滑雪场。拥有初、中、高级雪道共 8 条，总长度超过 8 公里。在滑雪爱好者眼里，多乐美地设施一流、雪道专业、价格适中，可以满足绝大多数滑雪者需求。

（6）银河滑雪场

翠云山银河滑雪场于 2017～2018 年雪季正式营业，这是崇礼继万龙、云顶、富龙、太舞、长城岭、多乐美地之后的第七家规模型雪场。翠云山银河滑雪场是集休闲、疗养、度假服务于一体的新型滑雪场，雪道专业、价格适中。

（7）长城岭滑雪场

2003 年，河北省体育局投资建设了长城岭滑雪场，盈利模式仍以传统型为主，一季运营、三季闲置。冬季以卖雪票和运动员训练为主。

4. 形成因素分析

（1）自然条件优越

一是山地资源丰富，森林覆盖率高。二是降雪期长。崇礼每年 10 月中旬开始降雪，11 月初开滑，持续到次年 4 月初。三是雪质雪量有保障。四是温度风速事宜。五是山地条件优越。崇礼境内多为中低山脉，海拔为 814 米至 2174 米；山地坡度适中，多在 5 度至 35 度之间。六是空气质量高。空气中负氧离子浓度可达 10000 个/m³，比城市居民区高出 10 倍之多，被誉为长江以北空气质量排名榜首的京都后花园。

（2）文化底蕴深厚

崇礼自古就是汉蒙回满等多元文化交会之地，由儒家核心思想"崇尚礼仪"而得名。境内有秦、燕、明等不同时期长城，与丝绸之路、茶马古道齐名的张库大道途经此处，保留了太子城、响铃寺、棋盘梁、辽代古墓群等丰富的古迹。

（3）地理区位优越

崇礼距离张家口 40 公里、北京 220 公里、天津 340 公里。

（4）交通条件便利

张承高速和省道张沽线纵贯崇礼全境；北京至崇礼全程高速直达，仅需两个半小时；规划建设的延崇高速通车后，北京到崇礼的路程将比现有路程缩短一半。京张城际铁路已开工建设，张崇轻轨已开工建设，崇礼将融入北京一小时经济圈。张家口军民合用机场已经通航，初步开通石家庄、上海、广州、西安、成都、海口6条航线。便捷的高速、铁路、航空，将使京张两地几近同城化。

（5）社会大资本的拉动

马来西亚卓越集团、富龙控股、瑞意投资、河北旅投、万科等多投资主体的参与和战略商的进入，使崇礼成为以滑雪旅游为核心的旅游产业集聚区，且不断提档升级。

（6）冬奥会的推动

崇礼作为2022年冬奥会雪上项目主赛场，规划承担冬奥会雪上2大项、6分项、50小项的比赛项目。云顶、万龙、太舞、富龙、多乐美地、银河、长城岭以及规划新建的冬奥会北欧中心越野滑雪场、北欧中心跳台滑雪场、冬季两项中心，以太子城冰雪小镇为中心，在10公里半径范围内形成国内最大的雪场集群。规划到2020年，建设雪道228条近500公里，索道84条99公里，星级酒店将达20多家，农家旅馆达300多家，日接待能力可达20000多人次，年接待游客人数可达400万人次。各种滑雪旅游、森林观光、度假疗养等服务设施将一应俱全。

（四）新疆阿勒泰地区

1. 新疆冰雪旅游资源开发状况

新疆冬季气候寒冷，尤其是北疆冰雪期较长，从每年的11月到次年的4月，长达150多天，降雪量比较充沛，许多水库或湖泊冬季冰层较厚。丰富的冰雪资源和气候条件有利于新疆冰雪旅游资源开发。另外，北疆许多城市的近山地区坡度平缓，是冬季滑雪的理想场所。目前，乌鲁木齐共有滑雪场50余家，北疆的伊宁、塔城、阿勒泰、昌吉、石河子、奎屯等各城市附近也都有一定数量的滑雪场，接待能力充裕。南北疆差异较大的气候使得新疆在冬季不仅可以举办各种冰雪活动，还可以举办独具特色的民俗风情活动，使游客领略有着几千年文化的丝绸之路的魅力。

此外，新疆冬季气候对开展冰雕、雪雕、冰灯等活动也十分有利。北疆阿勒泰、富蕴、福海、奎屯等地每年出现的雾凇、雪挂等冰雪奇观具有很强的观赏性，冰雪世界里的瑞士——喀纳斯，风光也不逊色于其夏季的景色。新疆的冰雪资源和气候资源均为冰雪旅游业的开展创造了条件。客观上评价，新疆拥有丰富而优质的冰雪旅游资源。

2. 阿勒泰地区旅游产业现状

阿勒泰地区旅游业起步较晚，但是发展速度很快，年均增速达到60%以上。1997年全地区各旅游景点接待游客数量只有6万人次，2016年达到862.1万人次，实现旅游收入70亿元，占地区旅游生产总值的0.16%。

旅游业的发展，带来了人流、物流和信息流，带动了地区相关产业的联动发展。旅游业的发展加快了景点所在地区居民脱贫致富。

表5 1997～2016年阿勒泰地区旅游接待人数和旅游收入情况

年份	接待游客（人次）	旅游收入（万元）
1997	60000	1000
1998	120000	2000
1999	242300	4200
2000	360000	8500
2001	473300	13500
2002	580000	21000
2003	600000	35000
2004	857000	59000
2005	1011000	80000
2006	1280000	105000
2007	1515000	129000

续表

年份	接待游客(人次)	旅游收入(万元)
2008	1600000	123000
2009	1820000	115000
2010	3010000	235000
2011	3973300	298200
2012	4750000	358500
2013	5301200	416000
2014	4690000	344400
2015	7000000	530000
2016	8621000	700000

2017年，阿勒泰地区接待游客1590万人次，其中冬季旅游接待300万人次，滑雪场接待近98万人次。冰雪市场发展迅速，增速高达25%，远高于全国滑雪人次11%的增速。阿勒泰冰雪开发潜力巨大。

图18　2015～2018雪季阿勒泰地区滑雪人次与全国滑雪人次对比

3. 旅游市场影响因素分析

阿勒泰地区位于滑雪黄金纬度，雪量大、雪期长、雪质优，海拔和温度适宜，是被国内外知名专家考证的"人类滑雪起源地"，被滑雪专家誉为开展滑雪运动最好的区域之一。但是，目前冰雪产业仍然处于待开发状态，主要原因有以下八点。一是冰雪旅游产品特色不足，吸引力不强。二是冰雪旅游开发缺乏市场导向，开发深度不够。三是冰雪旅游开发规划不足、开发效率不高。四是冰雪场馆总量不足，大型综合场馆少，经营模式较为单一，综合服务设施滞后，服务和接待能力不足。五是场馆运营管理、运动技能培训等冰雪人才短缺，从事冰雪人才培养的高等学校、科研机构少，人才供需矛盾突出。六是滑雪旅游产品趋同，以滑雪运动体验为主，休闲度假型旅游项目较少，冰雪旅游产品尚未形成体系。七是国际旅游的国界障碍仍很明显。八是内外交通不便。

4. 阿勒泰冰雪旅游市场优势分析

（1）亚欧大陆的核心位置

阿勒泰地处亚欧大陆腹地中心，亚洲大陆地理中心和亚欧大陆地理中心都在新疆境内。如果把新疆放在欧亚洲际区位背景中，它处在世界上唯一等距性最好，且能将世界三大洋（太平洋东岸、大西洋两岸、印度洋北岸）与世界四大经济增长极（东北亚增长极，西欧增长极，东南亚增长极，中东、中亚能源极）联系起来的核心地区。

（2）靠近世界最大客源市场

乌鲁木齐与欧洲主要城市之间的距离，只有北京、上海、广州和西安这几大中国门户城市距欧洲各城市的 2/3，说明新疆更接近世界最大的旅游客源市场，新疆具有开发欧洲客源市场的巨大潜力。

（3）毗邻中亚、西亚和南亚的地缘优势

新疆与哈萨克斯坦、俄罗斯、塔吉克斯坦、乌兹别克斯坦、吉尔吉斯斯坦、蒙古、巴基斯坦、印度 8 个国家交界，拥有 15 个对外开放的口岸，具有发展边贸旅游和跨国旅游的地缘优势，以及发展成为中亚地区国际贸易中心和旅游中心的优势、潜力。

从现状规模分析，国内外最流行的四大旅游产品分别是观光旅游、度假旅游、文化旅游和生态旅游。从趋势看，将在全世界普及的四种新兴旅游活动形式中，生态旅游居首位，其次是文化旅游、参与旅游和修养保健旅游。这与阿勒泰地区旅游资源的开发方向具有较高的吻合度。

B.3
中国滑雪市场特征分析报告

——基于马蜂窝数据

王　冰[*]

摘　要： 随着我国经济社会的发展和物质生活水平的提高，人民群众的消费需求日趋多样化，旅游在促进消费中扮演着日益重要的角色，旅游服务平台应运而生。滑雪作为相对新兴的旅游消费形式，目前已越来越多地出现在各大服务平台的运营板块中，并占据相当大的份额。本文将以马蜂窝平台大数据为依托，整合分析我国滑雪产业发展现状与特征，描绘更为清晰的滑雪者画像，摸索出一条能够推动滑雪旅游消费升级、促进滑雪产业发展的道路。

关键词： 马蜂窝　滑雪旅游　滑雪者　滑雪市场　大数据

一　马蜂窝简介

马蜂窝旅游网是中国领先的旅行玩乐平台。得益于"内容＋交易"的核心优势，马蜂窝更理解年轻人的偏好，将复杂的旅游决策、预订和体验，变得简单、高效和便捷。

马蜂窝是旅游社交网站，是数据驱动平台，也是新型旅游电商，提供全球6万个旅游目的地的交通、酒店、景点、餐饮、购物、当地玩乐等信息内容

＊　王冰，马蜂窝旅游网冰雪事业部主管，北京市滑雪协会副秘书长。

和产品预订服务。基于 10 年的内容积累，马蜂窝通过算法，将个性化旅游信息与来自全球各地的旅游产品供应商实现连接，为用户提供与众不同的旅游体验。马蜂窝独有的"内容获客"模式，高效匹配供需，助力平台商家提升利润率，并重塑旅游产业链。自 2010 年公司化运营以来，经大量旅行者自主分享，马蜂窝社区的信息内容不断丰富和完善，每月帮助上亿旅行者出行，成为年轻一代首选的"旅游神器"。与传统在线旅游网站（OTA）相比，马蜂窝更潮、更酷，深谙"年轻一代的选择"，帮助他们从不同角度，重新发现世界。

马蜂窝以产品和数据为核心驱动力，以"实现每一个旅行梦想"为使命，以"人类能到达的地方都有马蜂窝提供的服务"为愿景，坚持"用户第一、创新、开放、高效执行"的价值观。员工平均年龄 26.5 岁，其中 70% 为技术类员工。马蜂窝拥有领先全行业的大数据科学家团队，致力于旅游大数据的开发和应用，并以此变革旅游产业链。

通过对滑雪市场的深耕和内容积累，马蜂窝现已覆盖全球 1100 家滑雪场 POI①，拥有大量攻略、游记、笔记等滑雪精品内容，为更多用户提供有关冬季滑雪的相关信息。平台以滑雪初级用户为主，通过多视角、全方位的内容和产品覆盖，帮助用户完成从滑雪行程规划到顺利出行的整个过程，用户量得到逐年增长。

二 马蜂窝平台滑雪数据分析

（一）热度

1. 主流滑雪目的地热度

（1）境内滑雪目的地热度

随着滑雪运动在中国的兴起，冬季境内滑雪目的地热度呈逐步增长态势，2017～2018 年度雪季较 2016～2017 年度雪季增长 318.45%，2018～

---

① POI，Point of Interest 的缩写，中文可以翻译为兴趣点、信息点。

2019 年度雪季较 2017～2018 年度雪季增长 19.06%，图 1 通过目的地流量增长趋势表述目的地热度情况。

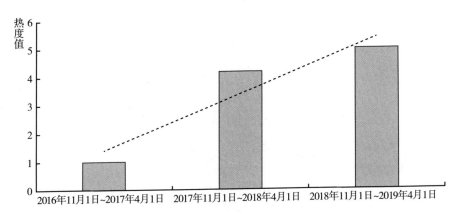

图 1　境内滑雪目的地热度统计

资料来源：马蜂窝旅游网。本报告数据如无特殊说明皆来源于此，下文不再说明。

（2）境内北部主要滑雪目的地热度分布

本报告选取长白山地区、亚布力地区、长春市、吉林市、张家口市崇礼区等境内（主要是东北部）滑雪目的地为研究对象，统计其在马蜂窝平台内的热度分布。数据显示，长春市以 37% 的比例位居首位，其次分别为崇礼区的 26%、吉林市的 19%、亚布力区域的 13% 和长白山地区的 5%（见图 2）。

（3）日本滑雪目的地热度总览

随着出国便捷度的提升，冬季出国滑雪的雪友越来越多。日本因独特的地理位置以及世界顶级的滑雪条件，成为中国雪友出国滑雪的首选目的地。数据显示，日本 2017～2018 年度雪季的滑雪热度较 2016～2017 年度雪季增长 430.7%，2018～2019 年度雪季较 2017～2018 年度雪季增长 15.09%。图 3 通过目的地流量增长趋势表述目的地热度情况。

2. 境内外主要滑雪场热度

（1）境内外主要滑雪场热度总览

境内滑雪场的整体热度远超境外滑雪场，境内外雪场热度增长均较为明

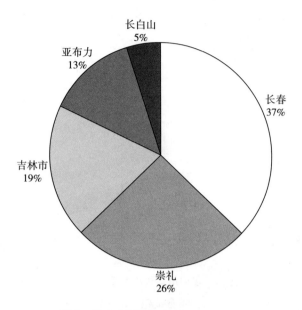

图2 境内主要滑雪目的地热度分布

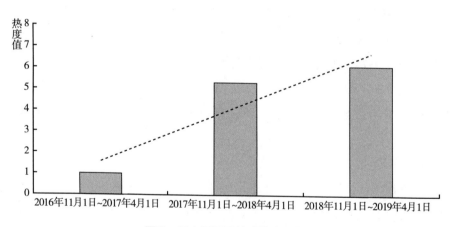

图3 日本滑雪目的地热度总览

显。境内滑雪场2018~2019年度雪季较2017~2018年度雪季热度增长111.9%，境外滑雪场2018~2019年度雪季较2017~2018年度雪季热度增长74.3%。图4通过滑雪场流量的增长表现热度。本文将国内滑雪场热度值设置为1~10，以此来表现滑雪场热度情况。

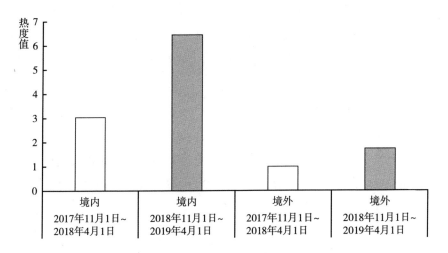

图4 境内外主要滑雪场整体热度

（2）境内主要滑雪场热度

整体而言，主要滑雪场的热度较前一雪季均有明显增长（见图5）。因马蜂窝平台内滑雪用户中新手雪友偏多，且分布在全国各地，随着国内滑雪

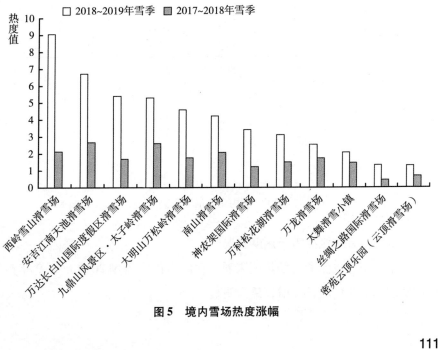

图5 境内雪场热度涨幅

热潮的推进,四川、浙江、湖北等众多南方地区的滑雪场热度呈爆发式增长。北方传统雪场热度在原有的基础上也得到了明显的提升。数据表明,越来越多的用户在冬季选择滑雪作为冬季旅行或者周末度假的体验项目。

①境内热度靠前雪场数据

与2017~2018年度雪季相比,2018~2019年度雪季境内雪场热度增幅明显。西岭雪山滑雪场以绝对优势位居全国首位;前五位滑雪场中,有4家为南方雪场,直接反映了南方滑雪场热度的爆发式增长趋势。图6根据滑雪场流量情况体现热度。

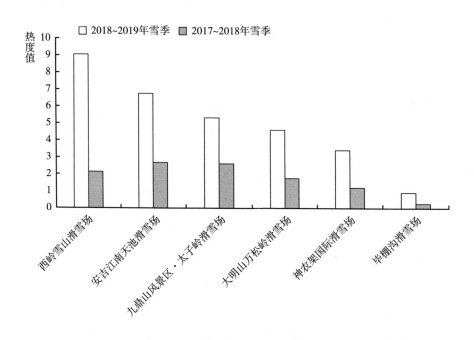

图6 境内南方滑雪场热度

②境内南方主流滑雪场热度状况

从境内南方主流滑雪场热度来看,西岭雪山滑雪场2018~2019年雪季热度实现了3.5倍增长,增长最为明显。

③境内北方主流滑雪场热度状况

从境内北方主流滑雪场热度来看，万达长白山后来居上，在2018～2019年雪季跻身全国热度榜首位，其后为南山滑雪场、万科松花湖滑雪场、万龙滑雪场、太舞滑雪小镇等。同2017～2018年雪季相比，各雪场在2018～2019年雪季排名变化较大。

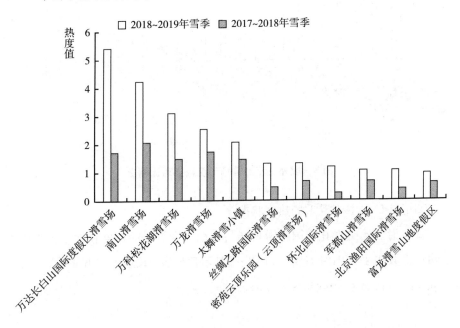

图7　境内北方滑雪场热度排名

（3）境外主流滑雪场热度

马蜂窝的滑雪用户足迹遍布世界众多顶级滑雪场，日本为国内雪友境外滑雪的首选目的地，欧洲、美洲雪场热度与日本相比有明显差距。随着国内雪友滑雪需求不断提升，出国滑雪的游客数量也在逐年增加，欧美雪场也逐渐成为国内滑雪爱好者的主要选择之一（见图8）。

①境外主流滑雪场数据对比情况

日本滑雪场表现出极强的热度聚集效应。一衣带水的地理位置、便利的交通和丰富的滑雪资源，使日本成为中国人雪季度假最为热门的境外目的地。

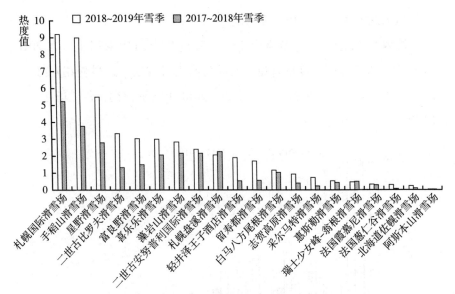

图8　境外主流滑雪场热度数据对比情况

②境外日本主流滑雪场热度状况

日本滑雪场中，札幌国际滑雪场与手稲山滑雪场的热度在两个雪季均居前两位。其中手稲山滑雪场在2018～2019年雪季增长迅速（见图9）。

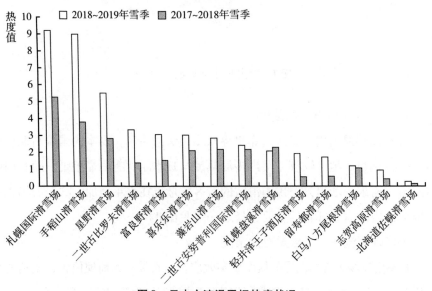

图9　日本主流滑雪场热度状况

③境外欧美主流滑雪场热度状况

境外欧美主流滑雪场热度相对较低，距离、交通、价格等各个因素均对热度有所影响。对比可以发现，采尔马特滑雪场与法国葱仁谷滑雪场在2018～2019年雪季热度增幅明显（见图10）。

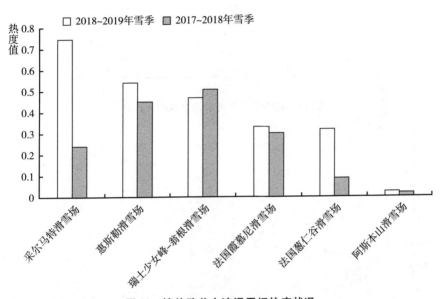

图10 境外欧美主流滑雪场热度状况

（二）内容

1. 游记

（1）滑雪类游记数量

马蜂窝平台上滑雪类游记数量和质量在逐年提升。2018年较2017年游记数量增加68.53%，2018年较2016年游记数量增加204.4%。更多的用户对滑雪产生兴趣，并愿意将自己的兴趣分享给他人，促进滑雪人口逐步增加。设定2016年数据为100，并以此为基准（见图11）。

（2）雪季内滑雪类游记数量

2016年到2018年雪季，马蜂窝平台上雪季内滑雪类游记数量增速明显。设定2016年雪季数据为100，并以此为基准（见图12）。

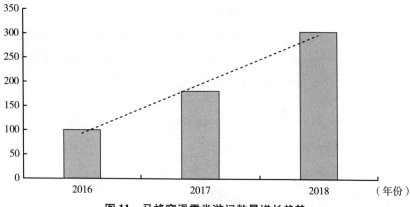

图 11　马蜂窝滑雪类游记数量增长趋势

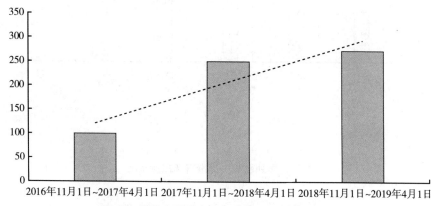

图 12　马蜂窝雪季内滑雪类游记数量增长趋势

（3）滑雪游记关联境内目的地情况

马蜂窝平台上滑雪游记关联境内目的地以哈尔滨、雪乡、长白山、漠河等东北地区滑雪目的地为主（见图 13）。

（4）滑雪游记关联境外目的地情况

马蜂窝平台上滑雪游记关联境外目的地情况方面，与日本、瑞士、新西兰等传统滑雪目的地相关的游记占比较大（见图 14）。

2. 攻略

（1）境内滑雪目的地攻略情况

马蜂窝攻略基本覆盖中国境内所有热门滑雪目的地，为用户提供最专

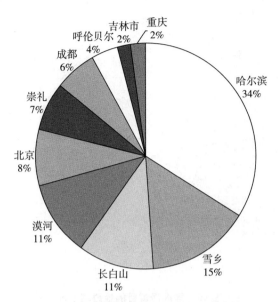

图13 马蜂窝滑雪游记关联境内目的地情况

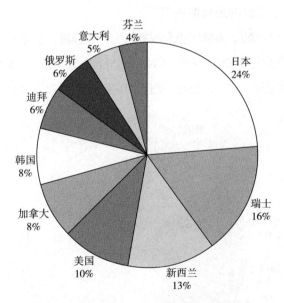

图14 马蜂窝滑雪游记关联境外目的地情况

业、最客观的滑雪内容，最真实的雪场情况以及出行意见。河北、吉林省、北京等地因滑雪人口基数较大，且雪场数量较多，故内容相对较多（见图15）。

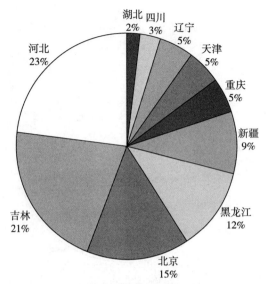

图15　国内滑雪目的地攻略情况

（2）境外滑雪目的地攻略内容

日本距离中国较近，雪场雪质和服务均为世界顶级，还拥有颇具特色的温泉体验及美食，深受中国雪友的喜爱。因此，马蜂窝上也积累了一批数量庞大的日本滑雪内容。除此之外，瑞士、法国、美国也逐步成为中国雪友出国滑雪的选择。

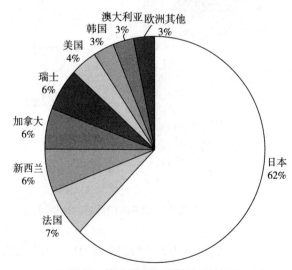

图16　境外滑雪目的地攻略内容

（3）日本滑雪攻略情况

数据表明，日本的滑雪攻略以长野、北海道等日本传统滑雪旅游目的地为主，分别占 37% 与 27%（见图 17）。

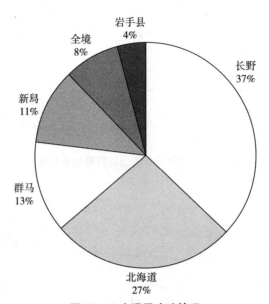

图 17　日本滑雪攻略情况

3. 问答

（1）滑雪类问答数量

马蜂窝平台上滑雪类问答数量经过 2016、2017 年的内容沉淀之后，在 2018 年实现快速增长。设定 2016 年数据为 100，并以此为基准（见图 18）。

（2）雪季内滑雪类问答数量

马蜂窝平台上滑雪类问答数量在 2017～2018 年度雪季较 2016～2017 年度雪季有小幅增长，2018～2019 年度雪季较上一雪季增长明显，同比增长 107.6%。数据表明，越来越多的用户对滑雪产生兴趣，并有较强的意愿去参与滑雪运动。设定 2016 年雪季数据为 100，并以此为基准（见图 19）。

4. 笔记

（1）滑雪类笔记数量

马蜂窝在 2018 年产生的滑雪类笔记数量较 2017 年增长显著，同比增长

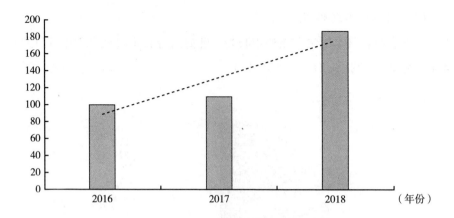

图 18　马蜂窝滑雪类问答数量增长趋势

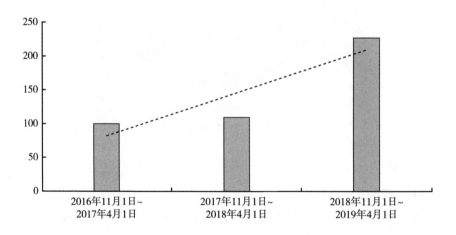

图 19　马蜂窝雪季内滑雪类问答数量增长趋势

267.98%，较 2016 年同期增长 831.55%。设定 2016 年数据为 100，并以此为基准（见图 20）。

（2）雪季滑雪类笔记数量

马蜂窝在 2018～2019 年度雪季期间产生的滑雪类笔记数量较 2017～2018 年度雪季增长显著，同比增长 466.7%。随着滑雪运动的不断普及，越来越多的用户愿意在滑雪后分享自己的旅程，在体验到滑雪乐趣的同时，"种草"他人设定 2016 年雪季数据为 100，并以此为基准（见图 21）。

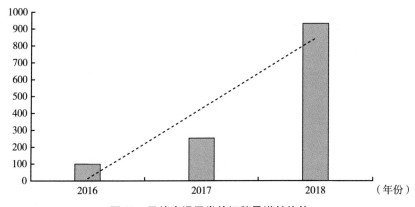

图 20 马蜂窝滑雪类笔记数量增长趋势

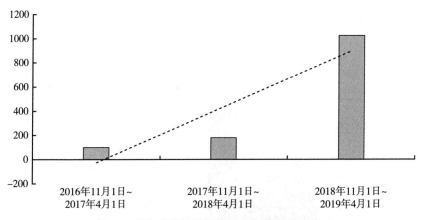

图 21 马蜂窝雪季滑雪类笔记数量增长趋势

（三）交易

1. 滑雪产品总体销量

马蜂窝滑雪类产品销量逐年增长，2018 年滑雪类产品销量同比增长
253.7%。设定 2016 年数据为 100，并以此为基准（见图 22）。

2. 境内目的地滑雪产品销量 Top10

东北依然为马蜂窝用户最为热衷的滑雪目的地，其中哈尔滨以 43% 的
份额居于首位（见图 23）。

121

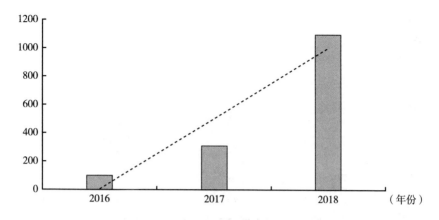

图22　马蜂窝滑雪产品销售量增长趋势

同时，南方的新手雪友同样热衷于滑雪运动，使得南方的滑雪目的地也具备较高的热度。

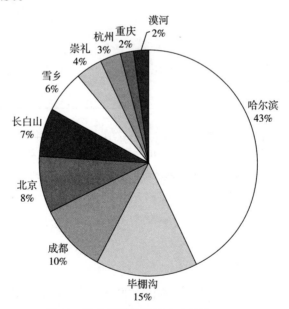

图23　境内目的地滑雪产品销量 Top10

3. 境外目的地滑雪产品销量 Top10

日韩成为站内雪友出国滑雪的最多选择，少部分雪友选择欧美作为滑雪旅行的目的地。境外目的地滑雪产品销量中，首尔占比为37%、札幌占比为35%，居前两名。

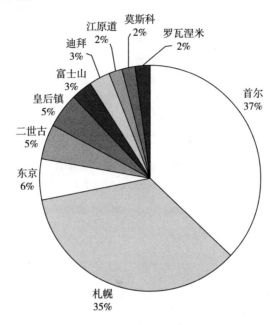

图24　境外目的地滑雪产品销量Top10

4. 滑雪门票类产品销量

滑雪门票产品近3年内销量涨幅明显，越来越多的用户开始接触并体验滑雪，滑雪也逐步成为冬日假期放松出行的最佳选择之一。设定2016年数据为100，并以此为基准（见图25）。

5. 滑雪一日游类产品销量

滑雪一日游类产品销量逐年增长，表明城郊学习型滑雪场越来越受到关注。设定2016年数据为100，并以此为基准（见图26）。

6. 滑雪+X类产品销量

随着冬季滑雪的热度逐步提升，更多用户在冬季旅行时会将滑雪列为度假体验的项目之一，丰富自己的整个行程。设定2016年数据为100，并以此为基准。（见图27）。

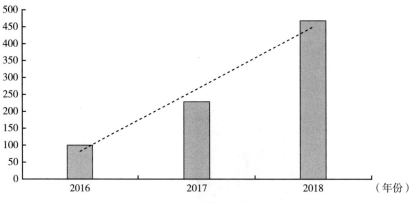

图 25　滑雪门票类产品销量涨幅

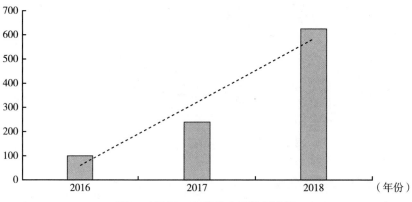

图 26　滑雪一日游类产品销量涨幅

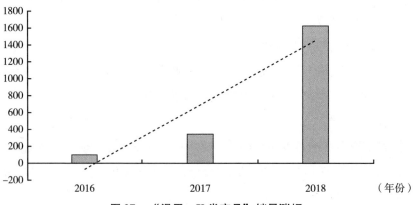

图 27　"滑雪＋X 类产品"销量涨幅

（四）消费者特征

1. 滑雪人群男女比例

马蜂窝滑雪用户中，女性占比较大，约占总人数的 64.8%（见图 28）。

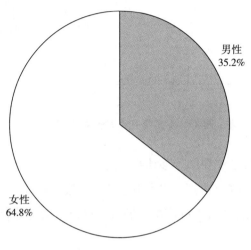

男性
35.2%

女性
64.8%

图 28　马蜂窝滑雪人群男女比例

2. 滑雪类关键词搜索次数

滑雪类关键词在马蜂窝平台内搜索量在短短几年内得到明显增长，相较于 2017 年，2018 年滑雪关键词搜索人次同比增长 115.4%。相较于 2016 年，2018 年滑雪关键词搜索人次的增长更是达到 646.72%。设定 2015 年数据为 100，并以此为基准。数据表明，用户对滑雪的需求快速增长，更多的人开始关注滑雪（见图 29）。

三　马蜂窝运营现状解析

（一）融资

1. 2011年

2011 年 10 月，马蜂窝旅游网获今日资本 500 万美元投资及 200 万美元

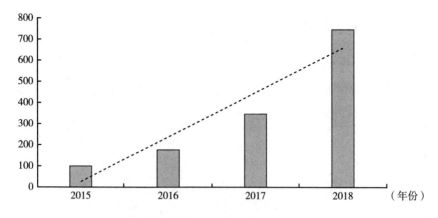

图29 滑雪类关键词搜索次数涨幅

无息贷款。首轮资金主要用于移动互联网布局、拓展线上市场、激励用户创造内容，并将马蜂窝成功打造成为中国最大的旅游社区。今日资本集团创始人兼总裁徐新表示："我看好旅游万亿市场规模，以及陈罡和吕刚对旅游的热爱。"

2. 2013年

2013年4月，马蜂窝旅游网获启明创投和今日资本1500万美元投资。此轮资金用于商业模式创新、数据积累，以及移动互联网产品和服务的开发与应用布局，马蜂窝得以成长为覆盖全球目的地的旅游大数据平台。

3. 2015年

2015年1月，马蜂窝旅游网获8000多万美元融资。C轮投资方为高瓴资本、Coatue、CoBuilder、启明创投。Rich Barton也参与了本轮投资，其成功投资了美国最大的在线旅游公司之一TripAdvisor。本轮资金主要用于供应链整合，并为马蜂窝在社区基础上建成旅游产品交易平台提供了重要支撑。

4. 2017年

2017年11月，马蜂窝旅游网获1.33亿美元融资。鸥翎投资（Ocean Link）、美国泛大西洋资本集团（General Atlantic）、淡马锡、元钛长青基金、厚安基金共同投资，今日资本、启明资本、高瓴资本跟投。马蜂窝继续加大内容上的投入力度，向以"内容＋交易"为核心商业竞争力的一站式旅游服务平台进化。

5. 2019年

2019年5月，马蜂窝旅游网获2.5亿美元融资，腾讯领投，美国泛大西洋资本集团、启明资本、元钛长青基金、联创旗下NM Strategic Focus Fund、eGarden ventures共同跟投。新一轮融资进一步夯实了马蜂窝作为旅游行业内容巨头的地位，也标志着马蜂窝迈入行业头部阵营。

（二）用户&UGC[①]

马蜂窝拥有由上亿用户共同构建的中文旅行社区。在这里，海量优质的旅游用户不断补充、完善、更新着旅游信息，马蜂窝大数据引擎每时每刻都在"内容＋交易"的系统内进行"新陈代谢"——马蜂窝内容信息和交易产品所覆盖的目的地越来越广，服务能力越来越强（见图30）。

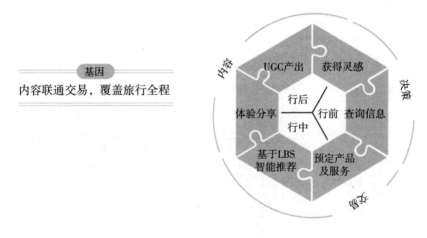

图30 马蜂窝内容联通

---

① User Generated Content（用户生成内容/用户原创内容），是伴随着以提倡个性化为主要特点的Web2.0概念而兴起的，是一种用户使用互联网的新方式，即由原来的以下载为主变成下载和上传并重。

马蜂窝用户主要来自中国一、二线城市，具有较高的消费能力，新潮时尚、追求品质生活、乐于分享（见图31、图32）。

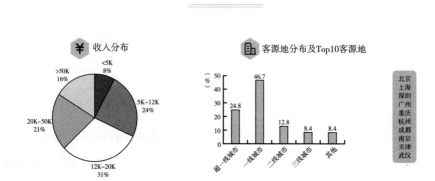

图31 马蜂窝高品质消费中坚

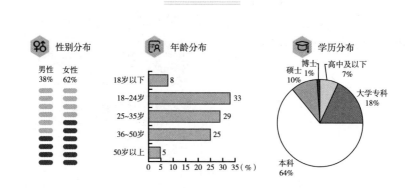

图32 马蜂窝高潜力核心人群

马蜂窝平台每月生产超过70万篇优质游记、攻略等长内容，每月新增926万条旅行笔记、目的地旅游问答、POI点评等短内容，覆盖全球6300万个POI（如酒店、美食、景点、玩乐等），用户每日产生的UGC、互动、点评、消费等数据达3T（见图33）。

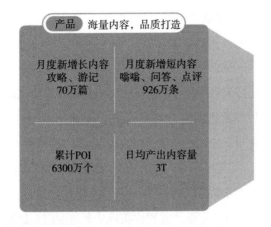

产品　海量内容，品质打造

月度新增长内容
攻略、游记
70万篇

月度新增短内容
嗡嗡、问答、点评
926万条

累计POI
6300万个

日均产出内容量
3T

图33　马蜂窝产品内容体量

（三）商业模式

1. 新旅游时代的商业模式

老旅游：以跟团游为代表的传统旅游模式，利用消费者信息不对称的痛点，渠道为王，资源决胜。

新旅游：以自由行为代表的休闲旅游度假模式，以攻略、内容为核心，品牌为王，产品决胜。

2. 内容＋交易

马蜂窝所特有的"内容＋交易"模式，在帮助用户打破旅游信息不对等、解决出行难题、做出消费选择的同时，通过攻略的"内容入口"将庞大的流量与合作伙伴分享，帮助旅游企业获得精准的流量与订单，同时节省高昂的营销费用，共同为消费者提供最具性价比的旅行产品，实现用户、伙伴企业、马蜂窝平台三方共赢。

3. 马蜂窝大数据引擎：DT 时代的在线旅游代表

马蜂窝是互联网从 IT 时代发展到 DT（Data Technology）时代的代表性移动互联网公司。马蜂窝的大数据引擎助力用户、信息、产品的高效匹配。精准的用户画像及千人千面的个性化推荐，让每一位不同需求的消费者都能

快速找到合适的旅游信息及产品。

马蜂窝利用大数据、人工智能（AI），洞悉旅游市场动向，与行业共享。合作伙伴结合产品销售、旅游点评、旅游问答、旅游攻略、游记等交互数据，更高效地匹配供需，在打造自身品牌的同时，为消费者提供更优质的服务。

4. 自由行大数据联合实验室

2017年12月19日，中国旅游研究院与马蜂窝旅游网在北京成立"自由行大数据联合实验室"。实验室结合两方大数据优势，从旅行者行为数据、决策数据、交易数据、产业宏观数据等多维度，洞悉旅游发展新动向、新趋势、新特征，树立行业风向标，助力旅游产业更快实现从老旅游向新旅游的转变升级。

2018年至今，自由行大数据联合实验室在中国旅游研究院、马蜂窝旅游网的指导下开展以下工作：自由行大数据联合实验室在贵州落地，共同建立旅游数据平台，联合发布旅游指数，联合发布旅游行业相关报告等以智识产品为核心的研究成果。

5. 运营数据

马蜂窝旅游服务平台覆盖全球6万个旅游目的地，SKU超过218万，提供60万个细分目的地新玩法。马蜂窝不断升级的旅游攻略系统，可以帮助用户轻松决策，并提供即时预订机票、酒店、签证、门票、用车、餐饮、一日游与多日游等产品。

2015年至今，马蜂窝平台的旅游产品不断丰富，旅游服务不断完善，交易额已连续四年超100%增长。

"马蜂窝旅游"APP的iOS/android平台累计下载量超过760000000次。

（四）营销

马蜂窝未知旅行实验室，旨在探索旅行与人性奇妙关系的非常规理想主义营销品牌，定期面向大众发起以"未知"为核心的旅行实验，期望与全球旅行者共同探索世界上与旅行相关的一切未知与可能。未知旅行实验室推出的"一场未知的旅行""未知小黄盒""Tripmon GO""攻略全世界网红墙"等项目，已经成为旅游行业的现象级营销事件。

B.4
中国滑雪场绩效评价研究报告

——基于平衡记分卡

张永泽[*]

摘　要： 2022京张冬奥会申办成功以来，作为助力"三亿人上冰雪"目标实现的重要抓手和满足人民群众实现美好生活需要的重要载体，我国滑雪产业正进入加速发展时期。尽管面临着国家推动冬季运动发展的重大政策利好和国民休闲娱乐消费升级的重要趋势，我国滑雪产业依然存在盈利问题突出、立足于本土的滑雪产业商业模式创新进展缓慢的现实难题。与此同时，外部潜在的环境资源限制也对滑雪产业的质量和效益问题提出更迫切的追问。特别是在十九大提出经济发展思路从高增长转为高质量的时代背景下，滑雪产业结构的调整优化和转型升级问题更加迫切。在资源环境限制之下走出一条能够兼顾经济效益和社会效益的高质量发展道路，是摆在我国滑雪产业从业者以及研究人员面前的重大课题。

关键词： 平衡记分卡　滑雪场绩效评价　冬奥会

在目前我国滑雪市场整体发展仍较为初级的时代背景之下，结合滑雪产业本身的重资产、长周期等特点，常见的以滑雪场的财务绩效指标为主的评价方

---

* 张永泽，北京体育大学博士研究生在读，研究方向为滑雪场绩效评价。

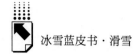

法，并不能较为全面和完整地评估我国滑雪场的经营绩效，这在很大程度上掩盖了我国滑雪场经营过程中业已取得的难得成绩和深层次存在的真实痛点，难以为我国滑雪产业的高质量、可持续发展提供有力的技术支持。对比之下，在绩效评估方法上应用平衡计分卡对滑雪场绩效进行评估则有多方面的优越性。

首先，平衡计分卡兼顾财务与非财务指标的优点。一方面可以通过财务视角保持对雪场短期业绩的关注；另一方面可以通过非财务视角明确揭示雪场如何实现其长期的战略发展目标，克服了单一财务指标的短期性和片面性。并且在对非财务信息的分析过程中，雪场也可以借此挖掘出财务绩效表现的根源。

其次，兼顾短期与长期、局部与整体利益，避免出现孤立的短期行为和局部优化。平衡计分卡绩效评价体系使用非财务指标和因果关系链，因此它能够帮助雪场找出导致其成功的关键因素和相应的关键业绩指标，在此基础上确定雪场可付诸行动的长期战略目标，使其不脱离实际，具有可行性，并通过因果关系链将长期目标层次分解为短期目标，使其不偏离长期目标。

最后，平衡记分卡绩效评价体系既注重对经营目标完成程度的管理，又注重对经营目标实现过程的管理。过去以财务指标为主的绩效管理系统侧重于短期目标完成程度的管理，而忽略了目标实现过程的管理。平衡计分卡绩效评价体系一方面通过财务方面的指标来对雪场目标完成程度进行管理；另一方面则以目标实现过程中的因果关系链为基础，分别设置客户、内部流程、学习与成长等三方面非财务指标来对雪场目标完成过程进行管理，进而达到过程管理与目标管理并重的效果。

一 我国滑雪场绩效评价指标体系构建的理论分析

（一）平衡记分卡的基本内容

平衡记分卡是美国哈佛商学院的卡普兰教授与诺顿在对 12 家业绩评估处于领先地位的企业进行为期一年的研究基础上提出的一种新的战略管理绩效评估

框架。平衡记分卡改变了过去单一从财务方面评估雪场绩效的方法，转而从财务、客户、内部流程、学习与成长四个层面来衡量雪场业绩，并通过一套具有因果关系的指标体系将雪场战略转化为日常行动。企业通过分析影响企业使命的关键成功因素及这些关键成功因素的项目指标，以使绩效评估切实成为企业完成目标的关键方面。该方法从财务、客户、内部流程、学习与发展这四个各有侧重又相互影响的维度综合评估企业战略管理绩效。财务显示企业的盈利水平，是雪场追求的终极目标；客户维度显示顾客对企业所提供的产品或服务的满意度，是雪场未来获得收益的保障；内部流程维度显示企业内部业务流程的运行状况，是雪场满足顾客需求的途径；学习与发展维度显示企业为提高未来绩效所做出的努力，是雪场避免短期行为、追求持续发展的手段。这四个维度兼顾了长期和短期目标、财务和非财务指标，使管理者不仅关注短期目标，更兼顾战略目标。平衡记分卡大大拓展了原有的绩效评估研究，为雪场进行科学的战略管理绩效评估提供了更为有效的工具。

（二）平衡计分卡维度与指标的设置

卡普兰和诺顿认为，平衡计分卡的框架体系如下：财务维度包含 3～4 个指标，客户维度包含 5～8 个指标，内部流程维度包括 5～10 个指标，学习与成长维度包含 3～6 个指标。它们共同搭建起平衡计分卡的框架，指明企业当前和未来成功的驱动因素，凝聚企业各级人员的体力、脑力来实现长期目标。这四个维度并不是简单的罗列，它们既有结果指标也包括促成这些结果的动因指标，存在着相互驱动的因果关系。例如，财务指标的驱动因素可能是销售量的增加，而销售量的增加可能是客户高度忠诚带来的结果，于是客户忠诚被纳入客户层面。接下来，要提高客户忠诚度则客户体验显然应发挥作用，怎样保证客户体验？企业可以通过提高内部流程的质量来保证客户体验。要改善内部流程的质量，企业就应加强对员工的培训以提升他们的能力，因此员工培训就成为学习与成长维度的衡量指标。这表明，四个维度通过因果关系链，层层相扣，将企业的主要管理要素整合成一个战略体系。但是这四个经典维度是卡普兰和诺顿等人在企业战略实践过程中总结出来

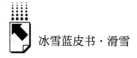

的、针对大部分企业的一般状态下的一种模式，没有任何数学定理可以证明这四个层面既是必要的又是充分的。

卡普兰自己也认为根据行业状况和业务单位战略，一个或更多的额外维度是必要的。既然平衡计分卡维度数目并不必然是固定的，那么当前市场条件下企业的平衡计分卡在设计时应遵循一定的原则。市场机制具有优胜劣汰的功能，企业要想在严峻的市场局势下生存并占有一席之地，就必须拥有自己的核心能力并充分发挥竞争优势。因而竞争优势成为企业战略追求的目标，企业的竞争优势不仅是良好经营业绩的保证，而且有助于企业长期发展。平衡计分卡将企业的战略置于其中心地位，将影响战略实现的活动转化为一些具体可以测度的关键业绩指标，通过与竞争优势相关的各个维度帮助企业实现价值增值。因此，平衡计分卡维度和指标的设置要着眼于企业战略管理的实际要求，可以为企业创造竞争优势和实现突破的关键因素应考虑纳入其中。平衡计分卡应设置几个维度，各维度具体应包含哪些指标，平衡计分卡与企业现有的管理制度和管理手段如何衔接和整合等一系列的问题不应存在唯一的答案，在企业的运作过程中，企业应根据各自的经营特点、战略和竞争优势进行具体分析。

（三）利用平衡计分卡对滑雪场绩效进行评估的必要性和可行性

从平衡计分卡角度对雪场绩效评价体系进行设计有三方面的意义：一是避免只重视眼前利益而损害雪场长远价值的行为；二是使用平衡计分卡可以超越传统的会计评估制度，从更广泛的角度对企业继续做出评估；三是基于平衡记分卡的评估结果是调整和改进雪场战略的重要依据。既然要基于整体视角对雪场绩效进行评估，那么就需要从影响雪场绩效的驱动因素入手。传统的业绩评估方法并不能满足这一要求，它并没有全面考虑雪场的竞争优势，更多重视短期的财务业绩，不能鼓励员工的学习和创新、企业的成长，只能反映历史状况而不能告诉人们如何改善。而平衡计分卡作为一种有效测评工具可以通过选取数量有限的关键指标从不同角度对传统业绩评估进行补充，在结果指标和动因指标之间达到平衡。用平衡计分卡评估雪场的绩效可以通过目标的分解，将雪场的战略意图转化为具有可操作性的指标体系。

（四）雪场绩效评估指标的选取过程

评价指标选取的依据是平衡记分卡，而平衡记分卡的主要特征之一就是以战略为中心，因此雪场绩效评价的指标必须与雪场战略目标一致或正相关。平衡记分卡不仅提供了一种全新的绩效管理系统框架，也为企业战略管理与绩效考核之间建立系统的联系提供了思路与方法。因此指标选取的第一步就是确定评价对象的战略目标，接下来将战略目标分解，根据雪场的核心竞争力确定绩效评价指标。确定评价指标的过程需要多方面收集资料，结合行业及企业性质、发展方向，然后对确定的指标进行归类、分层。最后是建立评价指标体系。笔者将这一过程归纳如图1。

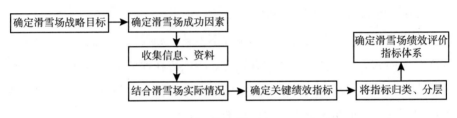

图1 绩效指标的选取过程

二　我国滑雪场绩效评价指标体系的构建

（一）滑雪场绩效评估指标体系构建的原则

1. 目的性原则

只有在明确的战略目标指导下设置的绩效评估指标才能充分反应雪场各个环节、各个要素的运行情况。在雪场绩效指标的构建中，需要找出雪场绩效的瓶颈所在，揭示提高绩效的方向，最终促进雪场的健康发展，而这些正是构建雪场绩效评估指标体系的目的所在。

2. 科学性原则

一项评估活动是否科学很大程度上取决于其指标、标准、程序等方面是否科学。由此可见，指标体系的科学性是确保评估结果准确合理的基础之一。因此，设计雪场绩效评估指标体系时在概念上要力求科学、确切，要从实际情况出发制定一套合理的评估指标体系。在评价指标的选取和相关数据的收集整理方面，都应有客观、科学的依据，力求全面、系统、准确地反映雪场绩效的实际情况，以实现对雪场绩效的诊断作用和导向作用。

3. 系统性原则

绩效评估是一个多层次、多维度的复杂系统，要想完整地、多角度地反映雪场的绩效情况，必须用相互联系、相互制约的若干指标进行衡量。因此，在评估过程中，对任何一个问题的分析都要整体考虑，使评估体系的各个要素及结构能满足系统优化要求。

4. 重点性与通用性相结合的原则

可以评估雪场绩效的指标可以说数不胜数，如果把所有的指标都罗列出来就是无的放矢，失去了评估的有效性。所以，在评估指标的设计上，应突出重点，对反映雪场运行状况的关键绩效指标进行重点分析，而且要选择那些能对不同类型的雪场都有评估效果的通用性指标。

5. 可比性原则

雪场绩效评价指标应当具有普适性，具有横向和纵向的可比性，有利于评价结果的分析与比较，便于找出相比于其他俱乐部的优势或差距。

6. 可操作性原则

选取的评价指标要与雪场发展的具体情况相符合，并且指标的数量要适当，在保证评价结果全面性的基础上，指标体系应尽可能简化，尽量不选取那些对评价结果影响不大的指标。此外，评价方法也应做到简便易行，计算方法和表述方法应明确，易于操作。

（二）我国滑雪场绩效评价指标的筛选和确定

在前期的研究中，笔者利用平衡记分卡绩效评估框架，从财务、客户、内部流程、学习和成长四个维度对国外滑雪产业相关的学术文献进行了内容分析，并结合前期大量的调研、访谈工作，初步得出了基于平衡记分卡的我国滑雪场绩效评价的框架体系。在初步确定的指标体系中，本研究并未照搬经典平衡记分卡的四个维度，而是根据滑雪产业自身发展过程中重资产、长周期等特点进行了一定程度的改进，以使整个指标体系更能完整展现我国滑雪场的发展全貌，深入揭示我国滑雪场发展的内在矛盾和规律，并以此为基础进一步激发我国滑雪场的绩效优化。该评估体系从四个维度对滑雪场供应链绩效进行综合评估，这四个维度分别是营收、顾客、内部流程、学习和成长。在此基础上，采用专家咨询的方式，并结合业界相关人士的建议，设计出初步的基于平衡计分卡的滑雪场绩效评估指标体系。下面分别就这四个评估维度的内涵及其指标选择进行阐述，见表1。

表1　基于平衡计分卡的滑雪场绩效评估指标体系

评估目标	评价维度	评价指标	指标计算
基于平衡记分卡的滑雪场绩效评价	营收	雪季日均营收	雪季营收/雪季经营天数
		雪场坪效	雪季营收/造雪面积
		营收增长率	本年度新增营收/上年总营收
	顾客	雪季总人次	
		每公顷人次	雪季总人次/造雪面积
		日均人次	雪季总人次/雪季经营天数
		客户平均停留时间	客户总停留时间/总人次
		客单价	雪季营收/雪季总人次
		季卡销售占比	季卡销售额/雪季营收总额
		自带板客户占比	(雪季总人次－雪板租赁人次)/雪季总人次
		滑雪教学服务购买率	购买滑雪教学服务人次/雪季总人次
	内部流程	造雪面积	
		床位配比	配套床位数/雪道面积
		架空索道数量	
		赛会节庆活动密度	雪季经营天数/活动次数
	学习和成长	雪季平均员工数量	
		雪季平均滑雪教练数量	
		人均培训费用	
		主动离职率	

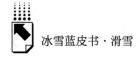

针对指标体系的各个维度的基本分析内容如下。

1. 营收维度

虽然财务维度的指标主要是一些滞后指标，但其在平衡计分卡中依然占据中心地位，是评估体系中的一个重要组成部分。这个维度可以显示在其他几个维度已经通过指标衡量的战略实施过程是否引起了最终结果的变化。营收维度方面包括雪季日均营收、雪场坪效、营收增长率等三个方面的指标。首先，雪场的营业时间在不同雪场是有所差异的，甚至在不同雪季也存在差异，故而在评价雪场营收时应考虑时间变量。其次，不同雪场的造雪面积也是不同的，造雪面积作为雪场收益和成本的重要源泉之一，其内涵应被纳入评价指标体系之中。最后，营收增长率是反应雪场成长性特征的指标。

2. 顾客维度

传统的绩效评估体系对客户方面的因素考虑得并不充分，把握客户需求并衡量其满意程度可以为雪场是否需要改变经营策略提供标准。这一点，对以客流量为根本的滑雪产业来说，尤为重要。第一，雪季总人次首当其冲，是衡量一个雪场运营绩效的核心指标，但如若想要深入反映雪场的运营效率，则需进一步深入探讨单位造雪面积和营业时长下的顾客人次，这既有利于进行不同雪场之间的横向比较，也可以进行同一雪场基于时间维度的纵向比较。

第二，在客户类型方面，客户平均停留时间和平均客单价是衡量客户类型的重要方面，这两项指标均是可以大概估算的，是可以反映雪场整体客群的消费能力和消费现状的。

第三，客户忠诚方面，季卡销售占比和自带板客户占比，是两项反应客户忠诚度的重要指标。根据二八原则，保有老客户比开发新客户更促使雪场获益，有资料显示，保持老客户的费用远远低于获得新客户，足见顾客忠诚度对雪场的重要性。所以要想利用一些顾客群体保持市场份额，最简单的方法就是提高客户忠诚度，尽量保持已有的客户。按照消费者的需求进行设计和生产，积极分析顾客反馈的市场信息，允许顾客参与产品的设计，使这些老客户成为雪场稳定的利润来源。当然，雪场不能只满足于所拥有的老客户的数量，要想增加利润，应该积极地扩展市场范围，吸引新客户。新客户的不断加入是推动雪场不断强大的动力。

第四，在反映已经到来的新客户的服务体验满意度方面，传统意义上的转化率是一个有意义的概念，但从目前各个方面来看，并没有一个合适的指标可以用于衡量转化率，故而本文在此以滑雪教学服务购买率来反映顾客对雪场服务的参与程度，毕竟购买滑雪教学服务已经是一种相对来说较为深度参与的沉浸式滑雪体验了。

3. 内部流程维度

尽管客户方面的评估非常重要，但顾客价值的实现和顾客满意的提升必须依赖于雪场内部流程的良好运作。整体来说，雪场造雪面积、床位数配比、架空索道数量是衡量一个雪场较为重要的硬件设施条件，这些硬件设施条件搭配得合不合理，既是保证顾客服务体验的关键所在，又是控制运营成本的重要组成部分。而软件服务方面，赛会节庆活动密度也是保证顾客服务体验的重要一环，在话题为王的内容时代，好的合适的内容是保证对顾客吸引力的重要源泉。大到大型赛事，小至情人节娱乐活动，都应该填充进来合适的内容以对顾客产生持续的吸引力。

4. 学习和成长维度

雪场的学习和成长能力可以成为其他几个维度绩效提高的后备力量，它关系到雪场未来的发展。在知识经济时代，雪场的运营越来越受到人力资源的影响，能够驱动雪场创造价值的归根到底是拥有知识和使用知识的人才。所以，在业绩评估体系中必须要有突出反映雪场此方面能力的指标，以避免短视行为，增强人们对未来发展重要性的认识。业务流程维度评估了雪场竞争力非常重要的方面，但目标也许是不断变化的，激烈的竞争形势要求各个雪场不断提升和创新，发掘和利用组织内外部的资源，为改善现有流程、开发新产品提供人力和技术支持。很多学者指出，学习和成长维度是其他几个维度的强化剂。平衡记分卡的创始人卡普兰先生在解读这个维度时，把它比喻成一棵枝叶茂密的树的根基，称它是支持和滋养财务效益的源泉，之所以位于最低层是因为它的基础性作用。具体到指标方面，第一，雪季平均员工数量和雪季平均滑雪教练数量是反映当前雪场人力资本的核心指标，尽管用工人数可能在雪季始末波动较大，但总体来说雪季整体的人力资本状况是可以进行一个总体估算的。第二，雪场人均培训费用则是对当前人力资本的持续性投入，是衡量雪场对人力资源重视程度的指标，是携手员工共同成长的重要体现。第三，在衡量雪场人力资源稳定性方面，主动离职率是反映员工情绪和心态、反应平台内部管理的重要指标。

（三）滑雪场绩效评价标准的制订

绩效评价标准是测量各项评价指标得分的基准。雪场绩效评价标准基于标杆法而制订。标杆法是企业以行业内的一流企业和一流绩效作为标杆，将本企业经营的各个方面与标杆企业进行对照分析，通过学习他人的先进经验、运用最佳的方法来改善自身不足的方法。雪场成长绩效评价标准制订时，把各雪场绩效与业内优秀雪场绩效进行比较，从而直观反映出雪场绩效各指标与标杆雪场绩效各指标（基准值）之间的差距。滑雪场绩效评价标准制订的步骤如下。

第一步：收集我国近20家各种类型雪场近3个雪季在营收、顾客、内部流程、学习和成长方面的相关数据和资料。另外，对各雪场管理者进行访谈，从而在整体上把握雪场绩效的基本情况。

第二步：根据行业整体绩效表现，综合确定雪场绩效各评价指标的基准值，并以该基准值作为参照标准，根据达到基准值的比例设定不同的评价值，相应地分为五个等级，即：优秀、良好、一般、较差和很差。每个评价标准等级有相对应的评价值或评语，以此初步制订出雪场的绩效评价标准。

表2 雪场绩效指标评价值与对应等级

评价值范围	绩效评价等级
$S \times 80\% < \beta \leq S \times 100\%$	优秀
$S \times 60\% < \beta \leq S \times 80\%$	良好
$S \times 40\% < \beta \leq S \times 60\%$	一般
$S \times 20\% < \beta \leq S \times 40\%$	较差
$\beta \leq S \times 20\%$	极差

注：S为雪场绩效评价指标的基准值，β表示雪场绩效评价指标的评价值。

表3　依据专家意见修改后的标准

一级指标	二级指标	指标计算	评价标准					评分值	
			优秀100	良好80	一般60	较差40	较差20	单项值	总分值
营收	雪季日均营收（万元/天）	雪季营收/雪季经营天数	200以上	200~150	150~100	100~50	50以下		
	雪场坪效（万元/公顷）	雪季营收/造雪面积	200以上	200~150	150~100	100~50	50以下		
	营收增长率	本年度新增营收/上年总营收	20%以上	15%~20%	10%~15%	5%~10%	5%以下		
顾客	雪季总人次（万人次）	雪季营收/客单价	40以上	40~30	30~20	20~10	10以下		
	每公顷人次（百人次/公顷）	雪季总人次/造雪面积	80以上	80~60	60~40	40~20	20以下		
	日均人次（百人次/天）	雪季总人次/雪季经营天数	40以上	40~30	30~20	20~10	10以下		
	客户平均停留时间（小时）	客户总停留时间/总人次	80以上	60~80	40~60	20~40	20以下		
	客单价（元/人）	雪季营收/雪季总人次	450以上	300~450	150~300	150~50	50以下		
	季卡销售占比	卡类销售额/雪季营收总额	20%以上	15%~20%	10%~15%	5%~10%	5%以下		
	自带板客户占比	（雪季总人次－雪板租赁人次）/雪季总人次	50%以上	40%~50%	30%~40%	20%~30%	20%以下		
	滑雪教学服务购买率	购买滑雪教学服务人次/雪季总人次	20%以上	15%~20%	10%~15%	5%~10%	5%以下		
内部流程	造雪面积（公顷）		80以上	60~80	40~60	20~40	20以下		
	床位配比（个/公顷）	配套床位数/雪道面积	80以上	60~80	40~60	20~40	20以下		
	架空索道数量（条）		10以上	10~5	5~2	2~0	0以下		
	赛会节庆活动密度（天/次）	雪季经营天数/活动次数	20以上	15~20	10~15	5~10	5以下		
学习和成长	雪季平均员工数量（人）		200以上	150~200	100~150	50~100	50以下		
	雪季平均滑雪教练数量（人）		100	70~100	40~70	10~40	10以下		
	人均培训费用（元/人）		2000以上	1500~2000	1000~1500	500~1000	500以下		
	主动离职率		5%以下	5%~10%	10%~15%	15%~20%	20%以上		

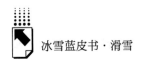

第三步：实施专家调查。请专家对初步制订的评价标准中每个评价指标的每个等级的评价值或评语进行判断，并对不合理的标准提出相应的修改意见。通过专家评定，对专家意见较集中的标准进行修改。

最终，我们得到了基于平衡记分卡的滑雪场绩效评价标准，评分规则为"优秀"项赋100分，"良好"项赋80分，"一般"项赋60分，"较差"项赋40分，"极差"项赋20分。具体案例应用见下文。

三　基于平衡记分卡的滑雪场绩效评价的案例研究——以A滑雪度假区为例

（一）A滑雪度假区项目简介

A滑雪度假区项目是以滑雪及户外运动为主题，以避暑度假、医疗养老为支撑，集高端滑雪场、户外基地、观光旅游、休闲娱乐、医养社区、度假社区等多个产品于一体的综合性山地乡村度假区。度假区以健康、时尚、乐享为理念，重点引进先进的管理、先进的设备设施，打造全国雪道落差名列前茅的滑雪场；同时依托雪场和外围空间丰富冬季冰雪旅游产品和大众参与性项目，打造比肩国际时尚潮流的冬季滑雪主题游乐区，成为我国北方冬季旅游标志性项目。

（二）A滑雪度假区绩效分析

根据对A滑雪度假区高层管理人员的访谈和2017～2018年和2018～2019年两个雪季的数据调查，可以得出A滑雪场度假区的评分详情（见表4）。

在满分1900分的情况下，调整为百分制则为980/1900×100%＝51.58分，绩效水平介于60分（一般）和40分（较差）之间，可以看到A滑雪度假区的整体绩效处于中等偏下水平，仍存在较大的改进空间。具体每个维度的绩效水平分析如下。

表 4　A 滑雪度假区评分

一级指标	二级指标	指标计算	评价标准 优秀100	良好80	一般60	较差40	极差20	评分项 单项值	总分值
营收	雪季日均营收(万元/天)	雪季营收/雪季经营天数	200以上	200~150	150~100	100~50	50以下	20	980
	雪场坪效(万元/公顷)	雪季营收/造雪面积	200以上	200~150	150~100	100~50	50以下	40	
	营收增长率	本年度新增营收/上年总营收	20%以上	15%~20%	10%~15%	5%~10%	5%以下	100	
顾客	雪季总人次(万人次)		40以上	40~30	30~20	20~10	10以下	20	
	每公顷人次(百人次/公顷)	雪季总人次/造雪面积	80以上	80~60	60~40	40~20	20以下	40	
	日均人次(百人次/天)	雪季总人次/雪季经营天数	40以上	40~30	30~20	20~10	10以下	20	
	客户平均停留时间(小时)	客户总停留时间/总人次	70以上	50~70	30~50	10~30	10以下	80	
	客单价(元/人)	雪季营收/雪季总人次	450以上	300~450	150~300	150~50	50以下	40	
	季卡销售额占比	季卡销售额/雪季营收总额	20%以上	15%~20%	10%~15%	5%~10%	5%以下	60	
	自带板客户占比	(雪季总人次-雪板租赁人次)/雪季总人次	50%以上	40%~50%	30%~40%	20%~30%	20%以下	60	
	滑雪教学服务购买率	购买滑雪教学服务人次/雪季总人次	20%以上	15%~20%	10%~15%	5%~10%	5%以下	60	
内部流程	造雪面积(公顷)		80以上	60~80	40~60	20~40	20以下	40	
	床位配比(个/公顷)	配套床位数/造雪面积	80以上	60~80	40~60	20~40	20以下	40	
	架空索道数量(条)		10以上	10~5	5~2	2~0	0以下	40	
	赛会节庆活动密度(天/次)	雪季经营天数/活动次数	20以上	15~20	10~15	5~10	5以下	60	
学习和成长	雪季平均员工数量(人)		200以上	150~200	100~150	50~100	50以下	60	
	雪季平均滑雪教练数量(人)		100	70~100	40~70	10~40	10以下	60	
	人均培训费用(元/人)		2000以上	1500~2000	1000~1500	500~1000	500以下	60	
	主动离职率		5%以下	5%~10%	10%~15%	15%~20%	20%以上	100	

1. 财务绩效分析

整体而言，A 度假区的营收绩效水平在三个指标上差异较大，三个指标的绩效表现各有其特点，也针对性地反映了一些问题。

日均营收层面，首先，由于 A 滑雪度假区雪季营业时间达到 114 天，整体而言在北方强手如云的雪场中雪季持续时间不短，但因整体营收一般，因此在国内众多营收较大的滑雪度假区面前这一项绩效的表现难以脱颖而出。

其次，又因 A 相对来说体量适中，造雪面积相对集约，因此雪场整体坪效绩效表现相对来说要好于日均营收这一项指标，实际上我们应该看到，并不是所有体量巨大、造雪面积庞大的雪场就一定会有良好的绩效表现的。雪场在追逐效益的同时，也应考察效率问题，坪效这一指标可以很好地衡量"雪"这一价值源泉吸引和创造价值的效率问题。需要注意的是，雪场的效益不能够仅仅依赖于雪这一资源，要想有好的效益，需要有机衔接与滑雪相关的、互补的各类配套商业模式。但不可否认确实是雪这一媒介将消费者与雪场紧密地连接起来，并最终似杠杆一般撬动起消费者更多的消费需求，也可以说，雪场坪效越高，依靠雪撬动起来的客户价值也就越高，这一指标的考核，应当引起足够的重视。

营收增长率方面，2018～2019 年雪季 A 度假区整体委托专业的第三方管理公司作为运营合作方代为运营，相对于 2017～2018 年雪季，A 度假区营收增长了五倍多，顾客人次增长了一倍多，特别是从营收增幅远远大于客流量增幅这一项来看，凸显了专业团队在围绕顾客需求进行产品设计和开发方面的重要作用。

新团队为度假区带来了三个方面的升级：一是硬件升级，二是软件升级，三是产品升级。硬件方面，A 度假区将启用全世界规模最大建筑面积高达 21000 平方米的新雪具大厅、2 条高速拖挂式 6 座缆车以及 10 条精修雪道。软件方面，A 度假区也与国内领先的专业第三方运营品牌展开友好合作，由第三方运营公司全权负责 A 度假区新雪季的运营管理，将 A 度假区的管理及运营服务水平提升了一大台阶。产品方面，A 度假区新建了超大面积戏雪乐园，并为儿童青少年提供冬令营之旅，专属娱雪区、专属活动中心、专属滑雪教练让孩子们尽享冰天雪地。这令我们再次看到，只有专业团队才能设计出合适的、丰富的、满足客户需求的产品，才能为顾客创造前所未有的价值，并最终为度假区实现优秀的绩效。

2. 顾客绩效分析

雪季总人次方面，由于 A 度假区目前的整体定位仍然为区域性滑雪度假区，因此客流量这一项的绩效表现较为一般。尽管如此，A 度假区定位精准、造雪面积相对集约，因此在每公顷造雪面积滑雪人次这一指标上相对于总人次而言绩效表现稍有改善。

日均人次方面，滑雪人次整体表现一般的局面再次凸显，绩效表现难言满意。

客户平均停留时间方面，首先根据调研数据，总体来说 A 度假区的客群类型较为全面，其中有超过 1/5 的人群有酒店住宿消费；其次，根据酒店住宿人次和住宿时间可以估算出整体客群的平均停留时间达到 30 小时以上，绩效表现尚可。

客单价方面，人均消费为150～300元，这方面的绩效表现，一方面有可能是受客群消费能力所限制，另一方面也有可能与度假区服务产品设计开发创意尚未完全满足客群日益多样化的消费需求有关，准确结论尚需进一步调研得出。但总体来说，不论是上述哪一种可能性影响了客单价的进一步提升，提升客单价的思路是较为明确的，那就是针对不同人群设计不同的个性化产品。对于消费能力不足的人群，自有针对这一类人群的细分市场。长尾效应告诉我们，市场越细分越有可能挖掘出有意思的细分领域，并且绝对不能低估这些细分市场的价值。而对于消费能力较强的高净值客户，则有另一套产品体系专为他们而设计，新鲜、时尚、好玩和贴心永远是打动他们的不二法门，赢得他们的忠诚度和信赖感是度假区实现长远发展的根本途径。

季卡销售额占比这一项，因购买季卡被认为是一类重要忠实客群的消费行为，故而用于从一定程度上展现客群忠诚度，这一指标方面 A 度假区的绩效表现尚可，展现出区域性市场尚未挖掘的巨大潜力。

自带板客户占比这一项指标与上述季卡销售额占比指标相互印证，以较为稳定的绩效表现展示出区域性市场依然有相当比例的客群有成为高净值客群的潜质。并且，由于 A 度假区起点低，品牌价值尚未凸显，可以期待未来有更多忠诚、专业的客群的沉淀和积累。

在滑雪教学服务购买率方面，A 度假区表现尚可。这一方面可以反映滑雪学校运营的绩效表现，另一方面，也从侧面反映了度假区将初级用户转化为深度参与用户的绩效表现。众所周知，我国滑雪市场是一个以初学者为主的市场，进入滑雪场的大部分人群都是小白用户，尚未掌握基本的滑雪技术或技术掌握不全面是滑雪用户很重要的特征之一。他们对滑雪运动的参与度其实并不高，只是进行了初步的、额度较低的消费参与，在滑雪运动层面的技术参与度太低，实际上，技术参与度太低也会反过来影响用户的消费参与度。显然这种大量用户技术参与度和消费参与度双低的局面是我们不愿意看到的，我们希望这两项是双高的局面，这样整个市场才是不断良性上升的可持续发展的市场，而不是一个昙花一现的增量市场。人口和政策红利总有消失的一天，尽早培育自己的深度参与用户群体，通过合适的价格策略以及与其他滑雪服务产品配套的营销策略提升滑雪服务购买率、提高滑雪人口转化率，对雪场和行业都是长远的发展之计。

3. 内部流程绩效分析

造雪面积方面，由于目前 A 度假区定位为区域性最具规模和品牌影响力的滑雪度假区，因此跟国内众多定位为全国甚至国际性的大型滑雪度假区相比，谈不上多么出类拔萃。床位配比方面，具备跟造雪面积基本相匹配的床位数。架空索道方面，A 度假区配备了 2 条高速拖挂式 6 座缆车。赛会节庆活动密度方面，A 度假区组织策划了大至大型滑雪赛事，小至情人节、三八妇女节活动等一系列活动内容，广泛增强了媒体传播的话题性，极大地丰富了雪友的度假体验，高质量的活动内容成为维系雪友情感的有力纽带。

4. 学习和成长绩效分析

首先，雪季平均员工数量在整个雪季的波动区间较大，但总体来说平均员工数量一直在百人以上，这是雪场提供高质量服务的有力保障。雪季滑雪教练人数也维持在一个较为稳定的水平，基本满足雪场运营需要。雪场人均培训费用方面，度假区也有对人力资源进行持续投入，这对快速提升运营水平和客户满意至关重要。主动离职率保持在较低水平，团队稳定性空前加强，团队凝聚力前所未有。

B.5
京津冀滑雪目的地竞争力分析报告

——依据"钻石模型"分析

刘花香[*]

摘　要： 自成功获得2022年冬奥会主办权以来，中国滑雪市场呈现出蓬勃发展的态势，随着滑雪市场的不断壮大，不同区域滑雪目的地呈现出明显的竞争张力。京津冀作为2022年冬奥赛事的举办地，显现出强劲的后发优势。在这一背景下，笔者尝试以京津冀区域为研究范畴，以滑雪目的地竞争力为研究对象，结合波特的钻石模型理论，应用文献资料法、专家访谈法、实地调查法、数理统计法对京津冀滑雪目的地展开定性分析。通过分析京津冀滑雪目的地的竞争力，找到京津冀区域滑雪目的地的竞争优势和劣势，以期为大众了解京津冀滑雪目的地的竞争力现状提供参考，为政府、企业采取相关措施提高京津冀滑雪目的地竞争力提供现实依据。

关键词： 滑雪目的地　竞争力　滑雪产业　京津冀滑雪

一　前言

自2015年7月31日中国击败阿拉木图成功赢得第24届冬奥会举办权

---

* 刘花香，中国旅游研究院在站博士后，研究方向为滑雪旅游、冰雪产业。

以来，为积极履行冬奥会助力"三亿人上冰雪"的承诺，中国政府部门紧锣密鼓颁布政策文件，旨在通过合理的顶层设计，为中国滑雪产业的发展保驾护航。北京与河北作为冬奥赛事的承办地区，更是扮演着助力"三亿人上冰雪"的排头兵角色。为做好科学规划，2016年国家发展改革委联合国家体育总局、教育部等多个部门共同颁布《冰雪运动发展规划（2016～2025年)》，文件重点强调在整体布局的过程中要充分发挥京津冀在滑雪市场中的引领作用。随后的《全国冰雪场地设施建设规划（2016～2022年)》也提出，在发挥京津冀领头羊作用的过程中，要以冬奥会为契机，兴建一批能够承办大型冰雪赛事的场馆。显然，2022年冬奥会的举办将改变我国整体的滑雪市场格局，京津冀滑雪市场将开启新的篇章，在国家高度重视的情况下，京津冀地区将成为国内滑雪市场发展的重要地区。事实上，自2022年冬奥会主办权成功获得以来，北京作为同时承办冬夏奥运赛事的"双奥"城市，已经成为世界瞩目的焦点，京津冀滑雪目的地的场馆建设、相关基础设施完善、人员参与等作为衡量滑雪市场发展程度的外在表征，是冬奥会筹备工作中不可缺少的重要环节。基于此，面对国内滑雪市场发展新格局，笔者以京津冀区域为研究范畴，以滑雪目的地竞争力作为研究对象，旨在探索京津冀滑雪目的地在国内市场竞争中的处境，为进一步采取相关措施发展京津冀区域滑雪市场提供现实依据。

二 "钻石模型"简述

20世纪90年代，在比较优势理论发展的基础上，迈克尔·波特（Michael Porter）教授提出了具有划时代意义的竞争优势理论，即"钻石模型"。其认为产业竞争优势主要来自生产要素，需求条件，企业战略、结构和竞争，相关支持性产业四个主体要素，以及政府、机遇两个辅助性要素。

生产要素。波特教授认为生产要素可以分为自然资源、地理位置、气候等初级生产要素和知识、科研、大学、资本、管理等高级生产要素。然而，随着全球贸易的往来，初级生产要素的市场竞争力逐渐减弱，而高级

生产要素的市场竞争力随着日新月异的科学技术创新发展越发显得不可或缺。

需求条件。市场需求规模和需求结构与国家竞争力有着密切的关系，大规模的市场需求通常有利于厂家或者供应商进一步扩大市场供给容量，从数量上满足市场需求。同时，多样化的市场需求通常迫使供应主体通过改革创新的方式开发出异质类、高品质产品满足不同层次的消费需求，特别是挑剔型的消费者，这类群体更是鞭策企业创新改革的动力。

相关支持性产业。和主体产业有着较强关联的产业，能为主体产业的发展提供便利的原料来源和高效率的团队协作，通过融合与渗透的作用延长产业链条，促进主体产业竞争力的提升。

企业战略、结构和竞争。国家竞争力依赖于产业竞争力，而产业竞争力则取决于企业竞争力，因此企业是分析产业竞争的基础性单元。企业采取不同的发展战略对其竞争力产生不同的影响，不论是发展战略联盟还是单打独斗，再或者采取垄断形式的竞争，均会造就不同的产业竞争力

机遇。一些突发事件的降临、外交的变动、重大的发明等因素都使产业竞争力发展产生波动。

政府。政府作为宏观环境的调控者，政策法规的颁布会对产业竞争力的大环境产生影响。

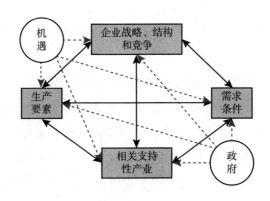

图1　钻石模型

　　由此可见，"钻石模型"理论是一个动态的系统，任何一个要素的变化均会对其他要素产生直接或间接影响，作为构建国家或者产业竞争力的六大要素，其相互作用共同决定产业竞争力的强弱。波特认为，从产业竞争维度来分析，竞争优势占据主导地位；从国际分工视角来看，比较优势具有主导作用。比较优势是一种潜在竞争力，而竞争优势则是一种通过发挥不同生产要素的综合作用产生的现实竞争力，即：比较优势通过竞争优势显现出来。在产业现实发展过程中，提高一个国家或者一个地区的产业竞争力必须将比较优势和竞争优势相结合，发挥 1 + 1 > 2 的合力作用。一定程度上，竞争优势强调的是通过创新促使资源增值而获得产业发展。一个资源充裕的滑雪目的地的竞争力或许不如资源赋存不足的地区，这主要是因为后者通过创新发展方式，通过充分利用有效资源，提高综合实力，由劣转优。因此，面对滑雪资源匮乏以及滑雪活动产生的外部影响，如何通过创新为资源不足区域的滑雪者创造完美体验经历，同时能够保护资源以减少外部性的影响是提高滑雪目的地竞争力的关键。

三　京津冀滑雪目的地竞争力的"钻石模型"分析

（一）生产要素分析

　　在波特"钻石模型"中，根据生产要素的类型，可将生产要素分为初级生产要素和高级生产要素两大类。初级生产要素包括自然资源、地理位置、气候等；高级生产要素则包括人力资源、知识资源、资本资源、科技资源以及集交通、通信、信息于一体的基础设施等。在京津冀地区滑雪目的地的竞争优势中，初级生产要素与高级生产要素相辅相成，资源禀赋、气候条件、山形地貌等条件是滑雪目的地得以形成的基础要素，完善的基础设施建设、雄厚的科技以及人力、资本等要素的集聚则是滑雪目的地得以可持续发展的保障。初级生产要素与高级生产要素二者相互依附，共同为提升滑雪目的地竞争力发挥合力作用。基于此，本研究围绕影响京津冀滑雪目的地的最为直接的自然资源要素、人力资源要素以及基础设施要素做以下分析。

1. 自然资源要素

滑雪目的地建设对于自然资源有着重度依赖性。当一国或地区缺乏滑雪资源，或拥有的滑雪资源存量过少，该国或地区则很难有机会参与由冰雪资源形成的滑雪产业细分市场的竞争。适合开发雪场的山形地貌、区域水资源、冬季气温条件、森林覆盖率等条件均为滑雪场开发建设前需要重点考量的要素。京津冀地处北纬40度附近，与世界大型雪场集中地带位于同一维度，加之地处华北平原与黄土高原的交接地带，较高的纬度与第二、第三阶梯交界的特点赋予了该区域开发雪场的适宜气候与落差。受山形地势影响，京津冀地貌特征呈现西北高、东南低的变化趋势，天津及河北南部区域均以平原为主。位于区域西北角上的张家口地区，山脉多呈东北—西南走势，当来自西北方向的冷空气与东南方向的暖湿气流遇到地势较高的山脉，通过地形的抬升作用，容易产生较多的降水。特殊的地理位置和下垫面性质的共同作用促使该地区形成了降水量大、风力小、温度适宜的独特小气候，该地区被公认为滑雪场建设绝佳之地。在这一条件影响下，河北张家口地区的雪期通常要长于北京、天津以及河北的南部地区。

除此之外，区域水资源较为匮乏，北京水资源人均占有量为137.2立方米/人、天津为83.4立方米/人、河北为184.5立方米/人，这一数量远远低于联合国提出的人均500立方米的国际极度缺水标准①。而水资源作为人工造雪的物料来源，对于当前大部分以人工造雪为主的雪场而言，是保障雪场正常运营不可或缺的一环。同样对雪场运营有着影响的还有当地气温情况，北京的1月平均气温为 -7摄氏度，而天津则为 -1.6摄氏度，受小气候影响，河北张家口的冬季平均气温低于北京和天津，较低的温度为冬季储雪创造了有利条件。与滑雪场建设用地相辅相成的森林覆盖率要素通常也是影响

① 北京统计局：《京津冀三地协同发展情况分析》，http://tj.jjj.qq.com/a/20170104/007570.htm。

雪场选址的条件之一。作为反映区域生态丰富程度的指标，从表中的数据可以看出，北京、天津、河北地区的森林覆盖率有着不均衡的特点，天津的森林覆盖率低于我国平均水平（12%）。结合表1可以看出，京津冀地区自然条件优势不明显，某些程度上落后于我国东北以及新疆地区。

表1　不同地区自然资源相关指标情况

地区	初雪期	末雪期	雪期（天）	积雪深度（米）	1月平均气温(℃)	平均降水量(mm)	人均水资源(亿立方米)	森林覆盖率(%)
北京	12月初	2月中旬	86	0.3	−7	530	161.4	35.85
河北	11月下旬	3月中旬	135	0.4	−9	440	121.7	23.41
天津	12月中旬	3月初	78	0.2	−1.6	600	279.7	9.87
张家口	11月上旬	4月初	150	0.8	−15	690	—	—
吉林省	10月下旬	4月下旬	150	1	−17.1	650	1447.3	40.38
黑龙江	11月中旬	3月下旬	155	1	−18.1	470	1957.1	43.16
新疆	11月上旬	5月初	145	1.3	−12	300	4206.4	4.24

注：表中资料来自互联网及统计年鉴，"—"表示数据不详。

2. 人力资源要素

作为为滑雪消费者提供滑雪及相关服务的大区或者场所，滑雪目的地涉及行业较为多元，这一属性决定滑雪目的地对人才的需求类别也趋向多个层次，总体概括为核心性人才、支撑性人才、相关性人才。核心性人才包括滑雪场的目的地建设规划人才，经营管理人员，造雪、索道器械维护等技术骨干人员等。支撑性人才包括滑雪教辅人员、竞赛组织人员、装备制造养护人员、运动康复人员等。相关性人才包括滑雪科研人员、法律咨询人员、医疗保险人员、翻译人员、接待服务人员等[①]。综览京津冀滑雪区域，大型雪场主要分布在崇礼地区，北京、天津以及河北的其他地区以中小型雪场为主。环渤海地带依托首都的区位优势吸引了大量来自国外成熟市场的滑雪行业专家，如太舞、云顶、多乐美地、翠云山等雪场都曾聘请国外专家进驻雪场负

---

① 魏庆华：《滑雪人才培养方向及课程体系设计》，第六届中国休闲体育北京论坛暨首届京津冀休闲体育论坛会议论文，2017。

责项目运营管理。为促使国际化与本土化相结合、进一步提高雪场运营效率，很多雪场还聘请东北老牌雪场具有丰富实践经验的管理者，这种中外结合的方式有利于帮助雪场实现"中体西用"，东西方滑雪人才的集聚进一步夯实了京津冀区域的滑雪人才基础。再者，京津冀三地拥有众多科研机构、高等院校，集聚了大量复合型人才。为做好冬奥赛事服务工作，培养冰雪运动人才，清华大学开办冬奥赛事管理专业，北京体育大学成立冰雪运动学院和冰雪产业方向班，首都体育学院增设冰雪运动专业方向，河北体育学院成立冰雪运动系，这些高等院校在新时代主动承担起了培养和输送滑雪服务型人才的重任。除此之外，京津冀区域的行业协会也纷纷携手社会力量加强人才培养，如2017～2018年雪季，河北省各个市区共成立11个冰雪运动协会，且共培养冰雪项目社会体育指导员3300名①。由此可见，在国内外成熟市场滑雪人才纷纷涌向冬奥赛事承办地的同时，当地政府、院校、协会以及社会组织等多方主体也在积极出谋划策，通过形成合力为铸就京津冀滑雪人才高地贡献力量。

3. 基础设施要素

滑雪目的地的基础设施分为一般基础设施和专业基础设施。首先，一般基础设施包含道路交通、通信网络、环保等多个子系统，它们各成体系又紧密配合，共同保障区域系统的正常运行。京津冀地区作为驱动中国经济发展的第三增长极，现阶段，在政府和社会的通力合作之下，已经形成了集铁路、公路、航空多个枢纽于一体的立体型交通体系。作为我国交通网络最为密集、硬件基础设施最为完善的区域，目前京津冀地区铁路的运营里程是全国平均水平的3.4倍，高速铁路覆盖了近80个地级及以上的城市；高速公路的密度是全国平均水平的3.1倍②。G95、S242张沽线，以及S345南赤线等公路的建成，大大提升了出入效率。特别是即将投入使用的延崇高速以及

---

① 《河北省大力推动冰雪运动和冰雪产业发展》，http://baijiahao.baidu.com/s?id=1586806956456968231&wfr=spider&for=pc。
② 李玉涛：《京津冀地区基础设施一体化建设研究》，《经济研究参考》2015年第2期，第28～47页。

京张铁路，将大大缩短北京到崇礼的距离。张家口已开通到石家庄、上海、深圳、沈阳、哈尔滨等地的航线。快速、便捷、高效、安全、大容量的综合交通网络有利于推动区域滑雪目的地相关要素的流动，同时为人们参与滑雪运动提供方便，也为赛事运营、相关会展等专业市场的建立奠定良好的基础[1]。根据《2017 年京津冀大数据产业发展分析报告》，京津冀大数据基础设施及发展水平全国领先。截至 2017 年底，京津冀地区电话普及率达到 132.7%；京津冀三省市光缆线路长度达到 227.6 万公里，占全国的 6.1%；京津冀三省市互联网省际出口带宽达 51893100 兆，FTTH/O（光线到户/办公室）用户占比分别为 94.35%、94.32%、93.48%[2]；移动宽带网络已在京津冀区域内实现全面覆盖，发达的网络通信对于滑雪目的地相关的信息资讯传播起着重要的媒介作用。在大力推动京津冀区域基础设施建设的过程中，脆弱的生态短板尽显眼底。京津冀地区水资源紧缺、土地资源后备不足的约束作用十分明显。京津冀地处我国北方农牧交错带前缘，主体为半湿润大陆性季风气候，为典型的生态过渡区，其生态压力已临近或超过生态系统承受阈值。这一系列的条件限制了京津冀区域滑雪目的地的布局[3]。

一般基础设施是区域滑雪目的地发展的基本保障，专业基础设施则是承载区域滑雪目的地发展的平台与基石。从表 2 中可以看出，京津冀三个省份专业基础设施分布极不均衡，显然天津的专业基础设施建设落后于北京与河北。在雪场数量和规模上，河北独占鳌头，在集聚一批大型雪场的同时，分布有大量小型雪场。从拥有架空索道雪场的数量来看，北京接近一半的雪场有架空索道，这一比例要高于河北与天津地区。架空索道作为雪场的提升设备，是雪场规模大小的外在表征之一。调研显示，京津冀区域雪场分类界限

---

[1] 邵奇：《京津冀地区体育服务产业集群化发展研究》，硕士学位论文，陕西师范大学，2016。

[2] 《京津冀大数据基础设施及发展水平全国领先》，http://sh.qihoo.com/pc/93ede79665f22ce5a?sign=360_e39369d1

[3] 彭文英：《构建京津冀生态环保一体化格局》，《中国环境报》2014 年 6 月 24 日，第 2 版。

明显，以万龙为龙头的大型雪场基本配套有完善的餐饮、住宿、休闲娱乐等项目；以南山为主的北京周边的中型雪场则主打近郊滑雪一日游的主题，配备有满足基本需求的食宿设施；而其他多为娱乐体验型的小型雪场，大多坐落在公园及景区内，主要为景区配套服务。近年来，在2022年冬奥会以及"三亿人上冰雪"的双轮驱动作用下，京津冀作为赛事承办地区正加紧基础设施的建设与完善。

表2　京津冀地区滑雪目的地专业基础设施情况

地区	雪场数量（座）	有架空索道的雪场数量(家)	垂直落差>300米	面积>100公顷	面积50~100公顷	面积30~50公顷
北京	24	12	1	0	0	2
天津	13	1	0	0	0	0
河北	59	22	7	2	2	5
合计	96	35	8	2	2	7
全国	742	250	26	6	6	13
占比(%)	13	14	30.8	33.3	33.3	53.8

注：表中数据来自《2018中国滑雪产业白皮书》。

（二）需求条件分析

在"钻石模型"中，需求条件主要指国内市场的需求情况。庞大的需求是拉动产业发展的动力，而需求的变动引起产业结构的相应变动。一般情况下，苛刻的市场需求将迫使企业生产高质量的产品，提供高品质的服务，进而促使企业成为市场最具竞争力的企业之一，对此，以下将从需求的规模和需求的结构两个方面进行分析。前者反映需求在量上的变化趋势，后者反映市场需求的多样化细分。

1.需求规模分析

20世纪90年代，我国滑雪场数量不超过10个，滑雪人数不超过1000人次，到2014年我国滑雪总人数达到1030万人次。2015年冬奥赛事举办权的落地成功引爆了国内滑雪市场的需求，这一年参与滑雪运动的人数增长率达21.36%，总量为1250万人次。为加快实现"三亿人上冰雪"的目标，国家紧锣密鼓颁布大量政策，引导社会力量投资滑雪场建设，鼓励大众积极参与冰雪运动。在全民上冰雪的热潮中，2016年我国滑雪场数量达646座，滑雪人次达1510万；2017年滑雪场数量达703座，人次达1750万；而2018年滑雪场数量达743座，人次达1970万[1]。

滑雪人次稳定增长的趋势进一步凸显出我国巨大的滑雪消费需求，而这一趋势在经济发达的环渤海地区则表现得更为鲜明。《中国冰雪产业发展研究报告》显示，2017~2018年雪季，北京市和张家口崇礼地区依旧是华北地区的滑雪集聚区，仅北京市南山、军都山、渔阳等9家代表性雪场在该年度的滑雪人数就达到了123.5万人次，占据整个华北地区总滑雪人次的18.85%，其中南山滑雪场、军都山滑雪场该雪季滑雪人次达20万以上[2]。崇礼作为2022年冬奥赛事承办场地，近年来，滑雪人次直线上升。2013年崇礼区接待游客157.6万人次；而在北京携手张家口申冬奥的2014年，这一数字直接飙升到201.5万人次；2016年则持续增加，接待量达267万人次；2017年，达274万人次[3]。这一增加趋势主要得益于冬奥赛事对场馆建设的号召，以崇礼最具代表性的雪场万龙为例，2015~2016年雪季滑雪人次为13万，2016~2017年雪季为22万，其增长速度几近翻一番，而2017~2018年雪季滑雪人次达33万，增长率仍高居不下，达50%。这一增长速度远远超过我国滑雪人次的平均增长水平。伴随滑雪人次的逐年递增，市场需求规模正逐步扩大，京津冀区域作为我国经济第三增长极，集聚大量具备高消费能力和拥有高品质需求的人群，滑雪运动时尚潮流的属性与这一区域消费者的需求特征不谋而合。

---

[1] 伍斌、魏庆华：《2017中国滑雪产业白皮书》，国际会议中心，2017。
[2] 华腾冰雪：《中国冰雪产业研究报告》，国家会议中心，2018。
[3] 《第十七届中国崇礼·国际滑雪节圆满闭幕》，http://www.zjkcl.gov.cn/。

表3 近三年主要滑雪省份滑雪场和滑雪人次分布情况

地区	滑雪场数量（座）				滑雪人次（万人次）			
	2015	2016	2017	2018	2015	2016	2017	2018
北京	23	24	24	24	169	171	167	176
天津	12	12	13	13	40	39	40	44
河北	40	46	58	59	85	122	176	210
黑龙江	120	122	124	124	149	158	196	221
吉林	37	38	41	43	96	118	147	184
辽宁	31	35	37	38	65	72	69	73
新疆	52	57	59	60	77	99	86	96

数据来源：《2018 中国滑雪产业白皮书》。

2. 需求结构分析

随着市场消费的升级与转型，大众对滑雪目的地产品和服务的供给质量提出了更高的要求。京津冀区域作为早期培育中国滑雪产业发展的中坚力量，经过近20年的发展，成就了一批洞悉滑雪行情、深谙滑雪技术的行业精英，这一群体是带动行业发展的弄潮儿，引领着整个行业未来消费市场的走向。2022年北京冬奥盛会点燃了京津冀区域滑雪消费的热情，催生了大量初级滑雪者，为滑雪市场带来了大量新鲜血液。作为年久滑雪爱好者与新生力量共存的市场，京津冀区域滑雪消费需求结构呈现明显的差异性。于前者而言，集合优质雪资源、多种类雪道以及集多样化配套于一体的综合度假型雪场通常是其产生市场消费行为的对象；而对于后者，由于其对滑雪运动整体缺乏系统的了解，在选择滑雪场进行消费行为的过程中，距离城市较近、满足滑雪运动一般要求的中小型雪场则成为首选。面对消费市场需求结构的差异性，尽管一些企业通过再建和扩建或者丰富产品供给、优化服务质量的方式来提高雪场的承载力与市场竞争力，然而由于京津冀区域自然环境的优越程度以及雪场的服务质量等要素满足不了高水平滑雪爱好者的需求，一部分消费者选择去往国外自然条件较好的成熟市场滑雪①。这一部分群体

---

① 伍斌、魏庆华：《2015 中国滑雪产业白皮书》，吉林万科松花湖国际度假区集团，2016。

不仅对自然环境以及雪场的基础设施有着较高的要求，对滑雪装备的质地、品牌等同样有着深度考量。对此，在这个体验经济时代，面对京津冀区域不同类别的滑雪体验者，只有从供给端出发，优化产品结构、提升服务质量、甄别供给与需求的矛盾点并对症下药，才能不断满足消费市场日益增长的需求。

（三）相关支持性产业分析

滑雪目的地作为滑雪产业的核心要素，具有产业链长、融合度高、综合性强的特点，涉及的行业较为多元，如滑雪旅游、滑雪培训、滑雪制造、交通运输、住宿、餐饮等。鉴于相关行业细分的数量众多，笔者选择与滑雪目的地具有紧密关系的支撑行业展开分析。

1. 滑雪旅游行业

滑雪目的地是发展滑雪旅游的载体，滑雪旅游的特性决定了滑雪旅游的整体购买消费行为是在滑雪目的地完成的。作为冬奥赛事承办区域，在国家政策和社会资本的双重刺激下，京津冀滑雪旅游消费全面引燃。在第十七届中国·崇礼国际滑雪节期间，河北推出覆盖赛事、节庆、会展等的多样化的活动，共吸引274.1万人次的滑雪游客，同比增长6%，实现旅游直接收入19.6亿元。为进一步响应国家举办冰雪节的号召，张北地区推出张北冰雪文化旅游节、石家庄推出石家庄冰雪旅游文化节，保定推出滑雪节，这种结合地方文化、民俗、节庆元素的滑雪旅游组合产品吸引了大量消费者的参与，为当地创造了巨大的经济效益。2016～2017年春节长假期间，张家口全市共接待游客239.33万人次，实现旅游总收入20.3亿元①。保定市2017～2018年雪季接待游客总量接近70万人次，增幅明显；石家庄的西部长青滑雪场2017年11月至2018年3月接待游客总量约为8万人次，同比增长逾

---

① 《2017年春节假日河北旅游收入54.3亿，比去年增长33.4%》，http：33//www.sohu.com/a/125457895_114731。

50%①。连续举办多届的北京市冰雪节，横跨新年、元旦、春节、元宵节等多个节日，这种融入节庆文化的冰雪活动吸引了近500万参与者。借助承办冬奥赛事的优势，延庆正着力打造"冰雪之城"城市品牌，现已累计接待冰雪旅游和冰雪运动游客540多万人次，实现收入3.68亿元②。由此可见，借助冬奥赛事的契机，京津冀区域滑雪目的地通过融合赛事、节庆、民俗等元素呈现的滑雪旅游内容更趋丰富和多元，也契合当前消费者对滑雪旅游重内容、重体验的心理诉求，这种高质量的供需匹配有利于增强滑雪旅游的消费黏性，进一步带动滑雪目的地的发展。

2. 滑雪装备制造行业

滑雪目的地的建设离不开滑雪装备制造业的支持，滑雪装备制造业通过生产大型器械如造雪机、压雪车、提升设备以及滑雪装备和滑雪器材为滑雪场提供硬件输入和支撑。随着我国滑雪市场的不断发展，滑雪装备制造业的供给与需求矛盾日益显现，国内供给与需求严重脱节，大量国外先进品牌抢占中国市场。面对冬奥赛事带来的巨大商机，京津冀区域集聚的一些滑雪制造企业正尝试借助已有的优势努力实现弯道超车。当前，张家口市河钢集团宣布公司自主研发出了 SR400 压雪机，并开始在崇礼银河滑雪场应用。张家口市宣化宏达冶金机械有限公司为解决造雪机射程范围小的弊端，自主研发了造雪机支架，受省内外部分滑雪场青睐，并成功打入韩国市场；同时，该企业还与北京起重运输机械研究院合作，生产滑雪场客运脱挂索道，填补了国内该领域空白，截至 2017 年 6 月已销售 400 多台。位于衡水的河北百一橡胶制品有限公司在压雪车履带等方面取得部分专利；河北安体体育科技有限公司研发的旱雪引起不少滑雪场的兴趣；位于石家庄市的河北硕德体育用品科技有限公司研发的旱雪产品已拥有 3 项专利，具备了量产条件。廊坊市凭借毗邻京津、距港口较近的区位优势，近年来聚集了天冰造雪设备

---

① 《河北冰雪旅游交出成绩单 "白金产业" 期待更好掘金》，http：//baijiahao. baidu. com/s? id = 1600128413642157609&wfr = spider&for = pc。

② 《延庆打造 "冰雪之城" 品牌冰雪旅游收入 3. 68 亿》，https：//sports. qq. com/a/20170805/ 014399. htm。

（三河）有限公司、三河多贝玛亚运送系统有限公司以及生产销售滑雪场魔毯的固安道沃机电有限公司等国内外知名的冰雪装备企业。作为本土企业，固安道沃机电有限公司现也已发展成为全球最大的魔毯产销企业，产品出口韩国、日本等多个国家，全世界7000家滑雪场中已有300多家采用了其产品①。依托区域已有优势，借助冬奥契机，瞄准滑雪装备制造业旺盛的需求趋势，河北省滑雪装备制造产业正加快布局，积极谋划建设滑雪运动装备产业园，通过积极引入高端滑雪装备制造项目，推进传统装备制造企业改造升级。

3. 滑雪赛事行业

滑雪场作为赛事承办的载体平台，举办赛事不仅仅能发挥场馆的效能，赛事的反哺作用通常能进一步提高雪场的知名度与影响力，为雪场带来大量的客流。从表4中可以看出，京津冀区域的赛事种类较为丰富，承办主体较为多元，从大型国际竞技赛事到省市群众比赛，从国际雪联、县体育局等官方组织到民间商业公司，参赛群体从成人到青少，参赛对象从滑雪精英到业余群众，充分体现京津冀区域滑雪赛事的综合性与包容性。河北省在2017～2018年雪季系列活动中，共计开展冰雪赛事活动217项，比上一个雪季多出63项②。其中国际级专业和业余冰雪赛事17项，如国际雪联自由式滑雪空中技巧世界杯赛、国际雪联单板U型场地技巧世界杯赛等；国家级专业和业余冰雪赛事29项，如单板滑雪坡面障碍技巧及大跳台全国锦标赛国家级高水平赛事③。此外还有一般性国际级赛事、国家级赛事、省级及地方性赛事等。借助场地优势，河北积极承办大型赛事，且赛事类型与参赛人群覆盖面较广，竞技业余、成人少年齐上阵，一方面为2022年冬奥赛事预热，另一方面通过滑雪赛事营造氛围助力"三亿人上冰雪"运动。与此同时，北京充分利用有限的资源和场馆条件，举办国际雪联单板滑雪比赛，以及一

---

① 《多措助推河北冰雪装备制造产业》，http：//baijiahao.baidu.com/s？id = 1601856092751998812&wfr = spider&for = pc

② 《河北开启"欢乐冰雪"模式，200多项活动必有一款适合你》，［2017 - 12 - 11］. http：//www.sohu.com/a/209856680_ 119586.

③ 《河北省大力推动冰雪运动和冰雪产业发展》，http：//baijiahao.baidu.com/s？id = 1586806956456968231&wfr = spider&for = pc

系列的大学生比赛、青少年比赛为冬奥热身，带动大众参与。由此可见，在冬奥会的带动下，大量国内外大中型滑雪赛事开始在京津冀区域落地生根，随着赛事数量的增加、质量的提升，赛事对场馆及城市的辐射作用也将随之增强，这为改善城市形象、提升滑雪目的地竞争力发挥了重大作用。

表4 2017~2018年雪季河北省举办部分赛事情况

赛事名称	官方/商业	举办地	参赛情况
2017~2018 国际雪联自由式滑雪空中技巧	国际雪联主办	长城岭滑雪场	12个参赛国的70名顶级选手前来参赛，中国队派出12名选手参赛
2017~2018 国际雪联自由式滑雪雪上技巧世界杯	国际雪联主办	太舞滑雪小镇	18支队伍共112名运动员参赛，中国队派出了9名运动员参赛
2017~2018 全国单板滑雪平行项目锦标赛暨国际雪联积分赛	国家体育总局冬季运动管理中心主办	长城岭滑雪场	来自黑龙江、河北、内蒙古等地的9支代表队共计68名选手
2018 京津冀第三届滑雪比赛	易县人民政府、保定市体育局主办	保定狼牙山滑雪场	京津冀地区的120多名滑雪选手
2017~2018 赛季全国单板滑雪平行回转锦标赛	国家体育总局冬季运动管理中心主办	长城岭滑雪场	来自黑龙江、河北、内蒙古等地的9支代表队共计60名大众选手参加了比赛
2018 第三届大众冰雪北京公开赛高山滑雪	北京市体育局主办	北京渔阳滑雪场	吸引了来自京津冀以及其他省份的近两百名选手
2018 奥迪杯首都高校大学生第十二届滑雪比赛	北京市大学生体育协会主办	万科石京龙滑雪场	参赛学校30余所、运动员300余人
2017~2018 年"万科杯"第四届全国大学生滑雪挑战赛暨第29届世界大学生(冬季)运动会选拔赛	中国大学生体育协会主办	石京龙滑雪场	共有来自华北地区21所高校的200余名大学生参赛
2018 河北省第十五届运动会青少年组高山滑雪比赛	河北省人民政府主办	长城岭滑雪场	石家庄市、张家口市、秦皇岛市、保定市、廊坊市5支代表队50余人参赛

赛事名称	官方/商业	举办地	参赛情况
2018北京市青少年高山滑雪赛	北京市体育局主办	石京龙滑雪场	男选手165名、女选手111名，成为迄今为止本市规模最大、参赛人数最多的青少年滑雪赛事。
2018中信国安杯青少年自由式滑雪挑战赛	国安体育主办	石京龙滑雪场	共计55名选手参与
2018首届全国中学生越野滑雪赛	北京斯科威尔体育文化有限公司主办	渔阳国际滑雪场	来自北京、新疆、河北等地多所中小学超过300名学生参加本次赛事

（四）企业战略、结构和竞争

产业竞争优势来源于企业竞争力，换言之，企业是产业竞争的基本载体，产业竞争力取决于企业竞争力，而企业竞争力主要来源于企业竞争优势，企业竞争优势的市场表现是理解企业竞争力的重要出发点。对此，本文结合波特"钻石模型"以及企业和产业之间的关系，从企业战略、企业机构以及企业之间的竞争三个方面来分析京津冀主要滑雪企业的竞争优势表现。

1. 企业战略

随着滑雪场之间竞争的加剧，各个雪场使出浑身解数，旨在通过不同方式和途径以提高市场占有率，在激烈的滑雪市场竞争中分得一杯羹。万龙滑雪场作为崇礼营业时间最早的雪场，依靠多样化雪道的设计以及高质量的服务，吸引了大批滑雪发烧友，其专业的场地设施建设及贴心的软性服务为其在崇礼滑雪大区的立足树立了良好的口碑。与万龙雪场定位不同，太舞滑雪场依靠浪漫的欧式小镇，主打家庭度假品牌，满足了当前大量人群对休闲度假的需求。冬季主打滑雪旅游，其他季节则利用闲置设施开展四季运营，突出度假主题，成为崇礼地区滑雪场四季运营的典范。同样，富龙作为大型滑雪场，其主打亲子度假，同时融入一系列的时尚元素，如不定期举办音乐节、灯光秀以及滑雪赛事等，这种别具一格的营销方式吸引了大量人群的参与。作为城市里的滑雪场，其东南侧为山体包围，形成天然的挡风屏障，为滑雪者创造了无风滑雪的温暖环境。作为重型资本投入的大型滑雪度假区，万龙、太舞、富龙均配套有地产销售。通过滑雪场运营来带动地产销售通常是这些重资产滑雪企业的市场战略之一。而作为城市周边的近郊雪场，北京地区的滑雪场主要为一日游的滑雪消费者提供去处，没有地产配套，仅仅依靠缆车票及餐饮住宿等配套的销售，通常较难实现大幅度盈利，往往以超低的价格赢得消费者的青睐。尽管价格战难以避免，然而近年来，北京近郊的雪场也在努力寻找新的市场定位，大部分雪场依靠精准的营销战略实现了收入大于支出的目标。

2. 企业结构

依托首都区位优势，环渤海地区群集了大量来自世界各地的人群，不同文化背景的人群集聚带来了多元化的现代理念。这一优势贯穿京津冀地区的滑雪企业。以崇礼为例，作为依托国际赛事快速崛起的冬奥小镇，滑雪场多为重型资本注入的民营企业，灵活的经营管理吸收了大量国外滑雪行业专家，其企业管理更趋现代化和国际化，且滑雪企业的结构较为完整有序，运营业态较为丰富多元。如太舞、云顶、万龙等几大雪场均按照现代企业管理模式设置了营销部、运营部、财务管理部、人力资源部、滑雪学校部等多个部门，其运营板块由缆车票销售逐渐延伸至雪具租赁、酒店、餐饮、滑雪学校、地产销售等多项业态，包括夏季开展的夏令营、户外拓展、山地自行车等多项活动，大型雪场逐渐发展成为集生态观光、避暑胜地、冰雪世界、休闲度假于一体的生态旅游休闲度假区。随着互联网、智能化、信息化技术的渗入，大型雪场的营销渠道呈现多元化，为以直销和代理为主、线上线下并重的方式。这些在冬奥会背景下新崛起的大型雪场改变了过去雪场单一的格局，多业态共存促发展成为时下滑雪企业运营的新形态。

同样，北京地区的雪场作为国内最早兴起的一批雪场，随着时代的发展，注入了大量的新鲜元素。如军都山滑雪场与德国的教育机构进行合作，利用场地为青少年提供深度营地教育和文化教育体验课程。随着市场需求的日益更新，北京部分滑雪场开始探索向旅游目的地升级的路径，尝试以冰雪小镇模式吸引更多酒店、餐饮、娱乐、酒吧以及运动品牌商加入，打造品牌商街，以提供高度匹配的市场供给①。

3. 同行竞争

京津冀地区作为中国滑雪大区的后起之秀，凭借 2022 年冬奥会赛事举办地的影响力已然成为世界瞩目的焦点。该区域依托北京地区庞大的滑雪消费人群以及强劲的滑雪消费能力，成为国内外各个滑雪大区竞相争夺的重要客群市场。当前，在国外滑雪市场发展速度放缓的情况下，中国滑雪市场逆流而上的态势吸引了国外滑雪企业的注意，欧美国家凭借自然条件优势和成熟的服务体系成功打开了与京津冀滑雪目的地合作的大门。如美国的 VAIL 滑雪集团，法国的三峡谷、葱仁谷，日本的志贺高原等滑雪目的地纷纷进驻中国，与京津冀区域一些雪场展开合作，并开展目的地营销推介活动，成功吸引了国内大批滑雪发烧友前往。现实表明，日本地区是当前最受国人喜欢的滑雪去处。除此之外，国内的老牌滑雪市场——黑龙江和吉林地区的大型滑雪目的地依托品牌优势分流了大量滑雪消费者。凭借优越的自然条件，北大壶及长白山天池滑雪场成为国内粉雪爱好者的天堂。面对国内外滑雪市场的不断发力，京津冀滑雪市场也在采取措施积极应对挑战。尽管雪场之间打价格战争夺客源成为市场竞争的常态，然而在消费需求升级这一大环境中，京津冀雪场开始转变发展思路，采取差异化发展战略来谋求市场占有率。如万龙和云顶实行强强联合，这种雪场联合的运营模式，堪称滑雪市场发展的里程碑事件，为未来我国滑雪市场由竞争走向合作树立了榜样。

（五）政府

1. 国家层面

随着 2022 年冬奥落户中国北京，中国滑雪市场呈现一片沸腾的迹象。为有效引导市场健康持续发展，政府部门紧锣密鼓地出台了多项政策。具体

---

① 《多措并举滑雪场探索四季经营》，http://www.bbtnews.com.cn/ 2018/0227/230854.shtml。

内容见表5。从表中罗列的内容可以看出，促进京津冀滑雪目的地的发展几乎是所有政策文件的关键布局和重点指向。京津冀区域滑雪市场作为驱动中国滑雪产业发展的一支重要力量，承担着推动区域经济发展的重要任务，是促进京津冀协同发展的有效突破口。因此，国家多个部门赋予其重大的历史使命。显然，由多个部门联合出台的政策文件，为京津冀滑雪大区未来发展指出了明确的发展方向，然而为京津冀滑雪目的地发展保驾护航的相关法律法规尚缺失，滑雪场建设以及滑雪装备制造等相关产业尚缺乏统一的标准。随着京津冀区域滑雪市场的不断发展壮大，雪场从业资质不齐、硬件不足、管理不到位、安全事故频发、服务低劣、秩序混乱等一系列问题不断凸显。监管缺位明显，法律规范亟须完善，生产标准亟待制定。为充分发挥京津冀滑雪产业的领头羊作用，政府应联动多个部门在税收、津贴、贷款、土地等多个方面实施政策倾斜与红利发放，为滑雪相关企业减轻成本负担，提供制度保障，创造发展环境，促使市场走向健康可持续发展。

表5 促进京津冀区域滑雪目的地发展的国家政策

时间	发文单位	文件名称	相关内容
2017.9	国家体育总局 国家发展改革委 国家旅游局	《京津冀健身休闲运动运动协同发展规划(2016~2025年)》	对以崇礼为核心区域的雪场进行扩建，建立崇礼冰雪户外运动休闲示范区，打造京张承冰雪运动休闲带示范区
2016.12	北京市体育局 河北省体育局 天津市体育局	《深入推进京津冀体育协同发展议定书》	京津冀打造冰雪健身等6条旅游休闲产业带
2016.11	国家体育总局、国家发展改革委、国家旅游局、教育部	《冰雪运动发展规划(2016~2025年)》	以筹办2022年冬奥会为契机，在京津冀地区建设综合性国际大型滑雪场馆
2016.12	国家体育总局、国家发展改革委、国家旅游局、工业和信息化部等7个部门	《全国冰雪场地设施建设规划(2016~2022年)》	以京津冀重点建设为引领，以东北地区稳步建设为基础，以西北华北为支撑，以南方地区合理建设为扩展

时间	发文单位	文件名称	相关内容
2016.11	国家体育总局、国家发展改革委、国家旅游局等23个部门	《群众冬季运动推广普及计划》	以京津冀为引领，以东三省提升发展为重要基础，发挥新疆、内蒙古的后发优势
2018.1	国家旅游局北京市旅游局天津市旅游局河北省旅游局	《京津冀旅游协同发展工作要点（2018~2020年）》	打造京津冀协同发展五大示范区知名品牌，如密云、延庆、承德、张家口共建京北生态冰雪旅游圈
2016.10	国务院	《国务院办公厅关于加快发展健身休闲产业的指导意见》	以举办2022年冬奥会为契机，结合京津冀协同发展战略，围绕"三亿人上冰雪"的目标，全面发展冰雪产业

注：表中资料均来自相关省市政府官网、旅游局官网、体育局官网等。

2. 地方层面

为进一步贯彻国务院及其他部门关于推进京津冀滑雪产业发展的一系列要求，北京、天津、河北三地积极融入政策制定与规划实施过程，根据地方实际情况，颁布相关文件，为共促京津冀区域滑雪市场发展贡献力量，详细内容见表6。从列表内容可以看到，自申奥成功之后，为积极响应国家号召，河北省及所辖各市联合多个部门制定规划，其发文数量居京津冀三地之首，且文件内容均剑指推动冰雪市场的发展，并将冰雪产业视为促进河北省经济发展的新增长极。对比之下，北京和天津两个直辖市颁布的相关政策文件数量则相对较少，这与地域区位有关。北京得益于巨大的消费市场和旺盛的消费需求，加之场馆规模和数量相比天津占据相当程度的优势，因此，纵然天津有着一定规模的滑雪需求，但是滑雪市场发展情况依然不可与北京相比拟。另外通过表6的内容可以看到，相比于北京、天津，河北颁布的政策文件，其内容更为细化具体，更具可执行性与操作性。三个地区应因地制宜做好顶层设计，科学制定规划，形成合力实现 1 + 1 + 1 > 3 的功效，为京津冀区域滑雪产业发展共筑基石。

表 6 促进京津冀滑雪目的地发展的地方政策

时间	发文单位	文件名称	相关内容
2016.03	北京市政府	《关于加快冰雪运动发展的意见（2016～2022 年）》	争取到 2020 年,参与冰雪运动的人数达到 500 万
2017.11	天津市体育局、天津市发展和改革委等 8 部门	《天津市冰雪运动发展规划（2016～2025 年）》	加强冰雪场地设施建设,满足公众对冰雪运动的需求
2017.07	河北省政府	《关于加快发展健身休闲产业的实施意见》	推动崇礼建设高标准滑雪场馆,鼓励有条件的县市建雪场
2017.07	河北省政府	《关于支持冰雪运动和冰雪产业发展的实施意见》	推动崇礼滑雪大区的形成,引导社会资金建设场馆
2016.12	河北省政府	《河北省体育产业发展"十三五"规划》	建设以张家口市崇礼区为核心的冰雪运动大区
2016.6	河北省体育局、河北省发改委	《河北省冬季运动发展规划（2015～2022 年）》	每个社区至少要建成一个高标准的滑雪项目场地
2018.3	河北省政府	《河北省冰雪运动发展规划（2018～2025）》	在京津冀建设一批承办大型滑雪赛事的场馆
2017.7	河北省政府	《关于进一步扩大旅游文化体育健康养老教育培训等领域消费的实施意见》	围绕京津居民养生健康养老需求,依托草原、冰雪等自然资源打造京津居民康养休闲首选地
2016.12	承德市政府、承德市体育局	《承德冰雪运动旅游产业区规划（2016～2025 年）》	利用冰雪资源,发展冰雪运动旅游,推进体育产业发展
2016.12	承德市政府	《承德休闲体育产业承德市体育局发展规划（2016～2025 年）》	实施"以冰为主、冰雪结合"战略
2016.5	张家口市政府	《张家口加快冰雪运动振兴发展的意见（2016～2022 年）》	将发展冰雪运动纳入地方社会经济发展总体和京津冀协同发展战略

注：表中资料均来自各省市政府官网、体育局官网等。

伴随冬奥之风阵阵拂吹,加之地方政策的科学引导,京津冀滑雪市场不断发展壮大并逐渐步入新的发展阶段。在这一时期,北京和河北以规范滑雪市场为己任,纷纷设立了不同的行业标准,具体内容见表7。北京分别为滑雪场运营管理、大众滑雪群体以及滑雪指导员几大主体设立地方行业标准,一方面通过规范雪场运营和滑雪指导员行为的方式树立行业典范,另一方面，通过为大众滑雪群体提供技能等级标准的方式帮助参与人群明确技能水平和进阶空间，避免盲目跟风。在这之前，河北也依据地方特点，设定了大众滑雪等级标准与场地安全管理规范，其《滑雪场安全防护网通用技术要求》的制定更是具有树立行业标杆的典范作用，在我国暂无雪场安全防护类和滑雪设施类统一国家标准的大背景下，这项省内标准堪称国内领先。地方标准的实施与推广不仅能规避滑雪市场发展的无序化，对于助推我国滑雪运动相关领域标准化体系框架的搭建也起到了良好的示范作用。随着地方行业标准的逐步确立，相关法律法规也应逐渐完善起来，充分发挥制度的保障作用，共同为京津冀滑雪市场的良性发展保驾护航。

表7　京津冀滑雪目的地发展的相关标准

时间	发文单位	文件名称	相关内容
2017.11	北京市体育局	《体育场所安全运营管理规范滑雪场所》	对魔毯、滑雪巡查、滑雪者佩戴头盔等方面做出了一定的要求
2018.1	北京市冬季运动管理中心	《北京市大众滑雪锻炼等级评定标准》	对成人和儿童、单板和双板均做出了明确的等级划分
2018.1	北京市滑雪协会、北京市冬季运动管理中心	《北京市滑雪指导员等级评定标准》	每个项目均细分为9个级别。共分为三个等级，由一至三等级逐级增加，项目则暂时定为双板和单板
2018.1	北京市滑雪协会、北京市冬季运动管理中心	《北京市滑雪场等级评定标准》	对不同规模大小的雪场提出了不同的标准和要求
2017.2	北京市滑雪协会、河北省体育局	《河北省大众滑雪等级标准》	大众滑雪标准由单板和双板组成
2017.8	河北省体育局	《滑雪场安全管理规范》	从场地、设施设备、制度、运营管理人员管理、应急管理等方面提出基本要求
2017.8	河北省质监局	《滑雪场安全防护网通用技术要求》	对滑雪场安全防护网设施的分类、要求试验方法、标志和使用说明进行了规范

（六）机遇

1. 2022年冬奥会成为京津冀区域滑雪目的地发展新引擎

从 1924 年夏木妮的第一届冬奥会延续至今，细数历届冬奥，因冬奥会对场馆与举办城市基础设施建设有着严格的要求，冬奥过后举办城市的冰雪产业通常经历着前所未有的发展与突破。以 1968 年法国格勒诺布尔冬奥会为例，政府大力投入经费加强基础设施建设，承担着修建公路和机场 80% 的成本，显而易见的是，这些举措加快了格勒诺布尔和周边雪场的现代化进程，为举办地滑雪市场的蓬勃发展注入了催化剂[1]。2014 年冬奥会促使索契从一个区域性的避暑胜地转变为一个全年型的世界度假胜地[2]。再看中国，自 2022 年冬奥会申办成功以来，作为承担冬奥雪上项目的北京延庆和崇礼发展速度飞快，从赛事场地的建设到基础设施的完善，整个京津冀地区一片火热。作为冬奥配套项目的京张铁路也将在 2019 年竣工，这条跨越 173.964 公里的铁路将大大缩短从北京到崇礼各个雪场的时间，耗时大约 50 分钟，在为崇礼输送大量滑雪消费者的同时，有利于加强城市之间的交流与互通有无。据统计，崇礼地区已建成 7 家大型滑雪场，且万龙、太舞、云顶均具备举办国际赛事的雪道。2015 年申冬奥成功后的首个雪季，前往崇礼的旅游人数超过 205 万人[3]。2016~2017 年雪季，崇礼接待滑雪人次为 267.6 万人次；2017~2018 年雪季，接待量为 274.4 万人次。场地规模建设的进一步扩大将带动更多滑雪爱好者的参与。

在 2022 年冬奥会背景下，作为东道主，京津冀政府部门从政策、经费、税收等不同维度出台方针政策，充分发挥宏观调控和规范布局的作用，为京津冀滑雪产业健康发展保驾护航。有了政府部门的引导与支持，京津冀地区

---

[1]　邱雪：《冬奥会与举办城市互动关系研究》，《中国体育科技》2018 年第 5 期，第 13~17 页。

[2]　易剑东、王道杰：《论北京 2022 年冬奥会的价值和意义》，《体育与科学》2016 年第 5 期，第 34~40 页。

[3]　刘瑞娟：《冬奥会对张家口地区发展的带动作用研究》，硕士学位论文，北京邮电大学，2018。

滑雪市场也呈现一片欣欣向荣之势，从滑雪培训、滑雪赛事到滑雪装备制造等衍生产业，均引来各路资本的摩拳擦掌。由此可见，京津冀作为2022年冬奥会举办区域势必成为冬奥会的直接受益者。筹办冬奥会与举办冬奥会的过程将助力提高城市影响力，同时，还将为城市滑雪市场发展注入新动力。

2. 京津冀一体化战略为京津冀区域滑雪目的地发展搭建新桥梁

根据《京津冀协同发展规划纲要》的要求，将形成"一核、双城、三轴、四区、多节点"的空间布局，并将在交通、环保、产业三大重点领域率先突破①。2014年7月，三地体育局局长签订《京津冀体育产业协同发展议定书》，旨在为京津冀区域体育产业的联动发展明确未来方向与提升路径②。科学的顶层设计，促使区域内资源实现有效整合，构建区域品牌有利于提高市场竞争力。基于京津冀三地滑雪产业发展不平衡的特点，京津冀一体化发展战略强调立足已有优势，实现不同区域间的差异化发展，为京津冀区域滑雪产业的规划布局指明了发展的道路③。依托京津冀协同发展与2022年冬奥会的双轮驱动，河北打造以崇礼为中心的大型滑雪赛事训练基地，北京发展大众滑雪运动与旅游，天津借助港口优势和制造业传统着力发展滑雪制造业，通过互补式发展，促使区域滑雪产业协同向前④。随着京津冀一体化战略的不断推进，区域间行政壁垒正逐步打破，立体化的交通网络基本形成，多领域合作成效明显，一系列的成就为京津冀区域滑雪产业的发展打开了新的大门，为推进冬季运动优势互补、协同发展提供了有利条件。三小时交通圈为区域内滑雪人群的往来提供了便捷的交通服务，区域间滑雪物流及信息的交流成本大大缩减，在京津冀一体化战略为区域滑雪产业发展搭建桥梁的同时，滑雪产业为京津冀协同发展提供了强大的新势能。滑雪产业作为第三产业，不似

① 贾姝敏：《京津冀交通一体化发展的现状与存在问题及对策》，《山西建筑》2018年第1期，第40~41页。

② 张剑峰、高绪秀、王怡雯等：《京津冀网球产业协同发展策略研究》，《山东体育学院学报》2016年第3期。

③ 许向前、马德、刘文仲：《冬奥背景下京津冀冰雪体育旅游协同发展可行性分析》，《当代体育科技》2018年第9期，第155~156页。

④ 袁一鸣：《北京市滑雪场滑雪教练员素质研究》，硕士学位论文，北京体育大学，2017。

工业受到重重限制，更容易打开三地的区域壁垒，成为协同发展的新引擎。以滑雪产业为突破口，是推进京津冀一体化、贯彻京津冀协同发展这一重大国家战略的题中之义和必然要求①。二者互为发展动力，共促区域经济的提升。

3. 国际滑雪市场下滑为京津冀滑雪目的地发展提供了历史良机

在世界范围内，几乎所有的传统成熟滑雪市场都在缓慢下滑，如欧美、日本等②。受婴儿潮和老龄化影响，全球滑雪人口及滑雪人次数量逐年平缓下降。多样化的娱乐产品以及活动在很大程度上吸引了新一代年轻人的注意力，在一定程度上使滑雪人口和人次增加受到影响。唯独中国滑雪市场近几年呈现逆势增长，加之2022年冬奥盛会的落地，参与滑雪运动的人次呈指数级增加。作为全球唯一尚未开发的"处女地"，国外滑雪场运营商、山区规划商、设备商等企业的注意力一一转移到中国。法国、奥地利、瑞士、美国、加拿大、新西兰等都想从庞大的中国滑雪市场中分得一杯羹③。京津冀是国际化融合程度较高的区域，随着冬奥进入北京时间，大量国外资本入驻中国滑雪领域。国外先进的场馆建设和运营理念、技术不断涌入京津冀各大雪场；久负盛名的滑雪设备、装备、器材等国际品牌逐步抢占区域市场，北京磁器口作为滑雪器材集中地，布满了世界各地的滑雪代理商品牌，日韩国家滑雪队纷纷涌入崇礼雪场开展日常训练。国外滑雪市场的低迷与中国滑雪市场强有力的发展后劲形成了鲜明的对比，吸引了大量国外的人才、技术、品牌等。京津冀区域作为引领中国滑雪产业发展的排头兵，面对低迷的国际滑雪市场，应紧抓2022冬奥契机，依托旺盛的消费需求、国外资源的流入及完善的基础设施建设，积极探求与国外的合作渠道，科学普及冰雪运动项目，大力发展冰雪健身休闲业、高水平竞赛表演业和冰雪旅游业，发挥京津冀滑雪产业的领头羊作用。

---

① 孙久文、张红梅：《京津冀一体化中的产业协同发展研究》，《河北工业大学学报》（社会科学版）2014年第3期，第1~7页。

② 李玉新、丁奕、李玉超：《我国滑雪场所的现状调查与分析》，《武汉体育学院学报》2006第11期，第44~47页。

③ 唐云松：《黑龙江省滑雪产业发展对策研究》，硕士学位论文，哈尔滨工程大学，2007。

四　小结

本文运用"钻石模型"对京津冀滑雪目的地展开定性分析。通过引用波特的"钻石模型"竞争优势理论，从生产要素，需求条件，相关支持性产业，企业战略、结构和竞争，政府以及机遇共六个方面对京津冀想目的地竞争力展开定性分析。通过对京津冀滑雪目的地的定性分析可以看出，第一，在生产要素方面，京津冀区域滑雪目的地在自然资源禀赋、气候等初级生产要素方面的条件不如黑龙江、吉林、新疆等地优越，相比之下，京津冀地区高级生产要素条件优势突出。特别是在2022年冬奥会的带动下，京津冀区域专业场馆建设和一般基础设施建设双管齐下，依托小气候优势在崇礼地区建立了一批高端大型滑雪度假区，与之相匹配的交通、通信、环保等基础设施也正在加紧完善。第二，在需求条件方面，京津冀滑雪市场的需求规模逐年增长，需求结构呈现多元化。第三，在相关支持性产业方面，京津冀滑雪旅游日益升温，成为冬季旅游的主要内容。依托大型场馆的优势，近年来，国内外大量赛事相继在京津冀区域落地，吸引了大量不同技能水平的滑雪爱好者。第四，在企业战略、结构和竞争方面，京津冀国际化水准较高的优势渗透至滑雪行业，为滑雪企业的发展注入了先进理念。尽管如此，作为滑雪行业的后起之秀，京津冀的同业竞争对手势力强盛。第五，在政府方面，京津冀区域作为冬奥赛事举办地，国家及地方政府为助力冬奥会及"三亿人上冰雪"，强力推出大量相关政策及相关标准，驱动行业发展。第六，在机遇方面，2022冬奥会、京津冀一体化以及国际市场的变化为京津冀区域滑雪目的地的发展带来了重大的发展机遇。由此可见，京津冀滑雪目的地竞争优势突出，劣势也较为显然。

B.6
跨界培养滑雪场四季运营
人才实证研究报告
——以职业教育为例

孙志民　吴志海*

摘　要： 从2015年北京申办冬奥会成功之后，冬季体育运动在中国快速推广和传播，滑雪运动在中国得到快速发展。本报告从滑雪场的专业技术人员用工角度出发，研究滑雪场四季运营过程中出现的专业技术工作人员问题，剖析问题关键所在，提出鲜明的观点，给出合理化建议。建议在职业教育中实际开拓探索，利用职业教育平台与滑雪企业对接，开办冰雪服务专业，校企合作共同培养"冰雪＋农业"复合型专业技术人才，专门为滑雪场提供四季运营配套服务人员，解决滑雪场人才短缺的问题。

关键词： 职业教育　校企合作　四季运营　跨界人才培养

一　滑雪专业人才短缺

在滑雪产业当中，人力资源是"第一资源"，是所有资源的重中之重。人力资源开发与管理最大限度地挖掘人力资源的发展潜能，以达到充分利用

---

* 孙志民，抚顺市农业特产学校讲师，主要研究方向为冰雪产业；吴志海，国家级教练，沈阳体育学院自由式滑雪空中技巧国家青年队教练员，研究方向为冰雪运动。

人力资源的目的①。虽然滑雪产业在中国得到快速发展，但是全国大多数滑雪场的工作人员从学历程度来讲，对比欧美、日韩等地的工作人员还是处于落后状态。国内滑雪场的专业技术工作人员学历文化程度普遍偏低，大专、本科以上文化程度极少。随着北京冬奥会影响力的提升、滑雪运动的推广和传播，滑雪场对高文化水平的专业技术人才的需求越来越迫切。因为，滑雪运动对比其他体育运动来讲，是比较危险的，只有滑雪场的专业技术工作人员懂得专业知识，才能降低滑雪爱好者的受伤概率。

随着滑雪产业在中国的快速发展，滑雪场的数目会逐步增加，以满足"三亿人上冰雪"的需求。滑雪场数目越来越多，短期内会产生一定利益，但是在春夏秋三季，很多滑雪场都停止营业。滑雪场在一年大部分时间里处于闲置状态，初级工作人员都外出打工，工作人员的岗位不固定，中层和高层工作人员也大多无事可做。这样不利于滑雪场的稳定长久发展，所以滑雪场的春夏秋三季经营，就显得尤为重要。能否在短时间内解决滑雪场专业技术人才短缺的状况，培养出为滑雪场四季运营工作的专业技术人才，已经成为滑雪产业能否健康发展的重要课题。北京卡宾集团与抚顺市农业特产学校（简称抚顺农校）从 2017 年开始经过两年的深入研究，校企合作共同建立"冰雪＋农业"的滑雪场专业技术人才培养模式，取得了实质性的成功。

二　相关概念定义的研究

（一）滑雪场四季运营的概念

滑雪场四季运营是近几年提出的。中国滑雪场的日益增多，使得滑雪场的运营压力逐渐增大，这样很多企业就想用四季运营来化解运营过程中的经

---

① 包健峰：《我国滑雪指导员人力资源开发与管理的研究》》，硕士学位论文，沈阳体育学院，2010。

营压力。在雪期短、春夏秋三季生意冷淡的时候，许多滑雪场都不断拓宽服务项目，从而解决滑雪场功能单一，使用率低的问题。不少雪场在春夏秋三季不断增加经营项目，形成四季度假游览胜地，吸引游客前来，改变一季养三季的现象①。

（二）职业教育的定义

职业教育界是一个百家争鸣的舞台，不同的学者从不同的视角阐述职业教育②。哲学家谢佛勒将定义分为描述性定义、规范性定义、纲领性定义三种类型，因而不同的教育学者从这三个方面提出了职业教育的定义，其中，规范性定义是比较符合当今职业教育特点的。职业教育的规范性定义是完成一个人在某特定岗位初始职业化所需的不可或缺的和独有的知识、技术、技能、程序、方法和认识的教育与活动，它包含能完成初始职业化的学校正规专业教育③。

（三）跨界人才培养的定义

跨界型职业人才是通过学校教育或是职业生涯转换具备两个及两个以上行业的专业知识，因而可以整合更多资源，胜任更多职业角色，拥有多重方向的职业发展机会的复合型人才。梳理当下复合专业的多种办学形式，进一步探讨跨学科专业的复合型人才培养机理与途径意义重大④。

当今国内滑雪场都在由单季运营向四季运营转型，在这个过程中，需要专业技术人员保证滑雪场正常运营。在短期内培养出滑雪场四季运营专业技术人员，就成为滑雪场长久发展的重点。职业教育拥有针对性强、培训周期

---

① 吴晓华、伊剑：《北京市滑雪场经营及发展趋势的研究》，《冰雪运动》2014 年第 6 期，第 74～77 页。

② 吴晓华、伊剑：《北京市滑雪场经营及发展趋势的研究》》，《冰雪运动》2014 年第 6 期，第 74～77 页。

③ 欧阳河：《试论职业教育的概念和内涵》，《教育与职业》2003 年第 1 期，第 24～26 页。

④ 陈泷、周明星：《后信息社会背景下跨界职业人才培养理路》》，《职教论坛》2016 年第 10 期，第 38～42 页。

短的特点，正好适用于培养滑雪场专业技术人员。室外滑雪场属于近郊山地综合性体育场所，滑雪场在春夏秋三季运营中，很多项目需要农业种植、养殖类方面的技术人员，滑雪场在冬季又需要冰雪技能方面的工作人员。那么，能否培养出"冰雪＋农业"的跨界型专业技术人才，就需要进行深入的探索研究。

三 国内滑雪场相关状况介绍

（一）国内滑雪场运营人才培养相关情况

2015 年 7 月 31 日中国申办 2022 年冬季奥运会的成功，全力助推中国滑雪场发展。但不容回避的是，中国滑雪场依然受制于设备、工作人员等因素，在发展过程中，出现高增长、高消费等问题。从现在到北京奥运会召开，滑雪场专业技术人员缺少的状况将一直存在，这样的状况不利于滑雪产业大众化的发展需求。

卡宾集团总裁伍斌率先提出了滑雪产业专业人才缺乏、高素质人才留不住、冬夏季运动人才失衡、冬季项目发展缓慢、冬季项目人才招聘难、福利问题造成冰雪后备人才储备不足的问题。主要有专业教练员、技术指导员、赛事管理人员、冰雪运动经营管理人员这种复合型人才缺乏，另外，对专业性要求极高的制冰师、压雪车司机、索道检修技师、雪道修整技师等都十分稀缺。

现在多数滑雪教练是滑雪场多年从基层培养起来的，但总体上他们面对顾客态度冷漠、敷衍了事。一些小的雪场服务人员配备不足，面对众多顾客需求手忙脚乱、应接不暇，甚至有的雪场看不到安全救护人员在雪场内巡视服务。

应围绕职业教育培养的目标构建以知识—素质—能力为特征的综合素质教育的课程体系，注重培养实践能力的工学交替人才培养模式，使学生能够胜任滑雪场的工作岗位。培养适应滑雪场的专业技术人员，在掌握系统的滑雪技术、滑雪装备及设备使用、滑雪场运营服务与管理等方面的基本知识和

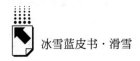
技能的基础上，具有一定的跨界专业能力、社会能力、方法能力等综合职业能力的技术人员，是滑雪场所需要的高素质技能型人才。

综上所述，卡宾滑雪集团伍斌等滑雪产业的专家普遍认为随着中国滑雪产业的快速发展，滑雪产业专业人才缺乏，各个院校的人才培养方案未能根据市场需求及时培养出符合滑雪场四季运营发展需求的专业技术人才。目前，滑雪产业缺少这几种人才：一是体育经营管理人才，二是复合型滑雪体育旅游人才，三是应用型专业技术人才。而通过专业技术人才培养，在滑雪场工作岗位上能够长久工作，经过3~5年的滑雪场专业技术工作，掌握一定的服务经验和管理经验后，慢慢走上管理岗位，是比较符合滑雪场实际需求的。只有按照滑雪场的实际需要去培养工作人员，才能让滑雪场长久运营起来，让整个滑雪产业步入正轨。

（二）四季运营的人才培养情况

四季运营模式源自欧美，核心理念在于突破固有的经营模式，开拓新的经营项目。由于全球变暖及滑雪期内降雪量和市场的不可预见性，四季运营模式已经成为发展趋势，在欧美形成了成熟且多样化的体系。由于欧美滑雪场在自然环境、客户群体、消费习惯等各方面与国内存在很大的差异，因此对欧美模式的生搬硬套并不可取，应进行本土化探索①。

吉林省旅游产业发展布局定位准确，将滑雪产业与农业观光、生态旅游、民俗旅游、城市观光等旅游模式串联成游览路线。通过"滑雪旅游+"，不仅可实现滑雪旅游目的地旅游资源的综合利用与优化配置，而且可以增加滑雪旅游产品内容，促进滑雪旅游目的地开展四季运营模式，成为综合性的旅游目的地。在滑雪场内，形成春季踏青，夏季赏花，秋季采摘，冬季滑雪的四季运营理念，可以为滑雪场提供"冰雪+农业"的四季运营模式。各个产业相互促进、相互发展，形成良性循环，符合中国多人口、少农地的现实国

---

① 李欣：《我国滑雪运动三大核心区域可持续发展研究》，《北京体育大学学报》2017年第10期，第9~16页。

情。加入观光农业将提高滑雪场的场地利用率，为滑雪场的四季运营创造更多的经济价值。

而"冰雪＋农业"的滑雪场四季运营理念，就需要更专业的两套技术人员为滑雪场服务。如果能将两套技能通过跨界人才培养的方式，融入滑雪场专业技术人才培养当中，无疑将大大减轻企业的用工压力，节约滑雪场用工成本。

"冰雪＋农业"的四季运营理念，在滑雪场运营中势在必行。滑雪场中的"冰雪＋农业"四季运营跨界人才培养，就属于跨越教育学与其他相关学科之间的人才培养，它遵循所有的跨界人才培养标准。

由此可见，中国滑雪场的未来发展方向，将是结合中国土地特色，在滑雪场开展四季运营，将农业项目引入滑雪场当中。"冰雪＋农业"将会深入滑雪场经营理念。春季踏青，夏季赏花，秋季采摘，冬季滑雪的运营才是真正意义上的四季运营，而实现这个过程，需要"冰雪＋农业"专业技术工作人员服务于滑雪场运营，滑雪场四季运营专业技术人员将供不应求。

综上所述，未来中国的大多数滑雪场将实现四季运营，四季运营服务管理和专业技术人才是支撑滑雪场长久发展的重要因素。通过职业教育的跨界人才培养形式，会在短时间内让滑雪场的工作人员掌握更多的专业知识技能。掌握更多的实用技能后，这样的人才能达到滑雪场四季运营的用工标准，从而实现滑雪场四季运营的正常运转、长久运营，实现中国滑雪产业的健康发展。

（三）创新点

跨界培养滑雪场四季运营人才是人才培养模式创新，现在国内对滑雪场专业技术人才培养还处于单一知识结构模式，不符合当前滑雪场四季运营的流行趋势。很多滑雪场从业者和求职者对于"冬季忙、三季闲"的生活现状极其困惑，应将职业教育跨界人才培养引进滑雪场专业技术人才培养当中，逐渐把滑雪场专业技术人员培养成具有四季工作技能的多技能人才，解

决滑雪场人员"三季闲"问题。以滑雪场的四季运营需求为依托，以人才缺乏供给为出发点，卡宾集团联合抚顺农校共同为滑雪场提供"冰雪＋农业"的专业技术人才，服务于滑雪场四季运营。

四 滑雪场冬季运营向四季运营转变的问题分析

在中国冰雪资源丰富地区滑雪场数目增多，当滑雪场数目达到一定程度，滑雪游客数量却没有相应上升，这样就形成互相竞争的局面，滑雪场的春夏秋经营，就尤为重要。过去滑雪场春夏秋三季时间处于闲置状态，初级技术工人如滑雪教练、魔毯缆车看护、雪具店的工作人员在春夏秋三季没有在滑雪场生存的工作技能，只能选择外出打工。很多工作人员在滑雪场企业工作时，一年四季的工资不能稳定，这是很多人不愿意从事滑雪产业的重要原因之一。工作人员掌握专业知识技能与未来滑雪场四季运营的结合程度，是滑雪场能否实现四季运营的关键。

现在很多大型滑雪场已经开办的春夏秋三季项目，很多是以山地自行车、游泳、登山、山地露营等户外活动形式开展的。但是从严格意义上讲，对于四季分明的滑雪场山地周围环境，这些户外活动只能算夏季运营。而在春秋两季，滑雪场很难保证接收到大量的游客，以至于很难在春夏秋三季都实现盈利。在连续的滑雪场跟踪调查中，有54.6%的被调查的滑雪场运营技术工作人员，在滑雪场冬季工作结束后，离开滑雪场从事与滑雪无关的工作。而这些滑雪场大多没有从事四季运营，在冬季运营结束后，为了节约经营成本，遣散很大一部分员工，而到了下一个冬季开始时，很多有工作经验的员工愿意到工资待遇更好更稳定的企业工作，放弃到滑雪场工作。这是滑雪场在用工需求上非常矛盾的问题。如果滑雪场建立四季运营模式，结合自身情况开办春夏秋冬都有用工需求的项目，而工作技术人员又正好具备四季运营所需要的工作技能，这样供求矛盾将得到解决。

只有参照国外滑雪场多年的四季运营经验，结合滑雪场处于城市近郊山地的环境条件，适时地开展山地观光、农业种植、农业养殖、农产品加工作为滑雪场春夏秋三季的补充，才能实现滑雪场全年 320 天以上的四季运营，才能实现滑雪场真正意义上的四季运营，为滑雪场工作人员提供全年的工作岗位，实现工作人员的长久稳定工作。

五　滑雪场现有专业技术人存在问题的分析

（一）滑雪场受专业技术人员缺少造成游客流失

在滑雪场岗位需求意向问卷调查中发现，无论滑雪场的大小，在滑雪场经营过程中，都出现了不同程度的运营技术工作人员短缺的现象（见表1）。甚至有的滑雪场工作技术人员短缺情况占到整个运营团队的 50% 以上。

表1　滑雪场专业技术人员缺少程度占比

单位：%

岗位	30% 及以下	40%	50% 及以上	不清楚
滑雪社会指导员	22.7	9.1	45.5	22.7
滑雪场技术工人	40.9	4.5	45.5	9.1

资料来源：抚顺农校滑雪场岗位需求意向调查问卷。

现在很多滑雪场的滑雪教练、巡逻队员、设备看护人员、设备维修人员、雪具店工作人员都处于缺岗状态，很多中小滑雪场的滑雪教练没有滑雪教练资格认证，有的滑雪场雇佣没有滑雪运动技能的人从事滑雪教练工作，仅仅经过两周的理论培训就草草上岗，占比达到 50%。有的不合格的滑雪教练教授错误滑雪知识技能，致使游客受伤。还有魔毯、缆车工作人员岗前培训次数较少，对看护魔毯、缆车责任心不够，使得游客在乘坐时发生危险。这些不专业的工作人员都会给滑雪场经营造成负面影响。

如果将现有工作十年以上的专业技术工作人员平均分配到全国各个滑雪场工作，不能满足一个滑雪场对于人员的需求，在某地区甚至要三四个雪场共用一个十年以上工作经验的专业技术人员。根据这几年中国滑雪场建设速度，未来滑雪场专业技术工作人员将供不应求。

从现在传统冰雪院校培养体制培养出来的冰雪专业技术人才人数来看，其很难满足滑雪场快速增长对于专业技术人才的需求。

（二）滑雪场的工作人员专业服务素质差

滑雪场的快速增长，使得滑雪场专业技术人才成为非常紧俏的工作人员。但中国大多数滑雪场的专业技术人才对比欧美国家的专业技术人才，在学历程度上来讲，还处于落后状态。滑雪场岗位信息问卷调查中发现，他们学历文化程度参差不齐，有75.4%的工作人员为高中以下学历，小学、初中文化程度普遍；24.6%的从业者为高中以上学历，高中、大专、本科以上文化程度极少。有专业技术岗位学习经历的人员更是少之又少，国内的职业教育专业目录里甚至找不到滑雪设备使用与维护专业，也没有相应的专业教材，比如压雪车、造雪机也没有相应的操作考核标准。所有的专业技术人员教学培训都依靠口口相传。随着北京冬奥会影响力的提升、滑雪运动的推广和传播，滑雪场对高文化水平的专业技术人才的需求越来越迫切。滑雪场的工作人员，必须懂得专业知识来运营场地和宣传推广，所以，解决滑雪场地中专业技术人才专业化问题，已经成为滑雪场能否健康发展的重要课题。

（三）滑雪场内的工作人员知识结构单一

根据滑雪场岗位信息调查研究，现有的滑雪场工作人员只在冬季到滑雪场工作，在滑雪场工作的技能也只会一种。工资不稳定，这是很多人不愿意从事滑雪行业的重要原因之一。

滑雪场岗位需求调查问卷统计分析显示，有超过68.2%的被调查的滑雪场工作人员认为，当自身拥有更多的从业技能后，工资将会有所提高。而与滑雪场四季运营项目相结合的工作技能，是未来滑雪场工作人员所必须掌握的。滑雪场工作人员如果掌握更多的滑雪场相关专业知识和技能，将会为企业省去很多运营成本。企业在节省运营成本的过程中，会千方百计想办法留住懂得四季运营的专业技术人才。这样的工作人员在掌握多样工作技能，特别是四季运营的技术后，将会被企业老板重用，相应的工资报酬也会有所提高。

六 跨界建设冰雪服务专业可行性分析

（一）职业教育的优势

习近平同志多次提出：中等职业教育是我国高等教育的重要组成部分，担负着培养数以亿计高素质劳动者和数以千万计的高技能专门人才的重要任务。同时也是我国经济社会发展的重要基础。大力发展职业教育，加快人力资源开发，是落实科教兴国战略和人才强国战略，推进我国走新型工业化道路、解决"三农"问题、促进就业再就业的重大举措；是全面提高国民素质，把我国巨大人口压力转化为人力资源优势，提升我国综合国力、构建和谐社会的重要途径；是贯彻党的教育方针，遵循教育规律，实现教育事业全面协调可持续发展的必然要求。

职业教育由于针对性强、培训周期短，在满足新工艺等生产需求方面，具有较强的实战性特征，是解决企业技工荒的重要手段，也为国家供给侧改革提供支撑，在培训下岗员工再就业方面发挥着重要作用。结合大众滑雪旅游业这个新兴朝阳产业，在全国中等职业教育院校还没有开设专门为滑雪场四季运营提供人才专业的情况下，北京卡宾集团与抚顺农校在2017年全国率先研究滑雪场四季运营人才培养模式，依据地理位置、学校特色等自身优势，创新发展建设冰雪服务专业，为滑雪场提供"冰雪＋农业"滑雪场四季运营专业技术人才，打造为滑雪场输送四季运营专业技术人才的规范化、广泛化平台，从而促进滑雪产业的健康发展。

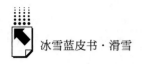
（二）深度校企合作，建立冰雪服务专业

　　校企合作是体现职业教育办学模式、教学模式、培养模式、评价模式的关键环节，更是把职业教育纳入经济社会发展和产业发展规划，促进职业教育规模、专业设置和经济社会发展需求相适应的重要途径。开展校企合作，实行工学结合，是职业教育和滑雪产业发展的必由之路①。在开办冰雪服务专业的过程中，卡宾集团与抚顺农校展开深度校企合作，开启了滑雪产业新的合作模式，双方利用各自领域的优势，为全国的滑雪场专业技术人才培养起到探索作用。

（三）冰雪服务专业课程介绍

　　冰雪服务专业课程是卡宾集团在滑雪场专业技术人才研究基础上，结合抚顺农校开展跨界人才培养优势，校企共同制定的符合辽宁滑雪场乃至全国大部分滑雪场对专业技术人才需求的专业课程。针对学生毕业后就业前景，设置多个"冰雪＋农业"就业方向，打造宽泛的"冰雪＋农业"滑雪场专业技术人才。

　　1. 冰雪服务专业建设原则

　　（1）专业：滑雪运动算是一项高危体育运动，所以，滑雪场内专业技术人员，不同于其他体育娱乐场所的技术人员，要求技术人员具有一定滑雪场专业知识。

　　（2）实践操作：抚顺农校的冰雪服务专业，培养的是懂得滑雪场专业知识、实践技术，结合卡宾集团一站式服务理念的滑雪场四季运营专业技术人才。所以，对学生的实践操作能力要求相当高，实践课程应该占据整个专业课程的50%以上。

　　（3）要培养有工作热情、有责任感、有洞察力、懂得滑雪场内专业知识的技术人才。

---

　　①　杨学富：《校企合作的生命力在于制度创新》，《当代职业教育》2011年第6期，第1页。

2. 人才培养目标

校企共同研究完善人才培养机制，使得冰雪服务专业的毕业生，具备中职学生应有的文化素质，掌握"冰雪＋农业"专业必备的理论与实践技能，在校期间掌握至少一项冰雪专业和农业专业相关职业技能，能够胜任滑雪场四季运营专业技术工作，是有综合专业知识的滑雪场技术人才。

3. 专业知识与技能

根据校企双方共同对滑雪场四季运营岗位需求的调查研究，结合抚顺农校自身涉农专业的优势，决定建设冰雪设备使用与维护专业、滑雪场旅游服务与管理专业，这两个专业是冰雪服务专业的分支专业。

根据冰雪设备使用与维护专业的素质要求，学生需要掌握以下专业知识技能（见表2）。

表2　冰雪设备使用与维护专业教学内容与目标

岗位	工作任务	工作内容	能力要求
滑雪教练	游客教学、安全管理	滑雪游客教学 滑雪场内安全管理 滑雪场内安全救护	单板、双板滑雪礼貌教学 能够看懂滑雪设备英语 工作热情、团结合作、有责任感、洞察力 简单救护伤员能力
滑雪场冰雪设备使用与维护	压雪机、造雪机、魔毯、缆车、雪地摩托、雪具维护与使用	压雪机使用与维护 造雪机使用与维护 魔毯看护与维护 缆车看护与维护 雪地摩托使用与维护 雪具维护	机械图样识读能力 冰雪设备装配与调试能力 按雪道要求与场地状况平整土地能力 特殊场地的平整能力 按雪道要求造雪能力 冰雪设备故障诊断能力 排除冰雪设备故障能力 压雪机、造雪机简单故障排除能力 冰雪设备维护能力 冰雪设备修理能力 春季山地田间农机播种能力

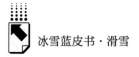

根据滑雪场旅游服务与管理专业素质要求，学生需要掌握以下专业知识技能（见表3）。

表3　滑雪场旅游服务与管理专业教学内容与目标

岗位	工作任务	工作内容	能力要求
滑雪 教练	游客教学、 安全管理	滑雪游客教学 滑雪场内安全管理 滑雪场内安全救援	单板、双板滑雪礼貌教学 滑雪场内英语口语接待国外游客 工作热情、团结合作、有责任感、洞察力
滑雪场养殖	滑雪场内动物养殖、防疫工作	养禽生产 养马生产 养狗生产 防疫工作	能够判定成鸡营养需要、提供良好饲养环境 合理分群、合理控制密度、科学控制公母比例 了解狗生理特点，合理饲喂 了解成马生理特点，合理饲喂 做好动物防疫工作
滑雪场种植园艺	滑雪场内植物种植、园艺工作	农作物生产 田间管理 设施的准备与维护 育苗 设施管理 作物防病防治	能按作物和耕地状况平整土地 能适时、适量、按适宜深度播种 能够检查中耕、松土、除草起垄培土质量 能正确选择建设园艺设施 能进行设施安装、使用、维修 能计算播种量 能适时、适量、适宜深度播种 能确定移栽方案 能检查中耕、松土、保墒等操作质量 能够识别主要病虫鼠害和天敌、防病防治
滑雪场销售	滑雪场的销售工作	前台票务工作 滑雪产品销售工作	计算机应用 市场营销与策略 电子商务

七　校企合作开展冰雪服务专业的实证研究

（一）实证内容

理论学习结束后，学生实习环节是必不可少的。提高学生实践操作能力，为以后的社会工作打下良好的基础。在卡宾集团的推荐下，抚顺农校选择了沈阳怪坡滑雪场作为冰雪服务专业学生的实习场所。滑雪场具体的工作内容项目较多，主要从冰雪服务专业的工作技术岗位中选出，在制定工作内容时注意以下几个方面。

（1）要本着适应滑雪场工作的指导思想。开设专业课程的主要目的是促进学生掌握滑雪场专业技能，因此，应该选择能够促进学生适应未来滑雪场专业技能的工作内容，为学生终身从事滑雪行业打下良好基础。

（2）选择的工作岗位要具有一定的科学性，选择的工作内容要符合中专学生能力。同时，要有滑雪场相应工作岗位经理带领进行实习，使他们在安全的情况下进行实习工作，应结合学校学习理论知识内容进行实习操作。

（3）选择的项目要符合目前场地设施情况。国内有些滑雪场的工作环境，怪坡滑雪场是不能够提供的，所以应该尽量符合怪坡滑雪场的实际情况，使学生得以很好地参与工作，也方便以后与雪场组进行能力测试对比。

（4）选择的滑雪场工作内容应该具有一定的启发和教育性，既使学生适应了工作，又培养了他们的思想品德、团队精神，从而提高他们的社会适应能力，同时还培养了学生的学习能力，使学生的积极性得到提高。

根据以上所要注意的四个方面，在怪坡滑雪场实习中，为冰雪服务专业学生选择了机械设备部、滑雪巡逻部、滑雪教学部、雪具维护部、前台服务部五个工作岗位的工作内容。

（二）实施步骤

在怪坡滑雪场实习过程中，冰雪服务专业班学生为实习组，雪场组为怪坡原有技术工人。本实习过程选取冰雪服务专业 30 名学生与怪坡滑雪场原有 30 名技术工人在机械设备部、滑雪巡逻部、滑雪教学部、雪具维护部、前台服务部五个部门工作。实习前后，主要对实习组和雪场组利用普通能力倾向成套测验量表和霍兰德职业倾向测验量表进行检验，并对实习组雪场组所有成员的职业能力和职业倾向兴趣进行测试分析。

1. 实习前测和实习后测

在实习前和实习后分别利用普通能力倾向成套测验量表和霍兰德职业倾向测验量表对实习对象进行实测，实测对象包括实习组和雪场组的滑雪场工作人员，在实习工作测试结束之后对测量的结果进行分析和比较。

2. 实习控制

冰雪服务专业实习组教师由抚顺农校老师担任，雪场组的领队分别由机械设备部、滑雪巡逻部、滑雪教学部、雪具维护部、前台服务部各部门经理担任。雪场组进行正常的日常工作，实习组和雪场组参加人数都是 30 人，工作环境条件基本相同。对工作前成绩和工作后成绩进行检验，不存在差异性。可见实习组的实验始终在同一水平上进行，在研究中把所有实习组归成一组，把所有雪场组归成一组，统一进行研究。采用实验的步骤和方法相同，工作步骤和方法见表 4。

表 4　实施的步骤与方法

教学部分	教学步骤与方法
部门经理讲解	部门经理宣布实施过程，但不回答学生的问题，要求学生认真听讲
实习组和雪场组	部门经理介绍工作的工作方法、工作注意事项 强调注意事项，如何保证自身安全和游客安全 提出完成此工作的时间范围

教学部分	教学步骤与方法
工作回顾与总结	使实习组和雪场组的过程进行回顾,进一步提高学生工作的体验 总结:在教师的引导下学生很好地总结工作所学到的知识,并能够把生活经验与工作进行联系,实现提高适应社会能力的目的

实习的步骤和方法基本如表4所述,只是根据滑雪场工作的特点,对每个部分在工作时间上进行不同大小的调整来保证工作质量。实习组与雪场组的实际工作强度是一致的,保证后期测试处于同一水平线上。

(三)实习过程结果与分析

1.学生的职业倾向结果与分析

霍兰德职业倾向测验量表的测量,即实验前的测量和实验后的测量。在实验前的测量中,实习组和雪场组在测试中工作能力和就业倾向无明显差异,说明实习组和雪场组是在同一水平上进行实验的。实验后测量结果见表5。

表5 实习组和对照组在试验后职业倾向状况的比较结果

六类倾向名称	实习组(30人)			雪场组(30人)		
	实验前	实验后	增长/下降率	实验前	实验后	增长/下降率
现实型	7人	9人	6.7% ↑	8人	10人	6.7% ↑
研究型	4人	1人	10% ↓	5人	2人	10% ↓
艺术型	3人	0人	10% ↓	3人	2人	3.3% ↓
社会型	4人	8人	13.3% ↑	3人	7人	13.3% ↑
企业型	4人	10人	20% ↑	1人	1人	0%
传统型	8人	2人	20% ↑	10人	8人	6.7% ↓

注:总人数=60人。

实习前后的统计数据表明,实习前,两组人员在测试时,无明显差异。被测试者都根据自身实际需要和性格特点,规划适合自己的工作。实习表明,两组人员都在现实型、社会型类倾向上出现一定的增长,证明未来滑雪

189

场需要的专业技术工作人员为现实型、社会型、企业型的工作人员，他们未来会受到滑雪场企业的追捧。

雪场组人员，在工作后无明显变化，可以看出雪场组人员没有经过冰雪服务专业的理论学习，雪场组人员很少能为自身打造良好的职业晋升规划，缺少社会价值体现。

实习组人员，在测试前后的对比中，现实型、社会型、企业型是处于增加状态，说明经历过理论与实践的职业教育学习之后，学生能够很快进入工作状态，能够更快适应工作环境。企业型工作人员，占全部实习组比20%，证明学生在得到工作认可后，希望能够更快的得到晋升，成为部门经理，得到更大的社会价值。这对冰雪服务专业为学生打造理想的滑雪场就业晋升通道有着重要意义。

2. 学生职业能力结果与分析

普通能力倾向成套测验量表是测量工作者工作能力的一种工具，是对许多职业群同时检查各自的不适合者的一种成套测验。这套测验在许多国家被广泛使用，倍受推崇。根据数理统计结果（见表6），可以找到实习组和雪场组适合的职业岗位。对应出部分职业所需的能力倾向及其等级，发现实习组对应的是动物、植物学的技术员，体育教练，商业经营管理者，驾驶员，机床操作工等工作岗位。雪场组相对误差较小，这和雪场组人员受到的职业教育有关，他们受教育程度偏低，所学知识较少，能够从事的工作也相对简单。

表6　实习组和雪场组在工作后的平均值比较结果

因子名称	实习组(30人)	雪场组(30人)	T	Sig
智能	2.58 ± 0.62	2.13 ± 0.07	-0.256	0.002
语言能力	2.42 ± 0.84	2.22 ± 0.04	-0.577	0.001
数理能力	2.53 ± 0.47	3.42 ± 0.08	-0.128	0.005
书写能力	4.53 ± 0.41	4.42 ± 0.11	-1.009	0.001
空间判断能力	2.22 ± 0.43	4.52 ± 0.12	-0.049	0.013
形状知觉	3.53 ± 0.62	3.42 ± 0.09	-1.027	0.001

因子名称	实习组(30 人)	雪场组(30 人)	T	Sig
运动协调	3.28 ± 0.46	4.57 ± 0.09	− 0.087	0.007
手指灵活度	3.74 ± 0.51	4.15 ± 0.06	− 0.273	0.002
组织能力	4.28 ± 0.44	3.33 ± 0.13	− 0.118	0.005

注：总人数 =60 人。值数据控制：1≤实验值≤5 为有效数值。数据来源：普通职业能力倾向测试量表测验。

表 6 显示，实习组的均分差异变化较大，跨度为 0.84 ~ 0.41，这是因为经过冰雪服务专业的学习，实习组展现出来能够从事多项滑雪场工作的能力，这与冰雪服务专业进行的跨界人才培养有一定的关系。

雪场组的均分差异较小，跨度为 0.13 ~ 0.04，这是因为雪场组以前的教育经历较少，而且比较单一，在测试当中，显示出比较少、比较单一的工作能力。而这样现有的工作能力，与未来滑雪场四季运营所需工作人员的能力素质要求距离很远。

3. 实习工作对滑雪场企业运营效果分析

冰雪服务专业学生实习工作从 2017 年 11 月 4 日开始到 2018 年 4 月 4 日结束，历经 6 个月。通过对怪坡滑雪场领导的访谈得知，30 名冰雪服务专业学生在 2017 ~ 2018 冬、春两个季度的实习工作中，实际为滑雪场企业节省 28.5 万元经营费用，真正达到了冰雪服务专业跨界培养"冰雪 + 农业"复合型滑雪场专业技术人才的目的。2018 年 7 月，冰雪服务专业的学生经过一年的理论与实践专业学习，修满全部学分顺利毕业，25 名学生进入云南和沈阳的滑雪场工作，1 名学生从事山地养殖工作，就业率为 87%，体现了冰雪服务专业的社会价值。

八 滑雪场四季运营专业技术人才培养的发展前景及意义

第一，通过职业教育进行跨界人才培养能够短时间内为滑雪场提供

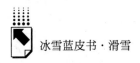

稳定的四季运营专业技术工作人员，从人力资源的角度看，能够使滑雪场逐渐摆脱滑雪场冬季忙、三季闲的困境，逐渐增加滑雪场工作人员的数量。

第二，冰雪服务专业的建立，定位于为滑雪场提供四季运营专业技术工作人员，培养现实型、社会型、企业型的技术工作人员，从而摆脱过去工作人员素质较低的历史，使得滑雪场趋于成熟化、专业化。可以提升工作人员的专业素质、责任感、洞察力，降低滑雪场内游客发生事故的概率。

第三，冰雪服务专业的跨界人才培养为滑雪场工作人员提供四季稳定工作，不仅可以增加工作人员的收入，而且减少滑雪场每年的工作人员培训工作，减少企业运营费用，达到企业与员工双赢的目的，促进"冰雪＋农业""冰雪＋"向更宽泛产业发展。

卡宾集团是全国第一家新三板上市的冰雪企业，多年来一直致力于打造滑雪场全产业链。滑雪场专业技术人才是产业链的重要一环，滑雪场专业技术人才的缺乏，是滑雪场发展的重要障碍之一。卡宾集团立足以人为本的理念（见图1），按照滑雪场、游客、工作人员三方共赢的思路，实施滑雪场四季运营方案。卡宾集团以与职业教育合作作为突破口，为滑雪专业技术人才培养中探索出一条新的跨界人才培养道路，为滑雪场的四季运营提供探索方向，为滑雪场打造一个全新的人才培养输送平台，缓解中国滑雪场专业技术工作人员紧缺的状况，减轻滑雪场工作人员的工作压力。让工作人员更加

滑雪场收益

| 在游客不多的情况下，只有利用土地回归农业大国本色。农业是实现320天四季运营的唯一途径 | | 单季型雪场工人向四季型转变，实现全年稳定就业 |

"冰雪＋农业"四季运营人才培养
实现全年稳定运营

图1 滑雪场运营途径

全面、更加专业地掌握滑雪场技能，能够在滑雪场一年四季都有稳定工作；降低滑雪场经营成本，为中国的滑雪场四季运营提供基础条件；促进全民参与冰雪运动，为滑雪产业的健康发展提供帮助，让滑雪运动能在中国健康推广起来；为习近平总书记提出的"三亿人上冰雪"宏大目标助力。

案 例 篇

Case Studies

B.7
成都西岭雪山滑雪场运营模式分析报告

寇德鑫 颜程 李潇*

摘　要： 西岭雪山作为中国南方滑雪场的典型代表，基于南北冰雪资源禀赋属性及客群结构定位差异，坚持遵循"冰雪体验＋景区运营"的发展战略。通过打造"春赏山花夏避暑，秋观红叶冬滑雪"的四季产品格局，2017 年西岭雪山接待客群 85.7 万人（冬季 52.7 万人），2018 年接待客群 100.3 万人（冬季 63.6 万人）。本文旨在通过剖析西岭的运营定位、客源结构、产品架构，探索南方中小型滑雪场中短期发展路径的可能性。

关键词： 南方滑雪场　四季运营　客群结构

---

* 寇德鑫，成都文化旅游发展股份有限公司总经理，主要研究方向为旅游战略布局；颜程，成都文化旅游发展股份有限公司西岭雪山运营分公司常务副总经理，主要研究方向为山地型景区四季运营；李潇，成都文化旅游发展股份有限公司西岭雪山运营分公司项目开发运营管理部负责人，主要研究方向为山地型景区的产品体系策划、具体运营。

一 西岭雪山滑雪场基本概况

四川省人口数量呈稳步上升趋势，人口基数大，同期全省GDP持续增长（2018年为4.06万亿元），人民的生活水平得到了很大的提高。西岭雪山滑雪场所处的成都市作为四川省会，稳居新一线城市前列。截至2018年，四川省滑雪场总数达到11家，另有多家旱雪场以及室内滑雪培训基地，并且出现了多家以滑雪运动为主的专业滑雪俱乐部。相较同区域的其他滑雪场，西岭雪山滑雪场雪道设施、服务配套更加齐备，配置车位4500个，具备日均接待2.5万人的能力，已经成为成都、四川乃至云贵渝冬季冰雪体验出游的重要目的地。

（一）景区简介

西岭雪山位于四川省成都市大邑县西部，地处四川盆地西部边缘山区。地理位置为东经约102°54′32″到103°17′20″，北纬约30°26′10″到30°49′55″。西南与雅安市芦山县相连，西北与阿坝州宝兴和汶川县交界，东北与崇州九龙沟相连，距成都市区90公里，面积约482.8平方公里，属于成都市域的面积约为375平方公里。区内最高峰为大雪塘（又名苗基岭），海拔5364米。

西岭雪山景区因诗圣杜甫的"窗含西岭千秋雪，门泊东吴万里船"而得名，现为世界自然遗产——大熊猫栖息地、国家森林公园、AAAA级旅游景区、国家级风景名胜区。景区可分为前山（茶地坪）和后山（滑雪场）两条游览线路：前山以传统步行观光游览原始森林、飞瀑流泉为主，约20个自然观景点；后山滑雪场片区以冰雪体验、山地运动、休闲度假、高山观景为核心业态。

滑雪场景区根据山形地貌、海拔高度、资源禀赋、土地属性设置为3个功能平台分区：第一平台为交通集散区，海拔1300米，地貌以峡谷、河滩、平地为主，提供停车、购票、换乘缆车功能；第二平台为运动休闲区，海拔 2200～2450 米，地貌为高山台地，面积约 7 平方公里，提供滑雪戏雪、运动休闲、康养度假等功能；第三平台为高山景观区，海拔 3200～3400 米，地貌以原始林区山脊为主，提供步行、观景（气象、地质、动植物）功能。

（二）雪场简介

西岭雪山滑雪场位于前述的第二平台功能区，年平均降雪厚度约为 80 厘米，雪季平均气温不低于零下 6℃。该功能片区群山环抱，四季基本无风，云层高度约为 2700～3000 米，无阳光直射，体感相对舒适。雪场共有 7 条雪道，现建成初级道 3 条、中级道 1 条、高级道 2 条、单板公园道 1 条，雪道总面积约 22 万平方米，总长度约 3500 米。现配置 24 台雪神品牌移动造雪机、39 支天冰雪枪、3 台凯斯鲍尔品牌压雪车（含 1 台公园车），以及 NORDICA、FISCHER、EALN 等知名品牌雪具 2500 套。提升设备包括 2 条吊椅缆车和 3 条魔毯，高低速分区合理，可同时容纳 2000 人滑雪，年接待滑雪人次 17 万～19 万。

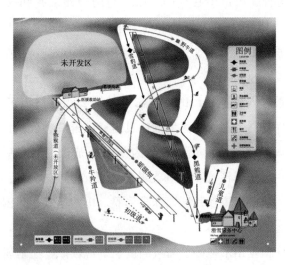

图1　西岭雪山滑雪场全景

雪场现为秦岭—淮河以南地区市场品牌较大、设施配套齐全的冰雪体验型度假区，并将逐步打造成为四季产品特征显著的综合性旅游目的地。2016年，雪场入选中国雪场Top30，获得第一届"金雪花奖"最受欢迎滑雪场奖。

雪场曾获世界自然遗产（大熊猫栖息地）、国家级重点风景名胜区、AAAA级景区、国家森林公园等称号，同时是全国青少年户外体育活动营地、国家体育旅游示范基地创建单位。

二　运营基本概述

（一）雪场规划建设

1. 配置

西岭滑雪场初建于1999年，在此之前西岭雪山前山区域作为观光型风景区已运营15年，建设初期以弥补景区淡旺季差距为主要定位，仅有2~3条初级雪道和少量拖牵，历经10余年经营亏损期。经历2008年"5.12"地震后，滑雪场通过3年灾后重建，投建新增连接第一平台至第二平台快速缆车、游客中心、停车场、酒店、造雪系统、滑雪道等基础服务设施，2011年至2015年进入年均增速超30%的快速发展期。2014年至2017年期间，组织实施了第三轮雪道规划投建（含部分高级道及单板地形公园），并改建了第二平台至第三平台的快速缆车，形成了目前的总体配置规模。

2. 定位

（1）总体定位

以为股东创造效益为宗旨，通过构建缆车运输、项目体验、酒店度假为主营业务的可持续发展盈利模式，形成产品丰富、投资可控、业态完整的四季运营全产业链。

（2）市场定位

以大成都1600万人口为核心基础客群，以雪场为中心300公里（车程

3 小时内）川内二级城市为增量，持续培育巩固重庆、贵州市场影响力，以长三角、珠三角作为主力省外客源地提升品牌影响力。

（3）产品定位

以冬季滑雪、冰雪体验为核心竞争力，配套形成四季可游的综合性度假体验产品格局。

近 3 年的财报反馈，西岭雪山滑雪场客流及营收的 65%～70% 集中在冬季，约 30% 在其他季节，同我们起初关于核心产品、投资配比、重视关注度的预期基本匹配。

（二）雪场配套建设

1. 硬件

表 1　西岭雪山硬件设施

序号	种类	规模
1	酒店	1、区域内共有酒店 7 家(三星级标准 4 家、客栈 1 家、四星级标准 1 家、五星级标准 1 家,)、床位 700 个,可容纳 1200 人同时用餐; 2、距离景区 25 公里花水湾温泉小镇包括酒店、客栈、农家乐,总计超过 50 家,可提供 1 万余个床位,为景区客群的主要食宿配套
2	滑雪服务中心	两层面积 4000 平方米,提供办理雪票、雪具租赁、休憩咨询等服务
3	内部交通	1、缆车:连接第一平台和第二平台配备 2 条交通缆车,总运力 2000 人/小时;连接第二平台和第三平台配备 1 条交通缆车,总运力 1200 人/小时; 2、交通车:第一段索道上站至滑雪场区间为 4 公里公路,以穿梭 BUS 转场摆渡; 3、另在第一平台至第二平台区间配置约 10 公里保障公路及 3.5 公里游步道作为应急通道
4	商业街	室内面积 2000 平方米,室外面积约 1500 平方米,提供简餐、小吃、购物等基本配套服务
5	其他	1、提供约 10 万平方米娱雪戏雪体验项目区; 2、集缆车站房、游客中心、咨询休憩为一体的配套功能建筑约 2 万平方米; 3、配套 3 万平方米造雪蓄水池(绿季为景观水体),蓄水量约 10 万立方米

2. 软件

（1）探索构建主营业务体系及核心盈利模式

依托前述西岭滑雪场 3 个平台的不同资源禀赋属性，通过分类定位 3 个平台功能分区和产品供给，分阶段构建了解决平台之间交通问题的缆车运输体系、以滑雪为拳头产品的四季体验性项目、提供短时度假体验服务的酒店配套三大主营业务结构，其中缆车运输、体验项目为核心盈利业务板块。

（2）品牌及市场

通过近 20 年的冰雪品牌运营，"南国冰雪节"已经成为西岭雪山标志性 IP 之一，以配套设施完善、地理优势明显、冰雪体验舒适、项目体验多样、品牌积淀深厚等突出优势成为最具代表性的南方冰雪旅游目的地之一。

在具体的市场营销开展过程中，探索总结了旅游定价（按季节及客群推行差异定价和成本导向定价两种方式）、营销渠道（以直接分销渠道为主）、旅游宣传（以网络营销、节庆营销为主）等具体营销落地策略，营销费用占比呈逐年降低趋势，近 3 年基本稳定在营业收入的 6% 以内，冬季客流总量稳定在 55 万 ~ 63 万人次。

现阶段西岭雪山的运营方成都文旅股份公司在历经 3 年新三板市场的锤炼后，已经启动 IPO 上市工作，计划 2019 年下半年呈交申报材料，如冲击申报成功，有望成为国内第一家以冰雪旅游为主营业务的上市公司。

（三）雪场产品打造

1. 体验项目类

表 2　2018 年西岭雪山山地休闲运动项目

序号	夏季项目	四季项目	雪季项目
1	滑草	溜索	滑雪
2	四轮滑草车	儿童乐园	雪上飞片
3	悠波球	儿童滑步车	冰上冲锋舟
4	山地自行车	全地形蜘蛛车	雪上飞碟
5	草地滑道	ATV	蛇形雪橇

续表

序号	夏季项目	四季项目	雪季项目
6		攀岩	雪地摩托
7		射箭	雪地漂移
8		弹跳飞人	雪地香蕉船
9		热气球	冰雕长城滑道
10		碰碰球	雪地嘉年华
11			狗拉雪橇

2. 组合产品类

表3 2018年西岭雪山组合产品项目

序号	产品主题	依托资源	产品周期
1	赏高山花卉	原生杜鹃、种植高山花卉	4~8月
2	避暑休闲	凉爽气温、环境生态	7~9月
3	森林康养	酒店及环境生态	5~10月
4	营地教育	酒店、非雪季项目及环境生态	6~8月
5	登高赏红叶	缆车、三平台及游步道	9~10月
6	赏"成都之巅"	缆车、三平台	全年
7	夜滑夜游	夜间滑雪、南方灯展	1~3月

（四）主题活动营销

表4 西岭雪山2018~2019年部分活动摘要

时间	活动
2018年1月13日	成都市第四届全民冰雪健身运动会
2018年2月	西岭滑雪邀请赛、夜滑灯光秀
2018年4月	西岭高山花卉节
2018年7月5日	西岭雪山消夏音乐避暑节
2018年7~8月	森林大课堂
2018年9月21日	森林文化节
2018年10月1日~7日	国庆大假0元游西岭
2018年12月20日	南国冰雪节开幕式

三　雪场 SWOT 分析

（一）优劣势分析

1. 优势

（1）区位优势

距离成都市区 90 公里，车程 2 小时。成都市超过 1600 万的人口基数带来的人口红利及潜力巨大。

（2）丰富的旅游资源

其一为自然资源，根据前述，后山滑雪场区域分布了三个高差显著的梯级平台，冬无严寒、基本无风，适宜南方人体验冰雪运动；夏无酷暑，约为 18～25℃，适宜避暑度假。兼具四季可观云海、日出、阴阳界的高山气象观，以及丰富的动植物资源、多样的地质风貌、充沛到爆表的负氧离子。其二为人文资源，杜甫绝句"窗含西岭千秋雪，门泊东吴万里船"既是绝佳的品牌宣传语，也赋予西岭雪山神秘的色彩和遐想。

（3）先发品牌积淀优势

西岭雪山滑雪场于 1999 年建成开放，四川地区多数滑雪者的滑雪启蒙地都是西岭雪山。通过约 20 年的建设运营，在四川及周边地区具有较高知名度和品牌影响力。

（4）企业属性优势

企业母公司为成都市最大的文旅平台公司，资源整合、品牌联手、产品组合高效便捷。国企背景提供投融资助力、区域关系较为协调、重长期重服务重口碑。

2. 劣势

（1）文化旅游产品缺乏

现阶段对西岭蕴藏的杜甫文化、熊猫文化、冰雪文化等的产品开发还停留在表层的观光游览和局部呈现，文化资源缺乏深层次加工，未能为企业创

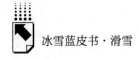

造有效价值。

（2）交通劣势

其一为外部交通，受山区自然客观条件所限，道路相对较窄，约20公里道路仅为两车道，冬季高峰期时常发生道路拥堵导致通行缓慢。其二为内部交通，由于雪场建在海拔2200米的中山区，滑雪者无法直达雪场，需携带雪具换乘上山缆车及穿梭BUS。由于冬季客流量大且集中，换乘上山缆车需较长时间等候，降低了客户满意度。

（3）发展瓶颈

受大熊猫国家公园、国家级风景名胜区在规划、建设、环保、林业等方面法律法规的客观限制，雪道及娱雪场地扩建、新增建筑物及设施手续流程繁杂，周期较长，短期内无法实现扩大规模的预期。

（4）市场认知劣势

其一，南方客群对于滑雪运动认知有限，以初次体验居多，客户黏性不高，客单消费相对偏低。其二，多年来在产品投入、市场营销方面偏重冬季，客户认知中认为西岭雪山仅是冬季可游，其他季节的市场发育、盈利能力相对滞后。

（5）队伍建设稍显滞后

职工多数为大专、高初中学历，整体素质及能力有待提高，年平均人员流动率为15%左右。涉及缆车、造雪、压雪、滑雪指导员类技术骨干，以及中层、基层管理岗相对稳定，但仍存在储备不足、内部流动性偏低、结构老化的风险。

（二）面临竞争及未来发展趋势

1. 各季节均面临严峻市场竞争

（1）冬季虽具有冰雪核心竞争产品优势，但四川省域范围已建成10余家雪场并且正在规划建设新的雪场，不可避免造成客群分流和同质化竞争。以重庆和贵州市场为例，4~5年前是西岭的主力省外客源市场，最高峰期间客流占比超过10%，由于近年其本地雪场的兴起，以上两个区域市场客流量直线下滑，总体下滑比例超过 5 成。

（2）其他季节竞争力处于相对弱势，包括赏花、避暑、观红叶等产品只具有一定特点。一是总体投入相对不高；二是市场对西岭的品牌认知偏重冬季，其他季影响力较小；三是缺乏核心市场号召产品，无论是客流总量还是营收体量，在全年的占比都较小。

2. 未来发展趋势

（1）务实推进 IPO 申报工作，并以资本市场的要求探索外部项目并购、拓展业务规模、增厚经营业绩的方式和路径。（2）以产品和营销"两转型"，以及服务"一升级"为核心工作抓手，推动产品从山地观光体验转型到综合休闲度假，构建形成媒体矩阵优化费效比。（3）冬季作为相对成熟品牌，不断夯实巩固并增强其客户黏性，其他季以"新景区"的定位及心态优化投资及产品体系以应对愈加激烈复杂的竞争态势。

四　消费者分析

（一）滑雪水平结构

季卡滑雪者占比为 2%，非季卡滑雪者占比为 3%，初次体验者占比为 95%；单季滑雪 5 次及以上者约为 2%，单季滑雪 3 次及以上者占比约为 6%；双板滑雪者占比约为 85%，单板滑雪者占比约为 15%。

（二）客源结构

1. 来源地

本地市场（大成都范围）65%，省内二级市场 20%，其他市场 15%。

2. 特征画像

总体描述为女性比例明显高于男性，事业有成群体是主力军。

（1）女性占 61%，男性占 39%。

（2）小于 18 岁占 14%，19 至 60 岁占 77%（19～30 岁占 29%，31

岁~45岁占38%，46岁~60岁占10%），61岁及以上占9%。

（3）家庭市场是最大的冰雪旅游市场，自驾客群是主流趋势：家庭客群比例超过65%，其中亲子客群占比约为50%，全家出游占比约为15%，自驾车方式占比超过75%。

3. 南方冰雪旅游以体验者居多，复游率偏低（约16%），戏雪体验人次超过滑雪体验人次

以2018年雪季为例，滑雪人次约为17万，占入园总数的28%；戏雪项目人次约为25万，客单消费约为44元。

4. 主流客群仍高度集中在假日期间

以2018年雪季为例，雪期85天，日均入园超过7000人，约65%的客群仍集中在节日及周末的约30天假期。

B.8
安泰雪业专业化雪场运营管理模式分析报告

刘 煜*

摘 要： 滑雪场是滑雪产业的龙头，也是中国冰雪产业发展的核心。然而，我国绝大多数滑雪场盈利情况并不乐观，一个重要原因在于，这些雪场普遍存在运营管理专业性欠缺的问题。本文以专业化雪场运营管理模式为切入口，研究专业化雪场运营管理的缘起，并以国内专业化雪场运营管理探路者安泰雪业，以及亚太地区专业化雪场管理先行者 Macearth 为例，对专业化雪场运营管理模式展开探讨。

关键词： 滑雪场运营管理 安泰雪业 Macearth

一 前言

2022 年北京冬奥会距正式开幕已不足千天，我国滑雪产业方兴未艾，形势渐好。与此同时，起步晚、发展短的我国滑雪产业也遇到了诸多困境。据《中国经济周刊》报道，我国滑雪产业目前整体上呈现出"外热内温"的状态。"外热"表现为国家意志、政策措施、市场需求、行业发展等一系列驱动因子大力推动，使得滑雪产业一跃成为我国体育产业领域的投资热土；而"内温"则表现为滑雪产业的发展并没有表面上看起来那么光鲜，

* 刘煜，体育学硕士，北京卡宾冰雪产业研究院研究员，主要研究方向为体育产业。

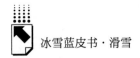
滑雪场作为滑雪产业的龙头，其盈利情况并不乐观，甚至我国不少滑雪场连基本的生存都难以维持①②。

究其原因，除了我国起步晚、发展短的基本国情对其有深层影响之外，我国滑雪场运营管理的专业性欠缺，也是造成当前盈利难困局的重要因素。亚洲体育产业协会副主席、北京体育大学管理学院副院长林显鹏教授曾在接受采访时表示，我国冰雪场馆存在运营管理水平普遍不高的客观事实，滑雪场多为小户经营，集中度较低，与国外滑雪产业相比，我国仍十分缺乏专业的雪场运营管理集团③。2015年北京联合张家口成功申办冬奥会以来，我国迎来了前所未有的雪场兴建热潮，这里面有真情实意助力滑雪产业发展的企业家，也不乏企图"快速淘金"的投机分子，他们都面临着一个共同的难题——受专业雪场运营管理模式欠缺、掌握雪场运营管理模式人才匮乏的掣肘，难以形成"自我供血"的长效运营机制。

事实上，无论是在中国，还是放眼全球，滑雪场都属于重资产，不仅需要投入大量资金，更需要专业化雪场运营管理的保驾护航，才能从"输血"走向"造血"。因此，本文将聚焦于专业化雪场运营管理模式，在探讨专业化雪场运营管理模式缘起的基础之上，对我国专业化运营管理模式的实践案例与域外专业化运营管理模式的实践案例进行分析。

二 专业化雪场运营管理模式的缘起

（一）专业化雪场运营管理是全球滑雪产业的共性趋势

二战之后，全球滑雪产业迎来蓬勃发展。法国、奥地利、美国等冰雪强

---

① 《雪场盈利难 卖惨还是真穷？"三亿人参与"愿景如何实现？》，http：//www.xinhuanet.com/fortune/2019-04/02/c_1210097360.htm.2019-06-05。
② 《万亿冰雪市场"外热内温"，"中国冰雪产业第一股"卡宾滑雪如何破局？》，http：//www.sohu.com/a/220926247_138481.2019-06-05。
③ 林显鹏：《解读冰雪产业发展 潜力无限道阻且长》，https：//new.qq.com/omn/20190519/20190519A0485V.html.2019-06-05。

国一时间新建、扩建了一大批滑雪场，满足滑雪运动快速普及带来的巨大市场需求。但随着需求市场逐渐成熟，增速明显放缓，存量趋于饱和，滑雪场为了生存与盈利，不得不加入激烈的存量竞争。这时候，欧美发达国家的滑雪场在建设规模、硬件设施设备这种"硬实力"方面已难分高下，以雪场运营管理为代表的"软实力"逐渐成为雪场之间新的博弈点，专业化雪场运营管理企业应运而生。

目前，全球专业化雪场运营管理行业已步入平台期。除偶有企业并购外（如 2017 年阿斯本滑雪公司联手 KSL 私募基金收购美国知名雪场运营管理企业 Intrawest），近几年整个行业少有大动静，"主要玩家"仍然是 CDA、Vail、SkiStar、PGI、Macearth 等专业化运营管理集团公司。这些集团公司创办时间均超过 10 年，经验丰富，运营着多数享誉全球的知名滑雪场，如法国三峡谷滑雪场、冬奥会举办地法国拉普拉捏滑雪场、美国范尔滑雪场、瑞典赛伦滑雪场、挪威特利希尔滑雪场、安道尔格兰德瓦利拉滑雪场、日本敦南兰德滑雪场等，并且依然在继续扩大集团规模和增加旗下雪场数量。

表1 全球知名专业化雪场运营管理企业信息

企业名称	总部所在地	成立时间/运营时长	运营雪场数量	代表性滑雪场
CDA	欧洲法国	1989 年/30 年	11 家	三峡谷滑雪场、拉普拉涅滑雪场
Vail	北美美国	1997 年/22 年	13 家	范尔滑雪场、惠斯勒滑雪场
SkiStar	欧洲瑞典	1975 年/44 年	6 家	赛伦滑雪场、特里希尔滑雪场
PGI	欧洲安道尔	1957 年/62 年	6 家	格兰德瓦利拉滑雪场
Macearth	亚洲日本	2008 年/11 年	26 家	敦南兰德滑雪场、高井富士滑雪场

注：根据互联网资料整理。

（二）专业化雪场运营管理是我国滑雪产业的时代需求

经过近几年的快速发展，尽管我国已有 25 座滑雪场的建设规模、硬件设施设备达到国际一流水平，但雪场运营管理专业性缺失、专业化雪场运营管理模式普遍欠成熟，依然是中国滑雪产业无法忽视的痛点。这个痛点，主要是我国滑雪产业所处的时代背景所致。一方面，我国滑雪场数量在短期内快速增加，但雪场运营管理人才匮乏。2015年北京携手张家口成功申奥后，我国冰雪热情被全面点燃，滑雪场如雨后春笋般接连落成，但是相关运营管理人才却供不应求，导致多数雪场运营管理欠成熟。另一方面，2015年之后滑雪场的投资有不少是跨界投资行为，投资人或投资机构初次接触滑雪场和滑雪产业，而滑雪场和滑雪产业又是十分注重专业性的领域，所以一大批滑雪场都存在运营管理专业性缺失现象。

在这样的特殊背景下，专业化雪场运营管理成为我国滑雪产业的时代需求，并且，这个时代需求的规模还比较庞大，其原因如下。第一，该需求是普遍的。对于专业化雪场运营管理的需求，不是个别雪场的需求，而是整个行业的普遍需求。第二，该需求还将增加。中国滑雪产业以及滑雪场数量，仍在快速发展和增长，并且跨界投资行为也在持续，因此整个行业对专业化雪场运营管理的需求将继续上浮。第三，专业人才严重欠缺。虽然高校已经开始培育雪场运营管理人才，但需求缺口较大，加上人才的专业性还有待实践检验，所以专注于雪场运营管理的专业人才在未来很长一段时间内，仍然会供不应求。

三　本土实践：国内专业化雪场运营管理企业探路者——安泰雪业（Anteaus）

（一）安泰雪业简介

安泰雪业企业管理有限公司（下文简称：安泰雪业）成立于2015年，是国内最早一批提供专业化雪场运营管理服务的企业，专业从事滑雪山地度假村、室内外滑雪场、冰雪体育公园的投资营运、委托管理、顾问指导。除此之外，安泰雪业的主营业务还包括滑雪学校建设与运营管理，以及雪场运营管理人才培养与输出（见表2）。

安泰雪业的理念是"让滑雪更美好"。安泰雪业核心管理层平均从业经验近 20 年，是国内最早一批探索专业化雪场运营管理的从业者，经验积淀颇为深厚。安泰雪业还与亚太地区雪场运营管理企业 Macearth 建立友好合作关系，并聘请《全球滑雪市场报告》撰写者劳伦特·凡奈特等国外知名滑雪产业专家、国内权威专家等组成权威专家顾问团队，为每个项目保驾护航。

表2　安泰雪业主营业务和业务实例

业务范畴	业务实例
雪场运营管理与经营策划	探路者嵩顶滑雪场、陕西太白鳌山滑雪场、亚布力滑雪场、李宁乌金山滑雪场、长白山红送往滑雪场、重庆南天湖滑雪场等
雪场运营管理顾问咨询	中冶承德滑雪场、长春天定山滑雪场、海昌大王山室内滑雪场等
滑雪学校建设与运营管理	陕西太白鳌山安泰国际滑雪学校、探路者嵩顶安泰国际滑雪学校、亚布力新西兰国际滑雪学校、北大壶滑雪学校、多乐新西兰滑雪学校、李宁安泰国际滑雪学校、南天湖国际滑雪学校、洹水湾安泰国际滑雪学校等
雪场运营管理专业人才培养与输出	2016 年滑雪场经营管理总裁班、2017 年滑雪从"0"到"1"、2017 年滑雪场经营管理实战班、2017 年滑雪场服务礼仪班、2017 滑雪场经营管理研修班等

（二）安泰雪业商业模式分析

目前，安泰雪业商业模式确定了四大板块，分别是雪场运营管理，与经营策划、雪场运营管理顾问咨询、滑雪学校建设与运营管理，以及雪场运营管理人才培养与输出（见图1）。

图1　安泰雪业商业模式

1. 雪场运营管理与经营策划

2022 北京冬奥会大力提振了我国滑雪产业的内生发展动力，众多资本亦纷纷入局试图分一杯羹，但滑雪场的创收并不像表面上那么光鲜，随着消费升级、需求升级不断深化，滑雪场创收越发需要专业化运营管理的支持。

基于滑雪产业对专业化雪场运营管理的需求，安泰雪业通过输出专业化雪场运营管理模式的方式，派出富有多个项目经历的高级管理团队按照"安泰雪业标准化管理模式"对滑雪场进行有效优化管理，根据项目基本背景（基本概况、目标市场、竞争环境等）给出总体定位与运营方案，健全组织架构，确定主要任务，并对年度经营成本与营收做出测算。

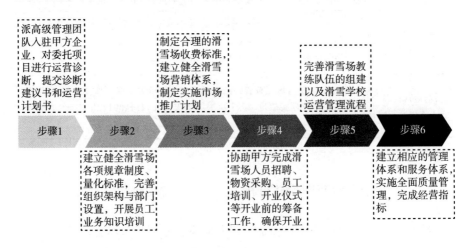

图2　安泰雪业滑雪场运营管理与经营策划流程

2. 雪场运营管理顾问咨询

当前，我国滑雪场对专业化雪场运营管理的需求具有多种多样的特点，既有前文提到的需要专业化雪场运营管理公司直接进驻项目参与运营管理，也有滑雪场业主自主运营，但需要借助外部专业力量协同推进。

基于此，安泰雪业为滑雪场业主方提供雪场运营管理顾问咨询服务，对项目进行运营诊断与问题审视，根据项目总体定位，找出运营方案中的不足之处，提出相应运营意见与建议，并为项目委托方提供国内外对标项目参考，全方位剖析对标项目的运营特色与亮点，汲取运营经验，最大化挖掘与发挥委托项目的潜力。

3. 滑雪学校建设与运营管理

距离 2022 北京冬奥正式开幕已不到 1000 天，大众冰雪热情继续升温，市场对滑雪教练的需求也水涨船高。然而，我国目前存在巨大的滑雪教练人才缺口，更令人担忧的是，市面上的滑雪教练教学水平参差不齐，无证上岗教学的情况依然普遍存在①。

为满足市场需求、提升我国滑雪教练的教学水平与教学质量，安泰雪业在全国范围内新建或帮建安泰滑雪学校，派出滑雪学校高级管理团队，以委托管理的方式，对项目方滑雪学校进行有效管理。借鉴美国阿斯本雪堆山滑雪学校等国际优秀滑雪学校的管理模式和实践经验，为中国的滑雪场培养优秀的滑雪指导员人才，提高滑雪客人的满意度，帮助雪场拔高品牌价值。

4. 雪场运营管理专业人才培养与输出

对于我国滑雪产业而言，充沛的专业人才是发展壮大的基本保障。但是，当前我国滑雪产业面专业人才大面积短缺，尤其是雪场运营管理方面的专业人才，更是稀少。

安泰雪业致力于长期推动滑雪产业发展，在雪场运营管理专业人才方面实施"双线作战"策略。一条线是委派高级管理团队入驻项目，根据甲方现状与特征，优化组织架构与职能部门，为项目已有管理团队与工作人员提供定制化专业培训服务。另一条线则是自身培养专业人才，持续给予团队人员项目实践经验，丰富项目履历，并逐渐输出至各个项目。

（三）安泰雪业服务策略分析

1. 透析雪场自然条件与建设条件，找出资源利用最优解

2022 北京冬奥会为我国滑雪产业提供了前所未有的良好发展环境，近

---

① 《万亿市场前景下滑雪教练人才缺口问题何解？》，http：//sports. sina. com. cn/others/winter/2017－11－29/doc－ifyphtze2372584. shtml。

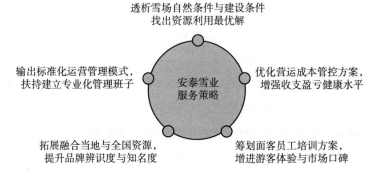

图3　安泰雪业服务策略

几年雪场数量越增越多、规模越建越大，但从全局来看，我国滑雪场的建设与发展仍然属于粗犷型。尤其是2015年成功申办冬奥会以前，我国多数滑雪场的建设规划考虑得并不周全，只是简单建一个雪坡，并没有把滑雪场周边的山地资源很好地利用与结合起来①。成功申办冬奥以后，各投资方逐渐加强了对雪场周边资源的重视，可在往哪方面利用、如何最大化利用等运营问题上仍然存在困扰。针对此情况，安泰雪业运用专业能力、丰富经验，帮助业主方透析雪场自然条件与建设条件，找出资源利用最优解。

2. 优化营运成本管控方案，提高收支盈亏健康水平

安泰雪业核心管理层项目经验极其丰富，经过对众多雪场运营管理项目的摸索与凝练，已初步形成以严格预算管理为核心的雪场营运成本管控方法论，根据项目总体定位、年度运营目标与现有成本情况给出专业化、合理化、适应化调整方案，动态调节雪场人力成本、配电成本、用水成本、营销成本等近20项运营成本的结构比重，针对性优化项目雪场营运成本管控方案。

3. 输出标准化运营管理模式，扶持建立专业化管理班子

通过不断发掘并整合项目实操中积累的经验和教训，安泰雪业已基本构建起"像麦当劳一样"的标准化运营管理模式，并能持续输出与动态拓展。

---

① 《国内冰雪资源开发粗放　投资商更青睐国外滑雪场》，http：//sports. sohu. com/20161221/n476491514. shtml。

目前，安泰雪业标准化运营管理模式主要在以下 5 个方面有所建树。第一，产品标准化；第二，流程管理化；第三，合约标准化；第四，培训标准化；第五，成果标准化。与此同时，安泰雪业还向项目输出掌握标准化运营管理模式的人才与团队，并扶持培养项目方团队朝专业化方向发展。

4. 拓展融合当地与全国资源，提升品牌辨识度与知名度

安泰雪业背靠我国"冰雪产业第一股"卡宾滑雪集团的集团资源，为项目委托方提供多维度、多层级、多元化的全国资源，保证项目委托方在产业博览会等国家级以及行业级推广平台上的"出镜率"与"曝光度"。此外，安泰雪业还与项目委托方当地营销资源、渠道资源等展开密切沟通，疏通品牌推广、产品营销等多重通道，提供品牌在各级市场上的活跃度。

5. 筹划面客员工培训方案，增进游客体验与市场口碑

对于我国滑雪产业而言，雪场面客服务体验欠佳一直为市场诟病，"一锤子买卖"也成为诸多滑雪场的负面标签。鉴于此，安泰雪业把面客服务提到雪场运营管理当中的突出位置，倡导"人人都是服务者、人人都是营销者"理念，从上至下提供面客服务培训，以此加强服务能力和营销能力。并且，在雪季来临之前的 7 月、8 月即筹划并实施 10 余项员工培训方案，提高全体员工尤其是面客团队的综合素质与专业服务能力，以此增进游客体验，获取市场口碑。

（四）安泰雪业专业化运营管理经典实例——探路者嵩顶滑雪场

1. 基本背景

探路者嵩顶滑雪场坐落于河南省巩义市嵩山北麓，滑雪场依山而建，毗邻少林寺，区内设有雪上运动区、原始森林公园、空中草原以及空中温泉别墅区等，项目规划总面积 8 平方公里，是集高山滑雪、度假休闲、专业培训于一体的综合性冰雪旅游项目。探路者嵩顶滑雪场拥有中原地区最丰富的雪道和娱雪设施，共建成儿童滑雪道、初级道、中级道、高级道、野雪道、单板公园等雪道 20 条，其中最长雪道长达 1.8 公里，最大落差 270 米。另外，还设有冰雪公园、雪上皮划艇、雪圈等娱雪项目，日接待能力达到 5000 人

次。针对不同需求的顾客，探路者嵩顶滑雪场提供丰富、全面的娱雪感受，充分让滑雪爱好者畅享高山滑雪的乐趣。面向家庭游客，滑雪场修建了极地广场、儿童戏雪区、雪地大冲浪、暴风雪儿童体验馆。面向单板滑雪爱好者，度假区特别开辟了大面积单板公园。

2. 双方合作概述

2018 年 10 月 18 日，"第二届中国国际冰雪产业大会"现场，上市公司探路者集团子公司河南省巩义市探路者滑雪度假有限公司（以下简称：探路者嵩顶滑雪场）与北京安泰雪业企业管理有限公司（以下简称：安泰雪业）双方领导就《合作运营管理探路者嵩顶滑雪场》举行了正式签约仪式。此次签约意味着中国两家冰雪运动优质企业将在中原地区强强合作，共同为广大滑雪爱好者带来滑雪运动休闲完美体验。安泰雪业将以运营管理服务商的角色提供多项专业运营管理技术支持，帮助探路者嵩顶滑雪场在接下来的多个雪季里实现服务升级、人次增加、运营优化等目标，充分利用探路者嵩顶滑雪场的优异山地资源与人文资源，把探路者嵩顶滑雪场打造成中部地区最具品牌影响力和最具代表性的冬季旅游度假胜地。

3. 运营管理成果

在双方的努力下，探路者嵩顶滑雪场自建成以来，在 2018～2019 年雪季首次实现了完整雪季的运营，并且在年度营收、市场知名度和美誉度、品牌塑造等诸多方面取得了一定成绩（见表 3）。经过一个完整雪季的运营，探路者集团对安泰雪业的专业能力表示了高度认可，双方达成一致意向，建立了更长期的合作关系。

表 3　2018～2019 年雪季探路者嵩顶滑雪场部分运营成果

	运营成果具体内容
年度营收	年度创收超目标预期 93% 年度接待人次超目标预期 67%
市场知名度和美誉度	微信服务号涨粉 14.26% 大众点评 APP 评分提升 31%
品牌塑造	受邀成为全国滑雪场联盟第一届理事成员单位 郑州周边十大旅游景点精选榜

四 域外镜鉴：亚太专业化雪场运营管理
企业先行者——Macearth

（一）Macearth 简介

Macearth 是来自日本的亚洲最大山区度假集团，其成立时间最早可追溯至 1961 年。Macearth 的业务范围主要是日本本土，主营业务有户外教育、雪场运营管理、酒店运营管理、户外度假区运营管理等，旗下员工达 408 人，运营 26 个滑雪场、18 个酒店×自然学校、3 家户外研学露营基地以及 4 所高尔夫球场（数据取自 2019 年 8 月）。

2008 年，Macearth 实施战略转型，开启滑雪场再生业务，在日本滑雪产业每况愈下、走下坡路的大背景下，以较低的价格收购了一批效益欠佳、或因各式各样原因已倒闭的滑雪场，并对这些滑雪场展开运营管理。目前，Macearth 运营管理的滑雪场遍布整个日本，任何游客都可以在不超过 3 个小时的车程内抵达 Macearth 旗下的某个雪场。

（二）Macearth 商业模式分析

经过多年发展，Macearth 已成为集团公司，包括滑雪场再生业务、酒店业务、自然学校业务、研学露营基地业务以及高尔夫球场再生业务等，但由于文章重点的关系，本文仅对滑雪场再生业务的商业模式进行阐述。

1. 收购雪场与自主运营

Macearth 旗下半数左右的雪场都是在日本滑雪产业衰落期以较低价格收购而来的，然后依据雪场的区位条件和山体条件等，给出新的运营管理规划，重新营运滑雪场，为市场提供服务，为自己创造收益。

2. 雪场运营管理与经营策划

Macearth 通过输出专业化雪场运营管理模式的方式，派出富有多个项目经历的高级管理团队按照标准化运营管理模式对滑雪场进行有效优化管理，根据项目基本背景（基本概况、目标市场、竞争环境等）给出总体定位与运营方案，健全组织架构，确定主要任务，并对年度经营成本与营收做出测算，从而为客户创造价值，为自己创造收益。

3. 雪场协助运营管理与顾问咨询

Macearth 协助运营管理与顾问咨询服务对项目进行运营诊断与问题审视，根据项目总体定位，找出运营方案中的不足之处，提出相应运营意见与建议，并为项目委托方提供国内外对标项目参考，全方位剖析对标项目的运营特色与亮点，汲取运营经验，最大化挖掘与发挥委托项目的潜力。以此为客户创造价值，为自己创造收益。

（三）Macearth 雪场运营业务的亮点

1. 提供多元运营管理方案

经过 10 余年的探索与发展，Macearth 提炼出三种运营管理方案，分别是自主运营、独立运营与协助运营。其中自主运营是出资收购雪场，掌握其所有权，将其收纳为集团资产，展开自主运营管理。独立运营是与业主方达成合作意向，在运营管理计划经过双方一致认同的前提下，享有独立运营权。协助运营是与业主方建立协作运营合作关系，以派驻管理人员或给出运营诊断等的方式与业主方共同完成雪场运营管理工作。多元运营管理方案让 Macearth 在寻求合作的过程中更具灵活性和变通性，有利于创造出更多合作可能，让与其有合作意向的企业、组织、机构能根据自身情况，做出与自身需求以及现行发展阶段相适应的判断。

2. 搭建雪场数字化环境

Macearth 内部已搭建起较为完善的数字化环境，并将其应用于雪场运营管理当中，通过雪场管理软件云端全程记录每个雪季发生的接待人次变化、创收变化等，而后进行详细对比。通常来说，数据上的变化反映出最直观的结果，Macearth 根据数据变化展开总结与反思。总结是采取了什么措施导致人次增长，是什么措施导致游客平均停留时间加长等；反思是什么原因导致人次增长不如预期等。

搭建雪场数字化环境，有利于 Macearth 实时跟踪市场动态，科学判断产品的受欢迎程度、是否能顺利完成经营指标等事项。

3. 坚持深化利基战略

日本滑雪产业发展至今，已步入稳定的平台期多年，各家雪场的客源也已经相对成熟稳定。在这样的市场环境与竞争环境下，"再生"滑雪场要找到并培养自己的目标客群十分具有挑战性。因此，Macearth 把"利基战略"贯彻到底——找出被市场忽略或者轻视的客户群体，对这个客户群体展开针对性营销。而要培养这部分客户群体，首先要解构市场，其次要细分市场，最后要抓取市场。譬如，Macearth 旗下某雪场周围中小学众多，但其他雪场并不重视学生群体，于是 Macearth 旗下雪场把学生群体作为利基市场，发起"人生中第一个滑雪学校"等营销活动，为附近学校的儿童青少年提供免费缆车票，激发孩子们的滑雪热情，进而带动家人参与滑雪。

4. 强化集团共享优势

Macearth 在 2008 年首次踏足滑雪场再生业务之后，不断加码投资收购雪场，目的就是成为亚太地区领先的大型滑雪山地度假集团，形成抱团效应，发挥集团优势。第一，集团优势让雪场联滑更为畅通。不同公司的雪场联滑设想常常因利益分配而产生分歧，同一集团公司的雪场要实现联滑则可以省去许多不必要的烦恼。第二，集团优势可大幅降低采购成本。雪场设施设备需要及时更新换代，以此升级服务，采购雪场硬件设施设备需要耗费大量资金，批量采购可享受折扣优惠。第三，集团优势构建集团品牌推广平台。集团公司可实施声量更大的品牌推广战略，惠及旗下所有雪场，加强推广强度、提升推广效率。第四，以集团优势留住行业顶尖人才。与单一雪场相比，集团公司能招揽更多行业顶尖人才，留住人才，为他们提供更大的平台。

B.9

魔法滑雪学院关于中国滑雪培训行业运营模式创新的实践与思考

——北京海淀温泉冰雪体育公园"全教学滑雪场"成果分享

张 岩 蒋英超 张国良*

摘 要： 北京进入冬奥周期，冬奥经济凸显，整个滑雪产业将迎来历史性机遇。其中的滑雪培训产业将对整个滑雪产业起到巨大的推动作用，像魔法滑雪学院这样独立的滑雪培训机构是整个滑雪培训产业中有代表性的企业，其发展对国内的滑雪培训机构有重要的启示作用。魔法滑雪学院是最早引进国外先进滑雪教学体系并且不断进行中国滑雪教学体系本土化工作的滑雪培训机构，首创的"全教学滑雪场"这种先进的运营模式，对滑雪培训机构的发展和雪场教学管理做出了探索。本报告对魔法滑雪学院的发展历程、不同发展阶段的里程碑节点及其对中国滑雪培训市场的思考等方面进行了阐述，同时分析了"全教学滑雪场"的实践成果，对中国滑雪培训产业有一定的借鉴意义。

关键词： 滑雪培训 模式创新 教学体系 全教学

---

* 张岩，魔法学院创始人，中国滑雪培训行业的推动者，致力于推动中国滑雪教学体系与国际接轨和中国大众滑雪的普及；蒋英超，魔法学院培训总监，从事滑雪培训行业23年，致力于国际滑雪教学与中国本土滑雪教学相结合；张国良，魔法学院CMO，主要研究方向为大众滑雪教学的推广普及及策略。

一　概述

魔法滑雪学院深耕滑雪培训行业 8 年，于 2014 年率先在国内引进国际先进滑雪教学体系，成为国内第一家美国滑雪教练协会 PSIA - AASI 官方认证的会员学校。

经过 8 年的努力，魔法滑雪学院规模已从 2014 年的 1 家滑雪学校扩大到国内外 9 家连锁滑雪学校、10 处全球冬令营营地、4 处室内滑雪训练基地，全校共有 300 余名国际化教练，已完成 5 个雪季国内外 10 大营地上百期冬令营近 9000 名学员和数十万人次散客滑雪教学服务。同时不断进行模式创新，开创"全教学、零鱼雷"模式和管理输出、合作经营滑雪学校模式，具有成熟完善的滑雪冬令营教学管理和模式创新经验。

魔法滑雪学院的实践为滑雪培训行业做出了贡献，先后协助国家及地方相关部门制定、编写中国滑雪教学体系，承办了中国冰雪大会冰雪知识大讲堂演讲活动、全国大众单双板滑雪 U 系列青少年比赛，以及北京市大众滑雪锻炼等级标准测试活动，组成世界滑雪大会官方代表等重大项目，不断推动中国滑雪培训行业快速发展和国际化。

魔法滑雪学院致力于滑雪培训行业的模式创新和管理成果输出，是国内滑雪培训行业的探路者，得到了众多平台的认可，获得了众多滑雪培训行业大奖，包括京津冀冰雪创业大赛一等奖、大众冰雪季儿童滑雪节特别贡献奖、优秀冰雪培训机构、冰雪进校园优秀贡献奖、冰雪盛典冬奥贡献奖、最受欢迎滑雪培训奖、杰出个人奖、优秀滑雪教练奖等众多奖项。创始人张岩被聘为黑龙江冰雪体育职业学院客座教授。

（一）魔法滑雪学院发展历程及里程碑

魔法滑雪学院以滑雪培训为切入点，依托公司先进的教学体系、成熟的营地和雪场管理经验，成功的雪场运营和合作模式，逐步进入快速业务扩张期。魔法滑雪学院的发展历程具体分为以下几个阶段。

1. 2011年至2014年，滑雪教学体系引进的前期摸索阶段

自 2011 年起，引进瑞士、澳大利亚、奥地利、法国、意大利等滑雪强国的滑雪教学培训体系，进行样本采集和实验对比，并根据中国现阶段国情、国人的滑雪运动基础和身体素质特征，甄选适合中国滑雪人群的最科学高效的教学体系。

2. 2014年，引进国际领先的滑雪教学体系

通过前三年的对比和实践，最终认为美国 PSIA - AASI 滑雪教学体系在滑雪运动基础薄弱、人种多样、身体素质不均的条件下最符合中国现阶段国情和大众身体素质，于当年在国内第一个引进国际先进滑雪教学体系。魔法滑雪学院的教练团队全部考取美国 PSIA - AASI 滑雪教练执照，成为国内第一家美国滑雪教练协会官方认证的会员学校。

3. 2015年，实现四季运营模式

魔法滑雪学院与魔法航海学院、魔法户外学院的业务板块打通了四季综合户外体育国际标准培训模式。自建的东戴河帆船基地初具规模，从 OP 儿童帆船、激光、DC12 成人竞速帆船到 DC22 中型龙骨帆船三十余艘，为客群提供了更丰富的产品线，还充分解决了当前行业一季运营导致成本过高的问题。这种先进的四季运营模式为国内户外体育培训培训机构指明了新的运营方向，为行业快速稳定发展起到了极大的助推作用。

4. 2016年，成为国内滑雪冬令营主导品牌

2016 年，魔法滑雪学院在国内 6 家雪场开设滑雪学校，魔法滑雪冬令营成为国内滑雪冬令营主导品牌。同时，在北京市中小学校中开展 40 余场"冰雪进校园"和"全民健身科学指导大讲堂"活动，进行大众滑雪的普及推广工作。

5. 2017年至今，教学体系本土化和运营管理模式输出阶段

魔法滑雪学院通过历年的实践总结和模式探索，不断将体系本土化、成果本土化，进行模式创新和运营管理模式输出，营地、基地和滑雪学校规模迅速扩张，同时承担多项地方、国家重大项目。2017 年，国家主席习近平视察魔法滑雪冬令营，给予充分肯定和期望。魔法滑雪学院成为国内滑雪培

训行业领军品牌，多次斩获冰雪行业奖项；同时协助北京市体育局编制《北京市大众滑雪锻炼等级标准》和《北京市滑雪指导员等级标准》，并在全市 11 家雪场进行滑雪等级测评活动，在全国雪场的大众滑雪等级评测活动中起到了标杆示范作用。

2018 年是魔法滑雪学院发展最具里程碑意义的一年，经过多年的经验积累和模式创新，承担国家集训队梯队选拔培训工作、协助举办全国 IP 赛事、自营雪具店打通"滑雪教学 + 线上商城 + 线下店铺"新销售模式等创新成果显著。

（1）魔法学院运营管理国内第一家"全教学、无鱼雷"安全雪场——海淀温泉冰雪体育公园滑雪场。在受施工影响运营时间只有上年 57% 的情况下，收入达到上年 2.4 倍，教学人次近四万人，无一起伤亡事故。受到国家各级体育部门和滑雪行业的高度肯定并向全国推广。

（2）魔法学院与富龙雪场合作"赫尔墨斯冰雪学院"，开始滑雪学校管理输出模式，第一雪季运营收入是上年同期 2.2 倍。在富龙雪场开设自营雪具店—93/4 倖站台，打开"滑雪教学 + 线上商城 + 线下店铺"新销售模式。

（3）魔法冰雪俱乐部成立，聘请高水平外教执教，培养国内青少年职业滑雪运动员。承担单、双板 U 池，坡面障碍 3 支国家集训队梯队选拔培训工作；先后选送 7 名教练成为国家队中方教练。开创在滑雪项目中由俱乐部培养业余青少年选手并与国家队梯队接轨的新模式。从此，魔法学院完成大众 – 专业 – 竞技三阶段滑雪培训体系构建。

（4）魔法学院旗下多巴胺体育，协助国家体育总局冬季运动管理中心、中国滑雪协会举办了全国大众单双板滑雪 U 系列青少年比赛，首次在青少年比赛加入单、双板自由式滑雪比赛项目。

2019 年，魔法营地、基地规模扩张速度加快，编撰完成具有中国自主知识产权的滑雪教学体系，极大地推动了中国滑雪教学体系国际化进程。

（1）魔法滑雪学院在国内 7 家、国外 2 家雪场开设滑雪学校，国内外八大滑雪冬令营基地陆续开营，营地、基地和滑雪学校规模达到历史之最。

（2）魔法滑雪学院聘请日本专家与学院十余位考取国际高级执照的教练组成国内最专业的培训师团队，编写具有中国自主知识产权的滑雪教学体系，为中国大众了解自身滑雪技术水平提供了更加精准的评估与定位，为滑雪指导员更有目的、更有针对性地教学提供一个有章可循的标准，也为滑雪场对滑雪者的滑雪水平进行量化评估和加强安全管理提供依据，有助于推动我国大众冰雪运动安全、健康、可持续发展。

（3）2019年3月17日，中国滑雪协会领导带队首次参加Interski世界滑雪大会并与世界滑雪教练协会主席Vittprio Caffi等人会晤，介绍中国近两年来推动"三亿人上冰雪"和选派高水平教练海外深造、编撰滑雪教学体系的情况，推动中国加入世界滑雪教练协会，打造滑雪强国。

（4）魔法滑雪学院北京天坛室内滑雪训练馆正式营业，提供市区内的滑雪训练、青少年滑雪体适能和格斗训练。

魔法学院每一历史进程对国内的户外体育培训机构和户外体育培训产业尤其是滑雪培训产业，都具有普遍的指导意义，值得借鉴和推广。

（二）魔法学院对中国滑雪培训市场的思考

发展至今，多层级的合作伙伴和滑雪受众的广泛接触让魔法滑雪学院对国内滑雪培训行业有了较深刻的认识和感知。魔法滑雪学院对中国滑雪培训市场的思考主要体现在以下四个方面。

1. 政策层面

2022年申奥成功开始，冬奥经济凸显，国家政策如《体育产业发展"十三五"规划》《竞技体育"十三五"规划》《关于加快发展健身休闲产业的指导意见》《群众冬季运动推广普及计划》等的密集出台，将极大地刺激中国滑雪人群的增长，极大地促进中国大众和竞技滑雪技术水平的提高，无论是雪场还是滑雪培训机构都应该把握好历史性机遇。

2. 雪场运营商层面

雪场（包含室外雪场和室内滑雪馆）是整个滑雪培训行业落地的关键，是硬件基础，是底层平台。滑雪培训对滑雪人群的留存和雪场周边经济如地产、住宿、餐饮、娱乐收入都有巨大的影响，因此对滑雪培训机构的引进或者自营都要格外重视，其不仅能够促进滑雪人群的引流、留存、提频，还能直接带动雪场自身的经济效益，更能为助力"三亿人上冰雪"，为冬奥做出积极的贡献。

3. 滑雪培训机构层面

目前国内滑雪市场面临着复滑率低、缺少黏性的痛点。滑雪培训机构对滑雪人群的留存有着直接的影响，目前国内滑雪培训机构普遍存在着滑雪教学体系混乱、本土化不成熟，指导员素质参差不齐、季节性强，人才队伍稳定性差的乱象，导致了滑雪教学水平不高，客户体验较差。魔法滑雪学院为行业提供了教科书式的实践经验和可复制的成果经验：应注重教学体系引进的科学化、本土化，运营的标准化，从根本上保障教学质量，提高客户的留存率，不断扩大滑雪人群基数，惠及更广泛的滑雪人群。

4. 消费者层面

未来几年，冬奥经济的刺激作用必然催生出体系先进、运营规范的滑雪培训机构进入市场。学习滑雪的便利性、经济性和安全性都会极大地提高，消费者可以充分享受滑雪培训产业升级带来的红利。选择一家教学质量优异的滑雪培训机构将会快速、安全地提升自己的滑雪技能，如同欧美发达国家一样，让滑雪走进生活，成为一种新的生活方式。

中国滑雪培训市场的增长需要多方共同参与、协同发展。大家应为中国滑雪消费者打造一个优良的软硬件学习娱乐平台，为中国的大众滑雪和竞技滑雪更上一层楼而共同努力。

二　北京海淀温泉冰雪体育公园 "全教学滑雪场"成果分享

为响应国家号召，落实北京市政府扩大青少年参与冰雪运动覆盖面，助力北京 2022 冬奥会，魔法学院受海淀区相关部门委托，全面运营管理在原金辉滑雪场基础上升级改造的海淀温泉冰雪体育公园滑雪场。

魔法学院在温泉冰雪体育公园雪场第一次提出"全教学、零鱼雷"安全滑雪场理念，严格按照客人滑雪评级使用雪道，杜绝新手冲撞危险。通过初级关卡教学公园，为全体雪场客人提供免费的滑雪教学服务。在游客安全滑雪、科学滑雪的同时，雪场收入达到上年同期2.4倍。这个雪场运营新模式被新华社专题报道后，得到了各级体育部门的高度认可和大面积推广。现将"全教学滑雪场"的运营模式、工作流程和标准等成果予以展示，以供业界参考。

图1　北京海淀温泉冰雪体育公园雪道分布

（一）"全教学、无鱼雷"安全滑雪场的定义

所有购买租板雪票的客人均会进入魔法初级教学场地公园，得到免费的教学指导（教学范围参照北京市大众滑雪技术等级1~5级）。

自带板滑雪者须参加免费的滑雪等级鉴定，根据技术等级评定结果在相对应的滑雪道滑行。禁止未经评定技术等级和等级不够的客人在超出实际水平的雪道滑行。

（二）"全教学滑雪场"的目的及意义

大众滑雪产业在中国发展已经二十载有余，但是滑雪人群数量增长缓慢，雪场冲撞事故频发。教学收费高、滑雪指导员教学服务水平较低是滑雪

图 2　北京海淀温泉冰雪体育公园乘坐魔毯须知

人群数量增长不快不多的主要原因，80% 以上参与滑雪运动的人群为体验式参与，没有转化为持续消费的滑雪人口。

由于缺乏必要的基础教学和安全教育，滑雪事故频发。在很多人的眼中，滑雪运动是危险的，这在很大程度上抑制了更多人参加滑雪运动的热情。

对整个产业来讲，滑雪教学作为整个产业链中重要的一环，其孵化和转化功能没有被重视，没有发挥其应有的作用，这点直接限制了滑雪产业链的整体健康可持续发展，包括滑雪装备和雪场设备的销售、住宿、餐饮、交通等。

以单个雪场来讲，其辐射的地域范围有限，如果范围中的人群参与滑雪却没有成为滑雪人口，其经营业绩可想而知会逐年下滑。

综上所述，应让更多人正确、安全地参与滑雪运动。得到基础培训是扭转滑雪产业发展方向的关键解决办法，在此意义上"全教学滑雪场"是大势所趋。

（三）"全教学滑雪场"的运营

全教学滑雪场运营的关键环节魔法初级教学场地公园的模式主要包括以下内容：客人雪票全部包含教学，不需要单独付费聘请教练；教练在固定关卡教授固定内容，客人持教学卡片按照顺序依次闯关。这种模式教学效果好，每完成一节课内容，客人可以换取对应的评级徽章证书，客户参与滑雪的成就感和兴趣大大提高。

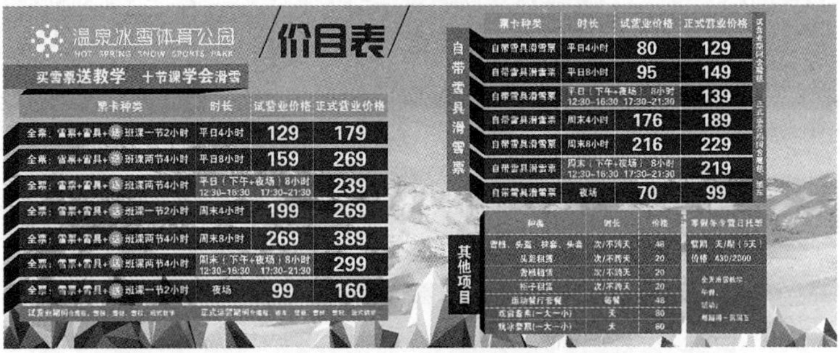

图3　北京海淀温泉冰雪体育公园费用

全教学模式滑雪场在原有含租板雪票价格的基础上增加了80~160元（4小时-全天）的打包教学费用，让所有客人都能够享受滑雪教学服务。在游客安全滑雪的同时，客人的滑雪体验好，复购率高达34%。

魔法初级教学场地公园的模式彻底颠覆了原有教练一对一全程跟随客人的教学工作模式。教练在固定关卡教授固定内容，客人依次在各个关卡之间流动，节约了教练每天1~2小时"谈导"时间和2~3小时陪同客人乘坐魔毯、缆车的无效时间，教练的工作效率提高200%。滑雪学校满编只需要50名教练，就能在周末客流高峰为2000名游客提供教学服务，在提高滑雪场收入的同时大大降低了滑雪学校的人员成本。

（四）"全教学滑雪场"教学与大众滑雪等级评定的配合

大众滑雪等级的出现旨在引导滑雪者正确参与滑雪运动，全面掌握滑雪运动的各种知识和技术动作，系统有目的地提高滑雪技术，从而更安全地参加滑雪运动。

将大众滑雪技术等级与"全教学滑雪场"模式相结合首先可以更好地保证滑雪者的安全；其次可以正确引导滑雪者的学习，提高对此项运动的黏

图 4　北京海淀温泉冰雪体育公园现场

 青柠鸢尾 Lv2
35分钟前

打分 ★★★★★

雪场地理位置不错，周末自驾过来一趟挺方便的。现在处于适营业期间，人不多，非常适合小白过来体验入门，这里有配备的教练教学，不明白的地方也可以随时提问，还做了滑雪评级的卡片，只有到了一定水准才可以去相应的滑道，可以说很专业了，也更安全一些。

 新店 温泉冰雪体育公园
★★★★☆　　　☆ 123
北京 海淀其它 滑雪

 Twins爸_4968 Lv2
4分钟前

打分 ★★★★★

今天，拿到了滑雪🎿评级。没办法啊，要不高级道上不了啊

个人感觉魔法学院入驻后，是距离北京市最近（之一吧，还有万龙八易）也最有情怀的雪场了！

买了雪票，就会有教练免费辅导，水平高了才能上更高级的道

雪场不是最大，但今天小姐姐教练很nice！

高级道不是最高，但不评级就是上不去！

滑雪是为了高兴，安全永远第一！！！

收起

图 5　北京海淀温泉冰雪体育公园线上平台评价

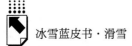

性，进而扩大滑雪人口的数量，使滑雪产业的发展在质与量上均有所突破。

专用的设置合理的教学场地和课程设置，更大程度上提高了滑雪的安全性。免费教学的模式降低了参与滑雪学习的门槛，使更多的人能够更好地参与滑雪运动，体验到滑雪的乐趣并转化为滑雪人口。结合大众滑雪等级的评定工作，我们可以最大限度减少雪场"鱼雷"的产生，避免冲撞事故。通过全教学滑雪场的运营模式，我们增加了滑雪人口，提高了雪场的收入，而滑雪人口基数的增大，人群学习兴趣的提高也会增加滑雪教学的收入。

另外，随着滑雪等级标准的普及，为了提高收入，滑雪指导员的自我提高也将成为自发自觉的行为，最终也将提高我国滑雪指导员的业务水平和职业态度，更好地促进滑雪产业的发展。

这种全教学创新模式，不仅可以惠及更多滑雪人群，而且对提高雪场的安全性和增强客群黏性有很大帮助，适用于国内雪场现阶段的发展需求，值得大面积推广。同时，魔法滑雪学院也愿意与同仁一同探讨，不断完善这种创新模式，为中国的滑雪培训行业发展尽应有之力。

B.10
中国滑雪移动社交平台

——以"SKI + 滑呗"为例

杜海军*

摘　要： 自2015年北京联合张家口成功申办2022年冬奥会后，一系列冰雪的利好政策陆续推出。产业的发展优化、利好的政策、人民需求的不断演变，以及经济的良好发展等也使得滑雪行业进入了一个新的发展时期。与此同时，中国互联网行业也快速发展，对于滑雪产业而言，互联网的加入使得滑雪行业有了新的发展特色和与发展方向。目前，我国滑雪移动社交平台处于一个新的发展时代，从萌芽期的几十个发展到现在仅剩下滑呗、goski等极少几个APP，不难看出这个行业的发展情况。本文以北京粉雪科技有限公司旗下产品"滑呗"APP为例，对滑雪行业做出初步探讨。

关键词： 滑雪APP　滑雪社交　滑雪轨迹记录　线上滑雪赛事　滑雪影像服务

一　"SKI +滑呗"简介

北京粉雪科技有限公司成立于2015年5月，是一家专注于冰雪行业的互联网体育智能科技公司。公司团队成员拥有多年滑雪行业、互联网行业、金融行业、云存储和大数据分析行业的从业经验。

---

* 杜海军（深度），北京粉雪科技创始人员CEO，主要从事滑雪用户、滑雪运动轨迹、滑雪运动影像服务等三个方面的数据分析及研究工作。

"滑呗"是粉雪科技旗下滑雪社交类 APP，是一款为滑雪爱好者提供基于地理位置的雪场交友和滑雪影像服务的应用，是国内领先的滑雪垂直领域移动社交、滑雪轨迹记录和滑雪影像服务平台，是为用户提供移动社交功能的平台；是为雪场、赛事活动、品牌等提供精准用户和信息展示、形象宣传、产品销售服务的优质平台。APP 已拓展线上赛事、线上教学、旅游攻略、线上商城、户外保险等多方面业务，得到了滑雪爱好者和雪场的喜爱，在过去 4 年里积累了超过 75 万的高黏性客户群。

目前，我国滑雪移动社交平台的发展呈现以下几个特点：一、发展历史短，仅有 6~7 年的发展时间；二、由于滑雪在我国属于小众群体的体育运动和规模较小的产业，因此发展规模和速度相对较弱；三、从最初的几十款滑雪移动社交产品到如今仅剩滑呗、goski、雪壳等极少数产品，不难看出滑雪移动社交平台的生存和发展相对更艰难；四、用户的增长规模和整体规模偏小。

下面就通过滑呗 APP 的数据来看一下现阶段其整体发展态势，希望在这里找到一些对于目前我国滑雪移动社交平台发展的启示。

二 用户

（一）全站用户总体数据

滑呗 APP 的数据反映出用户数量始终保持高速增长，其中 2016~2019 年三个雪季涨幅分别为 108%、42.84%、41.01%。整体的增速近两年有所减缓，但始终保持超过 40% 的高速增长，目前处于用户沉淀的增长阶段，而同期，国内新滑雪人群数量的增长也略有减缓。

2016~2017 年：涨幅 108%

2017~2018 年：涨幅 42.84%

2018~2019 年：涨幅 41.01%

（二）用户性别及雪板类型数据

1. 用户雪板类型总体数据

单板：男性单板用户占36%，女性单板用户占17%。

双板：男性双板用户占29%，女性双板用户占13%。

其他用户：约占5.1%。

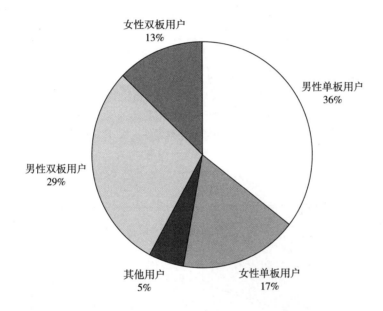

图1　全站用户雪板属性及性别交叉统计

从已采集的全站数据来看，在2017年时，单板用户数量已经超过双板用户数量，而目前单板用户占比已经超过一半，并且增速保持领先。依据性别和用户的板类属性，我们可以清晰地看到，无论是单板双板，滑呗用户整体呈现的特点均为男性用户数量大于女性用户数量。

2. 用户性别及比例总体数据

与其他平台所反映的数据不同，滑呗 APP 所反应出的男女用户的比例差距要远远大过其他平台，滑呗平台用户以男性为主，占全站用户数量的68%，而女性为32%。

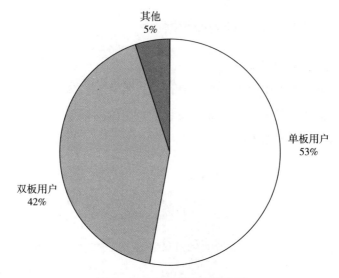

图2　用户雪板类型属性比例

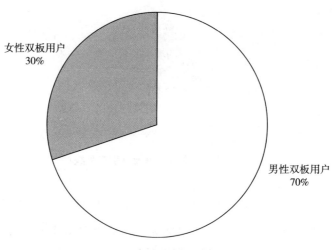

图3　双板用户性别比例

（三）2016～2019年数据对比分析

1. 2016～2017年用户详情统计

单板用户涨幅为474%。

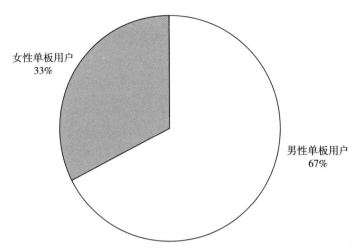

图 4　单板用户性别比例

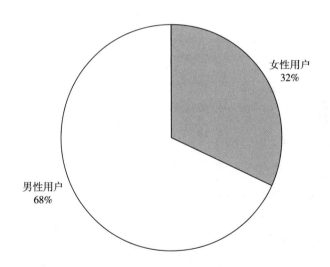

图 5　全站用户性别比例

双板用户涨幅为 392%。

男性单板用户涨幅为 474%。

女性单板用户涨幅为 469%。

男性双板用户涨幅为 351%。

女性双板用户涨幅为 554%。

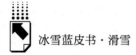
单板用户占比为 54.44%。

双板用户占比为 45.56%。

单双板用户比例首次超过双板。

2. 2017~2018年雪季雪季用户详情统计

单板用户涨幅为 72%。

双板用户涨幅为 74%。

男性单板用户涨幅为 68%。

女性单板用户涨幅为 82%。

男性双板用户涨幅为 68%。

女性双板用户涨幅为 90%。

单板用户占比为 54.2%。

双板用户占比为 45.81%。

3. 2018~2019年雪季雪季用户详情统计

单板用户涨幅为 64%。

双板用户涨幅为 54%。

男性单板用户涨幅为 61%。

女性单板用户涨幅为 69%。

男性双板用户涨幅为 51%。

女性双板用户涨幅为 61%。

单板用户占比为 55.67%。

双板用户占比为 44.33%。

（四）总结

截至目前滑呗 APP 注册用户超过 75 万名，连续几年保持高速增长。整体上，在 2017 年之后增长速度小幅收窄，但用户量不断增加。2017 年单板用户数量首次超过双板用户数量，且增长速度略高于双板用户，单板用户占比略高于双板用户约 10%。三年来，女性用户的增长速度始终高于男性用户的增长速度。

二 里程轨迹记录

轨迹记录功能一直是滑呗平台的核心功能之一，经过四年的反复测试，以及算法、数据信息的整合完善，这一功能已经成为一个非常稳定、精准、便利、强大的功能，深受广大用户和合作伙伴的喜爱。

（一）轨迹记录覆盖雪场

目前，轨迹记录的功能强大之处，可以从多方数据表现出来。在轨迹记录覆盖范围方面，从2017年覆盖全球410家雪场到2018年的800家，新增数量390家，增长率高达95.12%。截至目前，已覆盖亚洲、欧洲、北美洲、南美洲、大洋洲全球五大洲44个国家的1126家雪场，较2018年，增加326家，在数量上增长了40.75%。

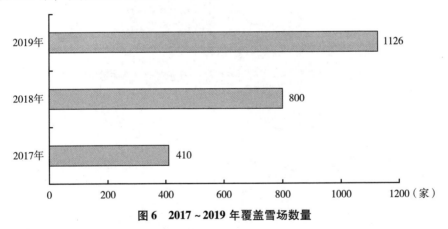

图6 2017～2019年覆盖雪场数量

1126家雪场中，国内雪场376家，占34.28%；国外雪场740家，占65.72%，数量和范围上以境外雪场为主。这说明滑呗用户的足迹遍布全球各地，越来越多户喜欢出境滑雪，前往不同国家体验不同氛围的滑雪文化。

在记录的里程上境内独大，占比为总里程的94.39%，而境外数据仅占5.61%。其实这种特点的产生，有这样几点原因：一方面滑呗APP仅有中文版，用户以国人或熟悉中国的华人为主；另一方面，近几年国民收入增加，境外游人数迅速增加，出境滑雪也成了国民境外游的新宠。在这两方面的影响下，滑呗 APP 境外雪场的记录数量也快速扩大，覆盖范围年年扩大。

表1　境内外轨迹覆盖雪场

地区	轨迹覆盖雪场(家)	占比为
境内	376	34.28%
境外	740	65.72%

从各大洲滑呗滑雪运动轨迹数据来看，欧洲以 303 家雪场 40.95% 的比重占据五大洲首位（不含中国数据）。

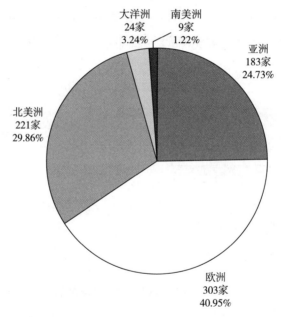

图7　滑呗滑雪运动轨迹数据覆盖各大洲雪场数量占比统计

说明：不含中国数据。

（二）轨迹记录里程

用户所记录产生的里程已从 2017 年的 337.554 万公里累积到 2019 年的 1397.71 万公里，增长超过 3 倍，人均记录里程超 60 公里。

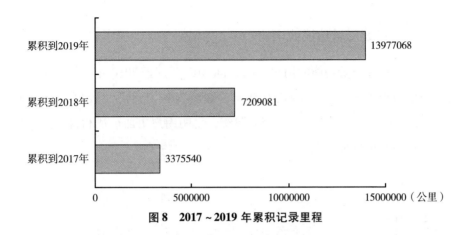

图 8　2017～2019 年累积记录里程

表 2　轨迹累计记录的里程

地区	记录里程（公里）	占比（%）
境内	13192447	94.39
境外	784621	5.61

从各大洲滑呗滑雪运动轨迹里程来看，亚洲以 407499 公里占据五大洲首位（不含中国数据）。

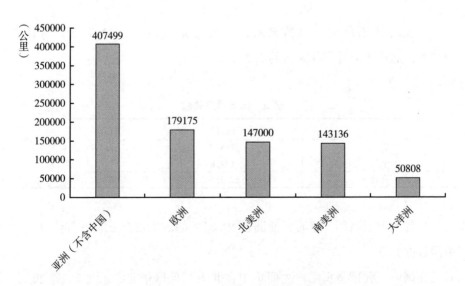

图 9　滑呗滑雪运动轨迹数据各大洲里程

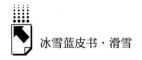

（三）轨迹记录功能使用用户

在使用轨迹记录功能的用户方面，自 2017 年起至 2018 年，使用该功能的用户增长至 143702 名，增长了 49%；截至 2019 年 8 月，较 2018 年又新增 85853 名轨迹记录用户，增长 59.74%，说明用户更加重视和喜爱这一功能，用户黏性也越来越强。

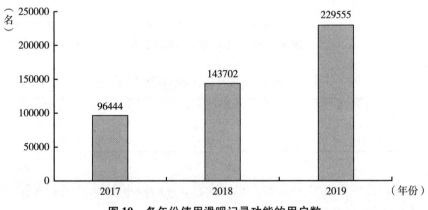

图 10　各年份使用滑呗记录功能的用户数

从境内外用户记录总数来看，境内记录人数达 211577 名，占比为 92.7%，远高于境外 17978 名的 7.83%。

表 3　记录用户总数

地区	记录人数（人）	占比
境内	211577	92.17%
境外	17978	7.83%
合计	229555	

从各大洲滑呗用户来看，亚洲以 59.84% 的占比占据五大洲首位（不含中国数据）。

在国内，我国滑雪用户主要集中在北方，且以华北和东北为主。此外，崇礼区作为北京冬奥会的核心赛场区域之一，靠近北京，客源优势突出。而

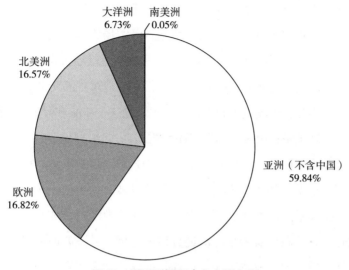

图 11　滑呗记录用户各大洲占比

东北作为我国传统的冰雪体验区，有着良好的自然资源和传统优势。因此记录轨迹的用户基数大的雪场也主要集中这两大地区，其中万龙、松花湖、云顶分列前三，北大壶、亚布力、太舞等分列第四至第六名。

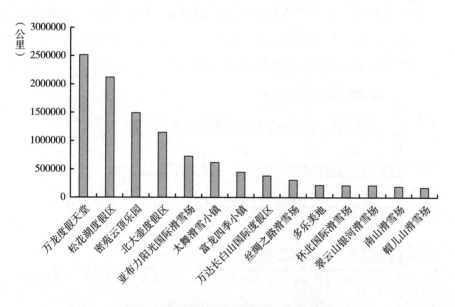

图 12　国内 Top15 雪场滑呗运动数排名

除此之外，滑呗平台的轨迹记录功能也逐渐成为雪场进行品牌营销和俱乐部举办活动的重要承载对象。以丝绸之路滑雪场为例，依据滑呗平台的轨迹记录功能，丝绸之路在 2018～2019 年雪季举办了三场大型活动：第一，雪场董事长李建宏先生通过这一功能记录滑行，创造里程新纪录进行个人生日的特别纪念；第二，雪场董事长李建宏先生通过这一功能进行 200 公里的新纪录挑战，并突破纪录；第三，丝绸之路滑雪场通过这一功能举办 24 小时滑雪狂欢节，公开召集用户和滑雪爱好者进行挑战，以换取季卡优惠及奖品奖励，同时还邀请中小学生加入，推动滑雪运动的发展，为雪友带来实惠，为雪场带来品牌传播效果。以万龙云顶通滑为例，其鼓励用户参加在滑呗上发布的通滑挑战赛，一方面针对云顶通滑进行精准宣传，另一方面鼓励用户享受云顶通滑的新乐趣。种种案例表明，这首先可以帮助雪场吸引更多客流；其次可以丰富雪场的活动内容，最后可以帮助雪场或品牌进行有效的传播。

三　俱乐部

截至 2019 年，全站收到 1468 家俱乐部申请注册，在滑呗上已被审核通过的注册俱乐部多达 1172 家，整体数量逐年增加，但是增速逐渐降低。

1172 家俱乐部覆盖国内城市 126 个，地区 29 个，含 20 个省、4 个直辖

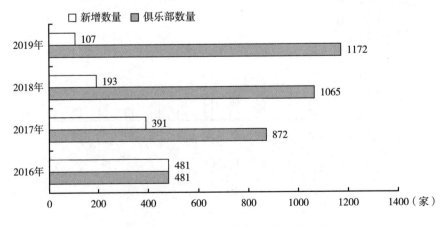

图 13　2016～2019 年滑呗注册俱乐部数据统计

市、4个自治区及海外地区，其中海外地区共有13家俱乐部。

1172个俱乐部分布在全国126个城市，其中北京是唯一一个突破300家俱乐部数量的地区，居第一；辽宁、黑龙江分列第二、第三。俱乐部主要集中在北方地区，而上海和广东两地是仅有的排名位居前十的南方省份，也说明俱乐部的发展还是以北方为基础，逐渐向南方发展。

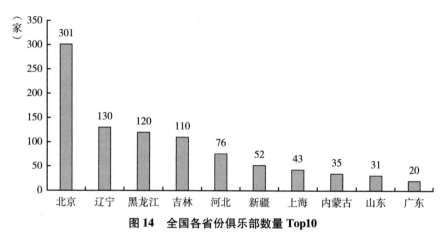

图14　全国各省份俱乐部数量Top10

在126个城市中，除张家口为冬奥赛区城市、吉林为传统冰雪城市之外，其余城市均为直辖市、各省区的省会（首府），或国家重点节点城市。但除北京之外，其余城市的俱乐部数量普遍较少。

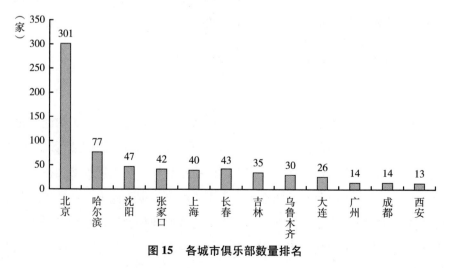

图15　各城市俱乐部数量排名

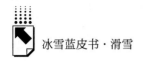

四　线上赛事

以滑呗 APP 的轨迹记录功能为核心，结合线下实体滑雪场景，利用互联网的优势，开展线上线下一体化的新型滑雪赛事。滑呗线上赛个人和团队两种形式并存，以轨迹记录的里程参数为比赛成绩的核心依据，目前是全球最大的线上滑雪赛事，已经成功举办了三届，累计超过百万人次参与，创造了近 1000 万公里的滑行里程。滑呗线上赛与常规竞技滑雪赛事或趣味滑雪赛事不同，呈现以下几大特点和优势。

①不追求也不比拼滑雪技术的高低，降低技术难度；

②不区分雪板类型，单双皆宜；

③不设置年龄分组，老少皆宜；

④不设定固定场地，只要在室外雪场，即可记录；

⑤没有报名费用，滑雪同时开启记录，即刻参与；

⑥赛事可永久留存个人滑行数据，随时记录，随时查看；

⑦赛事门槛低，难度容易，参与方式简单；

⑧已发展成个人挑战赛及团队大奖赛两种模式；

⑨以滑行里程为核心，涵盖落差、趟数、天数、记录次数等数据元素。多元化标准的赛事，更有趣味性，更有数据性，真实可靠，公平公正。

（一）个人挑战赛

1. 介绍

依据两年的赛事运营的经验，第三年滑呗将个人赛事进行了功能优化和规则调整。第三届与前两届个人赛方式不同，第三届采用独立运营的方式，结合轨迹记录功能的数据元素设定不同的挑战目标，吸引用户参加挑战，激励用户完成赛事，更具有趣味性，且赛事难度可根据不同方向和性质以及不同的群体目标进行设定。而前两届赛事均与大奖赛捆绑，以滑行里程为唯一标准，参与方式更直接，形式较为单一。

2. 第三届滑呗个人挑战赛数据

举办场次：26 场。

参与人数：11775 人。

赛事挑战元素：里程、时间、趟数、落差等。

最终完成挑战人数及完成率：5287 人，完成率 44.9%。

获奖人数：491 人。

累计投入现金奖金：13396 元。

累计投入奖品市场价值：约 24 万元（更换成奖品名称，可以增加合作品牌）。

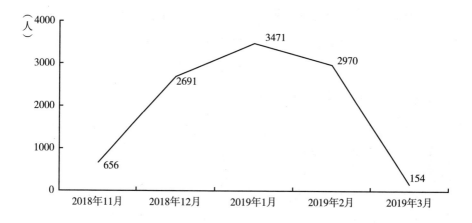

图 16　2018～2019 年雪季个人挑战赛参赛人数变化情况

挑战赛的热度趋势与全国各地区雪场的运营时间有关，12 月全国雪场基本全部开放，而 11 月以东北和崇礼地区雪场为主，因此 12 月参与人数迅速增加。1 月份为顶峰，2 月保持较高人数，3 月随着大部分雪场运营进入尾声，人数大幅下降。

挑战赛在独立开发运营后，获得 12 个品牌的青睐，涵盖雪场、雪具品牌、汽车品牌等，共发布了 26 个赛事，可供用户参加，以全新的形式鼓励用户使用轨迹记录功能获得更多奖励。挑战赛通过线上创建参与和线下实景体验的结合，在一个雪季的测试后，深受用户喜爱，未来将成为更加开放便

利的线上滑雪赛事。滑呗平台也将通过赛事的线上传播优势为雪场和品牌带来更有效的品牌推广和用户渗透。

（二）线上大奖赛

1. 介绍

滑呗大奖赛是基于滑呗运动轨迹记录功能及其产生的数据所创造的线上滑雪赛事 IP，历经三个雪季的发展，成为目前全球最大的线上滑雪赛事。依据前两年的赛事运营经验，滑呗结合自身资源和功能，对大奖赛进行全面的优化改造。在滑雪里程这一基础上，今年还增设了人气奖项。此外滑呗还加大了对赛事的市场开发投入力度，与全球顶级的滑雪品牌 Phniex 联合主办第三届大奖赛，加大了奖金及奖品的投入力度，设置了超百万元的奖品、奖金与站内用户分享。与此同时，大奖赛的参与入口从 APP 扩展到微信小程序及微信公众号，对大奖赛进行全方位的推广。

2. 数据

（1）第二届滑呗大奖赛

时长：2 个月。

参与俱乐部数量：543 家。

参与人数：29232 人。

参与人次：238087 人次。

累计记录里程：498087 公里。

滑行趟数：416018 趟。

（2）第三届大奖赛（即"菲滑不可"线上大奖赛）

时长：3 个月（2018 年 12 月 ~2019 年 2 月）。

参与俱乐部数量：834 家。

参与人数：42131 人。

参与人次：368589 人次。

累计产生里程：24100471 公里。

表4　两届线上大奖赛数据对比

内容	俱乐部数量（家）	涨幅	参与人数（人）	涨幅	记录里程（公里）	涨幅
第二届	543	53.59%	29232	89.33%	498077	383.87%
第三届	834		55345		2410047	

表5　滑呗APP大奖赛数据

里程赛			人气奖		
序号	内容	数据	序号	内容	数据
1	参与俱乐部数量（家）	834	1	参与俱乐部数量（家）	450
2	参与人数（人）	19560	2	参与人数（人）	22571
3	记录人次（人次）	189251	3	记录人次（人次）	179338
4	总里程（公里）	2410046540	4	总里程（公里）	502146

表6　小程序中大奖赛助力页面——Phenix数据

B1	B2	B3	B4
访问次数（次）	访问人数（人）	分享次数（次）	分享人数（人）
527597	227433	27288	10982

表7　里程PK排名

序号	俱乐部名称	序号	俱乐部名称
1	星瑀户外滑雪俱乐部	116	西安冰峰滑雪俱乐部逆流滑雪
2	吉林雪者联盟	127	翼龙俱乐部刃派滑雪
3	1031滑雪俱乐部	138	SNOWHERO天津零度户外
4	中国魔诺滑雪俱乐部	149	大庆DCS俱乐部雪峰
5	酷雪	1510	零度滑雪远山俱乐部

表8 人气奖排名

序号	俱乐部名称	人气值	序号	俱乐部名称	人气值
1	星瑀户外滑雪俱乐部	58788	11	刃派滑雪	18031
2	1031滑雪俱乐部	48277	12	K板部落滑雪俱乐部	17758
3	天津零度户外	39649	13	逆流滑雪	17526
4	吉林雪者联盟	37924	14	Y立方滑雪俱乐部	17032
5	逸雪极限滑雪俱乐部	33596	15	盘锦彩虹俱乐部	14536
6	冰雪威特营	30772	16	吉林巅峰滑雪俱乐部	13591
7	中国魔诺滑雪俱乐部	30645	17	凤凰岭户外运动俱乐部	11895
8	追风滑雪	27535	18	酷雪俱乐部	11341
9	西安冰峰滑雪俱乐部	25835	19	炫酷之旅滑雪俱乐部	10456
10	奥援雄鹰滑雪俱乐部	24013	20	翼龙滑雪俱乐部	10200

表9 里程PK排名

序号	俱乐部名字	序号	俱乐部名字
1	星瑀户外	11	逆流滑雪
2	吉林雪者联盟	12	刃派极限
3	1031俱乐部	13	天津零度户外
4	中国魔诺	14	雪峰
5	酷雪	15	远山
6	西安冰峰	16	蝴蝶结
7	翼龙俱乐部	17	炫酷之旅
8	SNOWHERO	18	长春极限
9	大庆DCS	19	FREE双板团
10	零度滑雪		

表 10　人气奖排名

排名	俱乐部名称	人气值
1	星瑪户外滑雪俱乐部	58788
2	1031 滑雪俱乐部	48277
3	天津零度户外	39649
4	吉林雪者联盟	37924
5	逸雪极限滑雪俱乐部	33596
6	冰雪威特营	30772
7	中国魔诺滑雪俱乐部	30645
8	追风滑雪	27535
9	西安冰峰滑雪俱乐部	25835
10	奥援雄鹰滑雪俱乐部	24013
11	刃派极限	18031
12	K 板部落滑雪俱乐部	17758
13	逆流滑雪	17526
14	Y 立方滑雪俱乐部	17032
15	盘锦彩虹俱乐部	14536
16	吉林巅峰滑雪俱乐部	13591
17	凤凰岭户外运动俱乐部	11895
18	酷雪俱乐部	11341
19	炫酷之旅滑雪俱乐部	10456
20	翼龙滑雪俱乐部	10200

（三）总结

线上滑雪赛事参与俱乐部数量逐步增加，俱乐部的黏性逐步增强。

参与人数高速增长，参与方式的拓展和奖金、奖品的增加扩大了受众群体参与面，提高了受众群体持续度。

使用轨迹记录功能用户的黏性增强，用户单人使用记录功能的频率变高。未来线上赛将继续以滑呗轨迹记录功能为基础，不断扩展和丰富赛事规则、奖励等内容，让更多滑雪爱好者使用记录功能，参与线上赛事，爱上滑雪、爱上滑呗。

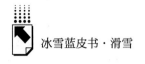
五 滑呗照片墙

(一)雪场照片墙数据

滑雪影像服务一直是滑呗的突出优势，而滑呗照片墙是这一项服务重要的模块载体。截至 2019 年 8 月，累计近 800 名滑呗注册摄影师拍摄雪场照片并上传至滑呗照片墙，已累计上传照片 3114654 张，覆盖 736 家雪场，其中常态化覆盖雪场为 30 家，涵盖国内众多知名雪场。这也使得以滑呗照片墙为核心功能之一的滑呗 APP 成为众多雪友必不可少的滑雪"神器"。

在使用滑呗照片墙的用户中，男性占比为最高，为 66%，这也和滑呗平台注册用户中男性占比（70%）较为接近和匹配；女性用户则占 34%。下载用户量中，男性单板用户的占比超过 40%，以绝对优势排在第一位；其次为男性双板用户，占 25.17%；女性单板用户占 23.51%；而女性双板占比最小，仅为 10.14%。

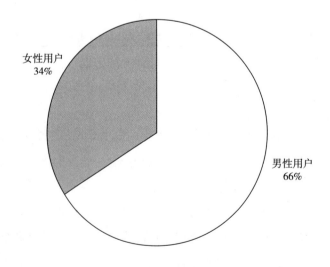

图 17 下载照片的用户性别占比

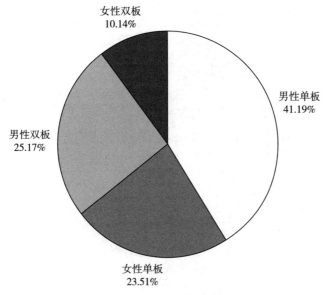

图18　各类别属性用户数量占比为统计

用户下载量方面，也以男性为主。男性用户下载数量居多，占比为65.49%，女性下载数量为34.51%，与基本用户性别比例一致。这其中男性单板下载量占37.13%，排在第一位；男性双板用户下载量占28.39%，排在第二；女性单板用户下载量占22.92%，排在第三；女双板用户下载量占11.55%，排在第四。

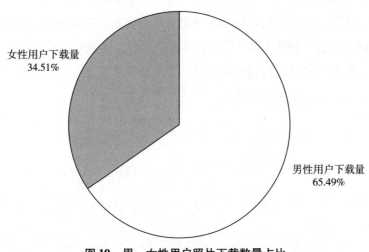

图19　男、女性用户照片下载数量占比

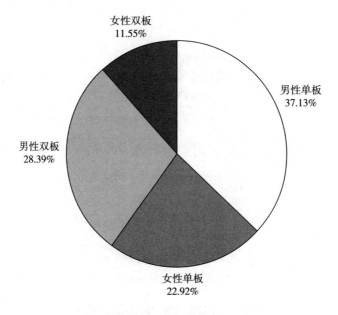

图20 各类别属性用户下载照片数量占比

（二）赛事照片墙数据

滑呗平台为了增强用户的体验，同时为了帮助赛事提高赛事影像服务的质量，在2018～2019年雪季前开发并上线专门的赛事照片专区，也就是赛事照片墙功能，以方便用户免费、快捷、高效地下载赛事照片。经过一个雪季的发展，目前已创建上线了88个赛事照片墙，涵盖国际级、国家级、省级等不同级别的赛事，包括职业赛事、大众商业赛事等。累计上传了67119张照片，共有45641张照片被用户下载，下载率达68%。

B.11
室内模拟滑雪行业发展报告

——以雪乐山为例

许小燕*

摘　要： 2015 年 7 月 23 日我国取得 2022 年冬奥会的举办权，滑雪的热潮随之爆发，这项在以往被认为高不可攀的有钱人的运动，如今已真正进入寻常百姓家，其也被贴上时尚的标签，受到年轻人的热捧。人工智能、大数据等技术是新一轮科技革命的核心驱动力，以室内模拟滑雪机为代表的新型滑雪技术正加快滑雪产业的迭代，推动滑雪形式从户外滑雪运动向室内滑雪运动转变，再向人工智能带来的科技产品室内设计搭建模拟户外滑雪的四维空间演进。这也使得我国的室内模拟滑雪行业进入黄金发展时期。

关键词： 雪乐山　室内滑雪　模拟滑雪

一　室内模拟滑雪行业发展现状

（一）室内模拟滑雪概述

1. 室内模拟滑雪产生背景

在政策刺激、资本助推、冬奥效应全方位的驱动下，滑雪运动近年来已

---

* 许小燕，雪乐山（北京）体育文化发展公司资深编辑，行业研究员，主要研究为方向室内模拟滑雪发展。

经成为我国冰雪运动中最受关注的项目之一。因为气候原因，我国的南方城市很少下雪，所以很多南方人很难见到雪，而像北京这种北方城市雪季时间也较短，为满足在没有雪时对滑雪运动的需求，一种新型的室内滑雪机在上海、北京等一线城市流行开来，室内模拟滑雪行业应运而生。

2. 室内模拟滑雪运作原理

从室内模拟滑雪的概念上来看，室内模拟滑雪模拟室外滑雪的原理运作，让滑雪爱好者通过室内模拟滑雪机这样的大型设备，在"无限长"的滑雪毯上自由滑行。滚轴转动的雪毯像白茫茫的雪道，可满足各种等级的滑雪爱好者的需求。这种滑雪训练方式最初多运用在非雪季时进行滑雪技术训练，用于纠正和改善单、双板运动员的基本滑行动作和技巧，但随着时间的推移和技术的革新，室内模拟滑雪渐渐用于普及滑雪运动，适用于不同等级的滑雪爱好者进行滑行技能训练及日常的娱乐休闲。其起初产自欧洲，现已在国内逐渐发展起来。

3. 室内模拟滑雪设备介绍

从室内模拟滑雪机设备来看，室内模拟滑雪机由滑行区、控制台、单透镜三个部分构成。

（1）滑行区

滑行区由前后两个传动轴及传送带上面覆盖的雪毯构成，长9米，宽5米。通过传动轴带动雪毯不断地向上滚动，雪毯的最前端固定着一根可以升降高度的辅助杆进行基础滑行动作练习，还有一根可活动的辅助训练杆，将横杠固定在任意高度，用于间隔多个学员分开教学，或在单板教学时让学员在前后两根横杆间滑行，扶着辅助杆进行换刃练习。滑行区的两侧和前段有人行道和可以保护滑行者的扶手栏杆，保护学员的安全，也便于滑雪教练从不同方位观察学员的动作，更有效地指导滑行技术。

（2）控制台

滑雪机的开启、急停、逆转以及坡度、速度的调节，由滑行区前方的控制台、教练手中的遥控器以及设备两侧护栏上的急停按钮实现。教练根据练习者的情况，调节雪毯转动的速度与坡度，使机器适应滑雪者的水平。在滑雪者身体失衡或摔倒时，滑雪教练通过遥控器或急停按钮停机，保护滑雪者的安全。

（3）单透镜

在滑行区前方，有一面倾斜的单透镜。滑行者通过镜子里面的镜像，更直观地了解自身滑行动作的细节，不断地调整自己的滑行技巧，有助于短时间内提高滑行技巧。在单透镜后休息的滑雪者，也可以通过单透镜观摩教练教授其他学员。

（二）室内模拟滑雪与雪场滑雪比较

室内滑雪机的运作原理跟一台大型跑步机类似，由可升降坡度、速度的雪毯滑行区和机器前的单向透镜组成，雪毯两侧有保护的围栏，前方由可调节高度的辅助杠组成。

从室内模拟滑雪机与真雪的区别来看，二者存在以下相同点及不同点。

1. 相同点

（1）基本技术相同

滑雪机上单板、双板都可以滑行。基本站姿与真雪相同，都是膝盖微屈顶住鞋舌，上体稍向前倾，两手自然下垂。滑行时，从初级的直滑降，到高级的旋转、跳跃等动作，均可以在滑雪机上实现，且动作的技术要求与真雪一致。

（2）使用的雪具、护具相同

在室内滑雪机滑雪时，需要穿跟滑真雪一样的雪鞋、雪板，雪鞋和雪板的硬度和强度也与真雪类似——初学者用低强度低硬度，高水平的用高硬度强度的雪鞋雪板。上机练习时，要戴头盔、护肘、护膝等护具自我保护，避免受伤。

（3）雪板表现相同

滑雪时，雪板会有旋转、压力、立刃三个要素，滑雪机同样需要用到雪板的旋转、压力、立刃三个要素，才能做出完美的转弯。例如在滑雪机上滑卡宾回转动作时，也需要将雪板的刃立起，用山下脚的内刃和山上脚的外刃

刻住雪毯，来完成卡宾转弯。

2. 不同点

（1）摩擦系数不同

滑雪机滑行区的雪毯是由金针菇形状的材料制成的，摩擦系数比真雪大。在刚开始学习滑行时，滑雪教练会将机器调成低速、低坡度，滑雪者会感受到很大的摩擦力，将雪板向后拉，需要小腿主动发力顶住鞋舌，才能保持在原地。由于不适应摩擦力，板头与滚落线的夹角不能过大。垂直于滚落线的方向时会呛刃导致摔跤。适应摩擦力、学习到高级技术之后，可以做转圈、横滑降等动作。

（2）容错率不同

真雪由于摩擦力小，即使动作不规范，也可以顺利地在雪道滑行。而在滑雪机上滑行时，如果动作不标准或发力点有误，机器会明显反馈出来。在真雪上滑行，由于对速度的恐惧，重心后坐现场很普遍，但滑行中不会有明显的感受，而在雪毯上如果重心后移，镜子会直接反馈，滑雪者可以直接看到动作的问题。双板学到半犁式抬板练习的时候，如果内侧板抬板后落地时内刃着地，就会产生呛刃，导致动作变形或摔倒。只有正确的技术动作，才能在滑雪机上流畅滑行。

（3）雪道宽度不同

滑雪机的雪毯宽度是固定的，一般为9米，所以滑行宽度也固定。

（三）室内模拟滑雪消费人群分析

室内模拟滑雪是一项大众、轻奢、重度成瘾的运动。在发达国家，潜水、马术、赛车都是小众运动，滑雪则是大众运动，它还是贵族的运动。中国滑雪运动的普及程度与发达国家相比仍有很大差距，但从近年来滑雪人次的增长可以看到可喜的变化。

公开数据显示，20年前，我国只有9个滑雪场，会滑雪的人数不到1000人；2008年北京奥运年，我国滑雪人次上升为600万；2015年北京获得冬奥会举办权后，滑雪人次为1250万；2016年达到1510万；2017年升至1750万；2018年升至2113万（见图1）。加上国家号召"三亿人上冰雪"，滑雪运动已经普及，室内模拟滑雪进入大众的视野。

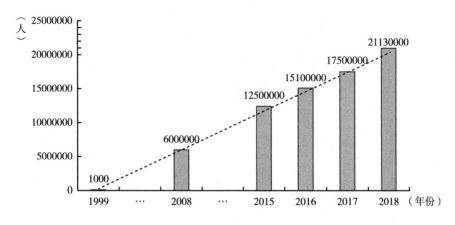

图1　1999~2018年我国滑雪人次

国家体育总局装备中心原主任马继龙2017年曾公布，冰雪运动爱好者的消费水平大概是普通体育爱好者的5倍，消费升级在冰雪运动上体现得非常明显。滑雪消费和经济收入水平直接挂钩。珠三角、长三角的天然雪场资源并不丰富，但居民滑雪消费意愿很强，消费力相当可观。滑雪人次的增加，带动了室内模拟滑雪人次呈现出阶段性、总体稳定的增长之势。

1. 室内模拟滑雪水平结构

根据近年来室内模拟滑雪馆所接待的滑雪人次来看，初级滑雪者占比接近70%，中级滑雪者占21%，高级滑雪者占9%（见图2）。

2. 室内模拟滑雪者来源结构

室内模拟滑雪建立的初衷就是方便大众享受滑雪乐趣。特别对居住在城市中的滑雪爱好者来说，室内模拟滑雪的特点决定其能满足这类人群的滑雪需求，一种是基本滑雪动作的训练学习，另外一种就是娱乐休闲。

从顾客来源这一视角来看，来自市中心的儿童最多，为第一梯队，占60%；市中心来娱乐休闲的成人组成第二梯队，占30%；来学习滑雪，想

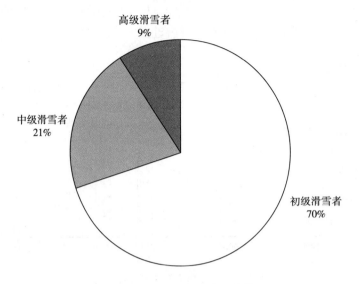

图2　室内模拟滑雪水平结构

考教练证从事滑雪指导员职业的为第三梯队，占8%。除此以外，还有一些运动员做比赛前的专业训练，比重为2%（见表1）。

表1　室内模拟滑雪者来源结构

消费人群来源	占比为	队别排序
市中心儿童	60%	第一梯队
市中心娱乐休闲成人	30%	第二梯队
学习滑雪,想考取教练证从事滑雪指导员职业的人员	8%	第三梯队
赛前专业训练运动员	2%	第四梯队

二　室内模拟滑雪优劣势分析

（一）室内模拟滑雪优势分析

由于各种因素的影响，室外滑雪场数量增长逐渐停滞，这造成室内滑雪场悄然兴起，从而带动室内模拟滑雪的发展。最早的室内滑雪中心要追溯到19 世纪 20 年代的柏林和越南。19 世纪 50 年代早期，日本采用冰粉末铺设室内滑雪场地，后来改用人工坡面造雪，这种方法沿用了 60 年，一直到2012 年。全球共有 30 多个国家在过去的 25 年中建设了 80 余家室内滑雪中心，有的开始致力于跨国连锁经营，其中，阿尔卑斯地区建有 43 家。2014年，室内滑雪场所共接待游客 0.172 亿人次，大多数集中在西欧和亚太地区的国家，如德国、荷兰、英国、中国和日本。

我国部分地区处于亚热带，为满足这些地区滑雪爱好者的需求，提高娱乐的便捷性，需要越来越多的室内滑雪场。但室内滑雪场在便捷度上还稍逊于室内模拟滑雪馆，所以更多的人会选择室内模拟滑雪馆。

室内模拟滑雪有四大优势：四季可滑、交通便利、安全有保障、高效快捷。

1. 室内模拟滑雪四季可滑

户外滑雪受季节性与地域性等因素的影响较大，不能四季供消费者滑雪，因此投资者在短期内得不到较高的收益与回报。室内滑雪巧妙地规避了传统户外滑雪的缺点，不受气候条件的影响，打破时间与空间的约束，能更好地满足人们随时随地尽享滑雪的需求。而且室内滑雪馆在东部与南方少雪地区更是地方特殊景点、城市名片，能够吸引更多的消费人群前来体验滑雪的乐趣。目前国内的室内滑雪馆严重不足，想四季滑雪的人群受到时间的限制，消费者的需求为更多的投资者更好地切入、发力市场提供了机遇。

2. 室内模拟滑雪交通便利

室外滑雪场一般建设在偏远的郊区，大众滑雪爱好者只能利用周末休息时间，经过很长时间的车程到达滑雪场。有可能出现上午从家里出门，下午才能到的情况，真正的滑雪时间减少，体验差。室内滑雪一般都在交通方便、离主要消费人群很近的位置，像住宅区附近的商场、购物中心等人流量比较大的地方，被人称作"家门口"的四季滑雪场，人们只需要十几分钟或者半小时就可以体验到滑雪的乐趣，随时随地尽享滑雪快感。

3. 室内模拟滑雪安全有保障

目前国内室外滑雪场周围的住宿环境、医疗设施等条件都不太完善，还有待提升。滑雪是一项运动，磕着碰着是常有之事，室外滑雪场一般建在郊区很远的地方，如果出现意外情况，时间上来不及及时处理，会有严重的后果出现。室内滑雪者多为初级水平的体验型滑雪者，那么滑雪者得到的服务也就细致入微，每一个环节都会得到关注，因为室内滑雪的教练多为1对1模式，对滑雪者的服务也能精确到位。好的室内模拟滑雪机一般都引进欧洲先进的滑雪器材技术，无论是坡度还是高度，都是为了人在滑雪过程中获得最好的体验而设计的，对滑雪者来说都是量身定做的，即使出现不可控的状况，坡度、速度随时可调，教练可关停遥控器，及时化险为夷。

4. 室内滑雪高效快捷

室外滑雪一般需要排队，全部手续办完后，要做一系列滑前准备：用脚后跟先着地走路，不然很有可能摔倒；在平缓地上扭动身体，让身体各个关节在滑前得到放松；遵守雪场安全规定等，有可能半天时间都在准备中，真正的滑雪时间极少。室内滑雪不受等待时间约束，机器不停运转，滑行效率非常高，按连续滑行30分钟，机器开最高速来算，30分钟滑行时间相当于室外滑行16公里左右，为室外滑雪一天时间。

（二）室内模拟滑雪劣势分析

1. 高难度动作限制

由于室内模拟滑雪机本身是智能科技产品，必然会使滑雪者在雪机上的动作规范受到局限，像单板的犁式转弯和双板的后刃落叶飘技术做起来都有很大难度。

2. 观赏性差

由于室内模拟滑雪场馆设计的限制，滑雪者在滑雪时的感受是有局限的，不像在室外滑雪场滑雪那般，可以感受阳光明媚的天气和大自然。室内滑雪看不到天然的野雪道，感受不到粉雪的美丽。

3. 单一枯燥

由于在室内模拟滑雪时，须不断重复同样的动作，给人一种枯燥压抑的感觉，这里没无与伦比的景观、神奇的色彩，只有不断的练习。

应该利用滑雪自身的趣味性和吸引力发展相关的旅游项目，挖掘潜在旅游人口；要加强对室内滑雪的宣传，提高综合服务水平；要不断改进滑雪项目的服务，改善雪场的经营和管理；还需要发展国内的滑雪行业，降低设备成本。

三 室内模拟滑雪市场前景分析

受益于 2022 冬奥会的临近，以及国家相关冰雪政策的不断出台，滑雪市场的浪潮正在袭来，冬奥之风鼓动着目前国内滑雪人数激增。我国滑雪人数底子薄弱，造成目前国内滑雪现状的原因与国内大众对滑雪运动的认知程度较低不无关系。2016 年曾有新闻报道，当时我国大概有 200 万的滑雪发烧友（每年滑雪 5 次以上），滑雪人口约 800 万人。根据《2018 中国滑雪产业白皮书》，2018 年全国滑雪场滑雪人次为 1970 万，滑雪模拟器滑雪人次为 58 万，国内滑雪场数量达 742 家（不含旱雪、模拟滑雪器等）。

从结果来看，中国目前无论是滑雪场还是滑雪人次，与西方国家相比还相差很远。尽管如此，中国仍是全球最大的初级滑雪市场，2018 年全国滑雪场新增 39 家，增长率为 5.55%，而室内模拟滑雪馆的数量目前还不到 100 家，市场规模上依然拥有庞大潜力。

（一）政策利好，室内模拟滑雪的黄金时期

2022 年 2 月 4 日至 2022 年 2 月 20 日，第 24 届冬季奥运会将在北京市和河北省张家口市举行，也称北京张家口冬奥会。这是中国历史上第一次举办冬季奥运会，也是继北京奥运会、南京青奥会之后中国第三次举办的奥运赛事。北京也成为奥运史上第一个举办过冬、夏两季奥运会的城市。同时，中国也成为第一个实现奥运"全满贯"国家（奥运会、残奥会、青奥会、

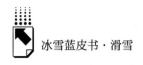
冬奥会、冬残奥会）。

为迎接 2022 年北京冬奥会，水立方开始变身"冰立方"，北京冬奥会标志性场馆国家速滑馆 2019 年底将实现封顶封围，国家游泳中心水立方将于 2020 年 7 月完成场馆永久设施改造。河北省在张家口崇礼区启动北京 2022 年冬奥会倒计时 1000 天主题系列活动，标志着北京冬奥会筹办工作进入攻坚冲刺阶段。《2019 年北京市第二十中学高中体育特长生（田径、冰雪）招生简章》发布，北京市海淀区"五校连发"，高中冰雪特长生招生与测试工作全面启动。河北省第一批"北京 2022 年冬奥会和冬残奥会奥林匹克教育示范学校""校园冰雪运动特色学校"名单正式发布。

政策利好，资金涌入。当前冬奥会热度居高不下，国家政策对 2022 年冬奥会各项目的大力倡导，也为资本市场的流入指明了新的方向。项目蜂拥而至，在响应一系列政策导向支持中国冰雪产业发展的背景下，室内滑雪产业为资本市场注入新的血液，标志着出现一个新的蓝海。

（二）市场环境导向，成本回收快，利润率高

2022 年冬季奥运会刺激了中国冬季运动的发展，中国的滑雪人次在近 10 年内正在经历着飞速增长，而且还有非常大的增长空间，在中国几乎每个省都建有滑雪场。《2019 全球滑雪市场报告》显示，北美市场强者恒强，欧洲市场稳中有降，日韩市场明显下滑，中国市场是全球唯一快速增长的市场，还处在比较初期但高速发展的阶段。冷行业引来热经济，国内资本涌入滑雪产业也是对冰雪行业前景的强烈看好。

2019 年初，第十五届亚洲运动用品与时尚展（ISPO Beijing 2019）亚太雪地产业论坛期间，发布了《2018 中国滑雪产业白皮书》。白皮书显示，在 2018 年的统计数据中，我国总滑雪人次再创新高，达到空前的 2113 万人次，同比 2017 年的 1847 万人次增长了 14.4%。2018 年中国的雪地产业得到了令世界瞩目的发展，但这并不意味着雪地市场已经接近饱和，目前中国的雪地市场依旧充满机遇。

雪地运动参与者的不断增加对雪地运动的硬件设施提出了更高要求。

2018 年国内雪场新增 39 家（含室内馆），总数达 742 家，增幅为 5.55%。其中 149 家配有架空索道，同比增长 2.76%。配套设施方面，架空索道数量达到 250 条，造雪机数量达到 7410 台，压雪车共有 541 辆，皆创我国新高。目前我国滑雪场数量已经超过全球的 1/3。从一系列背景来看，国内滑雪产业的发展已势不可挡，而滑雪产业的基础是学习滑雪的过程，只有更多的人能滑雪，会滑雪，熟练地滑雪，才能谈及更深度的滑雪产业。然而，在政策与资本的助力下，滑雪领域不断突破技术创新，作为冰雪产业的补充，室内滑雪培训正成为助推滑雪运动项目应用落地的重要力量。因此，无论是政策还是资本也会向室内滑雪培训倾斜。

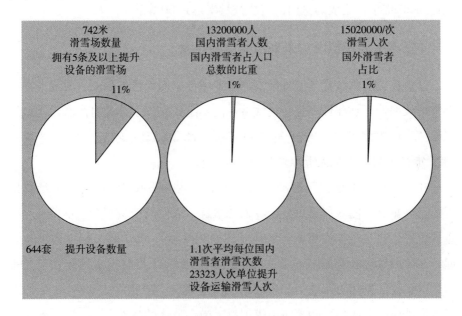

图 3　中国滑雪产业发展相关数据

在《2018 中国滑雪产业白皮书》所披露的多项数据中，室内滑雪的相关数据增长尤为迅猛。2018 年中，全国室内滑雪馆增设了 5 家，总数达 26 家，较 2017 年增长 23.81%。旱地雪场面积增加 2.92 万平方米，增幅为 23.7%。滑雪模拟器的数量更是直接翻倍，一年内新增 76 台，超过了 2017 年全国共有的 69 台，增幅达 110%。

表2 我国室内滑雪的相关数据

年份	全国室内滑雪场馆	滑雪模拟器数量
2017	21 家	69 台
2018	26 家	145 台

据《2018中国滑雪产业白皮书》的数据，2015年中国拿下冬奥会举办权以后，室内滑雪场数量激增。可见2022冬奥会将会引爆"三亿人上冰雪"是有依据的。室内滑雪场在2015年到2018年底期间，从原有的7家增至42家，中国已经成为拥有室内滑雪场最多的国家，约占全球数量的1/4。预计到2020年，建成的室内滑雪场数量将达到60家。

（三）室内模拟滑雪未来市场空间巨大

室内模拟滑雪改变了室外滑雪场所地域性、时间性的限制，改变了室内滑雪场效率低、趣味性不强、模式单一的不足；实现了体验时尚滑雪运动的趣味性，让更多的青少年了解并积极参与冰雪运动；响应了国家号召的2022年将达到"三亿人上冰雪"的冬奥目标。

在"三亿人上冰雪"运动的大背景下，室内模拟滑雪成为滑雪产业投资的一大热点。随着居民可支配收入的增长，人们的消费理念已不再是过度重视价格，而是更加注重消费的体验感。"90后""00后"新生代迅速崛起，文体消费理念开始显著增强。生长在物质条件相对丰富的年代，"90后""00后"群体对于生活品质的追求，远胜于"70后""80后"，他们更愿意为品质服务买单。随着室内模拟滑雪受众群体的消费升级，室内模拟滑雪市场也在不断扩大。从目前室内模拟滑雪发展趋势来看，室内模拟滑雪场数量和价格都将持续上升。

就消费者的数量来分析，中国人口基数大，每年滑雪人口总量还在稳定增长。目前，国内室内滑雪人数占中国总人口的比重为0.1%左右，如果上升至0.5%，每位滑雪者每年滑雪4次，滑雪总人次将达6000万，而室内模拟滑雪人次将达到4000万。由于中国室外滑雪场的建设发展受时间与空间限制，室外滑雪场四季运营的问题仍然无法得到合理解决，而室内滑雪产业的出现于兴起，巧妙地规避了传统室外滑雪场建设的缺点，打破了时间和空间的约束，更好地诠释出滑雪运动的魅力，其数量还将进一步增长。

尽管室内滑雪场受资本关注程度高，但仍存在着很多亟待解决的问题，如定位同质化、业态单一化、流程效率低、服务效果差、运营模式旧、产品缺乏创新等。从规划设计角度看，室内滑雪场存粹地按照滑雪场进行设计已不符合时代发展需要，当代新型室内滑雪场的规划设计，更多需要商业、娱乐文化等元素，并以此来刺激消费者的视觉、感官以及内心体验。室内模拟滑雪恰恰弥补了室外雪场和室内雪场的不足，带来更多的创新，让消费者有更好的体验，未来的发展空间巨大。

四 雪乐山发展现状、模式介绍

（一）雪乐山介绍

雪乐山成立于2015年，是国内首创室内模拟滑雪连锁机构，为4~12岁青少年及家庭提供滑雪全方位服务。通过"室内滑雪+户外雪场课"的培训模式，更安全、高效地让学员学会滑雪。服务内容更有国内外滑雪旅行、大型滑雪赛事主办/承办，以及雪具装备零售业务，为滑雪爱好者提供"学、玩、用、赛"全生态的滑雪服务。迄今为止，雪乐山滑雪已陆续在全国布局。雪乐山成立至今拥有50000多名学员，接待300000多人次体验。雪乐山滑雪场分布于30余座城市，其中直营门店20余家，全国门店即将突破100家。

1. 企业文化

雪乐山室内模拟滑雪连锁机构，是国内最大的连锁室内智能滑雪机运营机构，目前在京沪穗深等多个城市连锁运营建设多家门店，是智能滑雪机市场的开创者和领导者。雪乐山始终秉承"极致服务，以顾客为中心，争做

第一"的信念,将"协作分享,平等务实,成就你我"作为公司价值核心,不断锐意进取,视"教 7000 万人学会滑雪"为目标,为中国家庭注入运动基因和欢乐。

2. 品牌荣誉

雪乐山凭借专业的教学质量和滑雪全产业链优质的服务,赢得社会各界的肯定。

· 荣获"北京市优秀创业项目";

· 荣获"北京市青少年滑雪队训练基地";

· 荣获"1031 滑雪俱乐部训练基地";

· 荣获北京市"昌平区军都山青少年滑雪队训练基地";

· 荣获"东城区青少年健康成长 2020 工程体育活动基地";

· 荣获"沈阳体育学院研究生教育实习实践基地";

· 被评为 2017 WSTOPS "冬季运动俱乐部 30 强"。

3. 教学体系

雪乐山借鉴滑雪世界冠军在智能滑雪机上的训练经验,研发出滑雪机课程体系。2017 年雪乐山组织教练员参加国际认可的 CSIA(加拿大国家职业滑雪指导员联盟)认证考试,同时引进 CSIA/CASI 体系,结合滑雪机特点,制订出一整套滑雪机教学体系。缔造室内室外一体化学习课程,为学员提供优质学习体验。雪乐山推出"小店模式",门店数量即将突破百家。

4. 合作的学校

雪乐山与北京市众多小学、中学达成战略合作,让孩子们能尽早接触冰雪运动,享受冰雪运动乐趣,合作学校包括:北京海淀区石油附小、北京市海淀区石油二小、北京市东城区黄城根小学、北京市东城区崇文小学、北京市东城区方家胡同小学、北京市大兴区庞各庄小学、北京市海淀区西苑小学、北京市西府华冠中学、北京市东城区东直门中学、北京市大兴区庞各庄中学等。

5. 合作雪场

雪乐山与国内外众多优质雪场达成战略合作,为学员提供优质的滑雪营地和滑雪旅游服务，合作雪场包括：崇礼富龙滑雪场、崇礼万龙滑雪场、北京万龙八易滑雪场、北京军都山滑雪场、北大壶滑雪场、乔波冰雪世界、日本东急斑尾滑雪度假村、日本安比高原度假村。

6. 设备优势

雪乐山引进欧洲先进的滑雪模拟机训练设备。作为荷兰国家队选手训练用具，从初级到专业运动员水平，滑雪模拟机适用于任何滑雪水平爱好者。不同于在滑雪场上等待浪费大量时间，在近乎无限长的滑雪机上练习，每一分钟的练习都会大有收获，让练习效果几倍于滑雪场的传统体验。

（二）雪乐山发展历程

2015 年 10 月：第一家室内滑雪馆落成开业。作为国内首家室内模拟滑雪馆，开启了滑雪运动大众化、专业化、系统化、便捷化的新纪元。

2016 年 2 月：亮相中央电视台《走近科学》栏目，从科学角度诠释室内滑雪的优势。

2016 年 5 月：扩充教学研发团队，研发室内滑雪培训 2.0 课程，全面提升了教学质量。

2016 年 5 月：打造"室内课程 + 户外雪场课"新模式，当年组织近千名学员上雪实训。

2017 年 9 月：北京市滑雪协会确定雪乐山为"北京市青少年滑雪队训练基地"，同时被评为 2017 WSTOPS "冬季运动俱乐部 30 强"。

2017 年 10 月：滑雪课程体系再升级。滑雪教学引进加拿大 CSIA/CASI 体系，教学质量再度提升。10 家直营门店遍布北京主要城区、商圈及居民区附近，强势占领市场，形成"家门口的四季滑雪场"。

2018 年 4 月：提出百城千店计划。雪乐山将走出北京，布局全国。上海店、深圳店相继开业。

2018 年 5 月：策划并主办了"乐雪杯"夏季室内滑雪联赛，赛事举办将作为雪乐山常态业务持续发展。

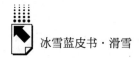

2018 年 8 月 8 日：受邀参加北京奥运会十周年鸟巢庆典活动，央视《新闻联播》、《北京新闻》等多家主流媒体争相报道。

2018 年 10 月：雪乐山优秀学员顺利通过选拔赛，成为中国滑雪国奥队预备队员。

2018 年 11 月 17 日：升级后的品牌形象正式发布。新 LOGO、新门店形象、新吉祥物"大山"悉数亮相，北京台体育新闻同步报道。

2019 年 5 月：策划并主办了第二届"乐雪杯"青少年滑雪等级赛，赛事举办将作为雪乐山常态业务持续发展。

2019 年 6 月 8 日：成功举办了第二届"乐雪杯"青少年滑雪等级赛的预选赛。

2019 年 7 月 13 日：成功举办了第二届"乐雪杯"青少年滑雪等级赛的总决赛。

（三）三店合一的运作模式

雪乐山采用三店合一的运作模式，课程、雪具、旅游、赛事等业务同时进行。

1. 课程体系

滑雪课程包含单板课程包、双板课程包、亲子活动体验课、双板滑雪成人 8 小时课程等，涵盖初、中、高级各个级别，为参与者提供全方位滑雪培训课程。

2. 滑雪旅游

带你去征服心目中的那座雪山，雪乐山将室内滑雪教学与室外雪场实训相结合，在每年夏、冬奔赴国内知名雪场，进行户外雪场实训。将滑雪培训、滑雪旅游、文化体验及交流完美融合。由经验丰富的专业团队带队，使每位学员在滑雪技术上得到超速提高。

3. 滑雪赛事

雪乐山优秀学员顺利通过选拔赛，成为中国滑雪国奥队预备队员。雪乐山致力于推动国内青少年滑雪运动发展，主办并承办"乐雪杯"夏季智能滑雪联赛、青少年滑雪等级赛。承办中国智能体育大赛、全国青少年夏季滑雪挑战赛。

4. 滑雪装备

在雪乐山只选择适合自己的！雪乐山与国内外众多世界知名滑雪装备品牌合作，共同打造一流的滑雪装备。

五　室内模拟滑雪发展新趋势

室内模拟滑雪以城市中心为入口，作为一个新兴的行业，在冬奥之风的吹动下，将从一线城市向二、三线城市下沉。室内模拟滑雪产业发展也会形成一条相关产业链，并结合新兴科技的发展呈现出新的业态形式。

（一）从一线城市向二、三线城市下沉

随着滑雪爱好者逐渐增加，且形成趋势，自2015年以来室内模拟滑雪开始大规模发展。

资料显示，2018年我国室内模拟滑雪市场交易额约为3000万元，比上年增长43%，势头强盛的室内模拟滑雪也正从最初的一线城市向二三线城市下沉，如雪乐山等在京沪穗深掀起室内模拟滑雪狂潮后便开始向更多的二三线城市进发。足见室内模拟滑雪正在逐渐形成以一线城市为中心逐渐向外辐射的市场拓展趋势，同为室内模拟滑雪领域的在线教练行业也紧随着城市下沉风向，像贵阳这些城市都出现了室内模拟滑雪的加盟店。对于室内模拟滑雪而言，要想把规模做得更大，就必须要把战略重心从一线城市向更多的二三线城市转移。

1. 二三线城市成室内模拟滑雪行业未来新战场

雪乐山等室内模拟滑雪行业独角兽们之所以洞见了室内模拟滑雪下沉这一趋势也是因为其从滑雪行业发展状况探寻到了空间共享的发展本质。

一方面，因为交通拥堵，人口爆棚的一线城市已备受诟病，人们都在大呼"逃离北上广"，意味着一线城市的人口在向外延伸，而越来越多的二三

线城市成为多数人选择生活的地方。

另一方面，新中产阶级崛起，非一线城市的中产群体越来越多，消费需求也逐步攀升，消费需求升级推动了消费者对于室内模拟滑雪这类新滑雪模式的需求欲。一线城市的中产阶级普遍处于有钱有消费欲却没时间的现状中，二三线城市的新中产阶级则处在时间与金钱双宽裕的良好条件下，挖掘这类新中产群体的消费需求对于室内模拟滑雪而言也更容易，消费者的消费频次也更多。

有数据显示，室内模拟滑雪消费者中 68.2% 是大学本科学历，超过60% 的消费者是企业普通员工和一般管理人员，超过 40% 的消费者月收入在 10001~15000 元之间。雪乐山室内模拟滑雪连锁机构发布的数据显示，2015 年室内模拟滑雪最高消费 20000 元，2016 年为 50000 元，2017 年为90000 元，而 2018 年则为 120000 元。足见新中产阶级是室内模拟滑雪的主要消费群体，且消费水平逐年攀升。

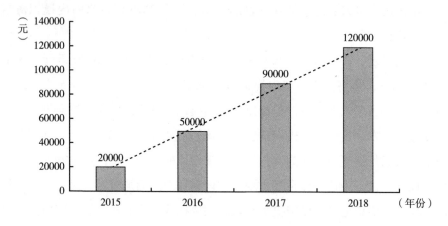

图4 2015~2018 年室内模拟滑雪最高消费变化

此外，政策对二三线城市的室内模拟滑雪发展也起到了积极的推动作用。2019 年 6 月 14 日，教育部发布《关于加快推进全国青少年冰雪运动进校园的指导意见》，扶持校园冰雪运动普及发展。2019 年 6 月 17 日，江苏省体育局与国家体育总局冬运中心在北京签署《共建单板滑雪 U 型场地国家集训队合作协议》《共建自由式滑雪空中技巧国家青年集训队江苏组合作协议》。2019 年 7 月，江西省体育局、江西省发展改革委、江西省教育厅、江西省文化和旅游厅联合印发《江西省冰雪运动产业发展规划（2019～2025）》，提出江西省冰雪运动产业发展目标：加快冰雪运动产业发展，着力发展冰雪健身休闲业，积极培育冰雪旅游业，形成"冰雪＋旅游"深度融合的产业布局。2019 年 7 月，两广地区首个冰雪小镇取得新进展，泰安冰雪大世界预计投 175 亿、山东首家大型光伏室内雪场开始施工，甘肃投资三千万元推广旱地冰球进校园。

2. 下沉趋势当前，室内模拟滑雪如何把握良机

新中产崛起，他们怀着对消费升级的高涨热情，抛弃了一线城市这一"旧爱"转而投向二三线城市怀抱。政策的利好昭示着室内模拟滑雪下沉已是大势所趋，以雪乐山为代表的室内模拟滑雪行业领头羊要想开疆拓土就得借势发力，因地制宜。

（1）提升二三线城市的室内模拟滑雪服务质量，未来室内滑雪需要更多专业的技术保障人员

我国滑雪专业技术人员，包括机器运行维护的技术保障人才、专业器材和设备的研发人才，均属于稀缺人才。在滑雪机的安装和维护上，都需要外国人来指导和培训。雪毯在安装时，分为顺毛和逆毛，需要用胶粘合在传送带上。国内技术工人没有经过系统、正规的培训，安装雪毯时安反导致雪毯的摩擦力增大，或者黏合时胶没有抹匀，使雪毯在使用过程中产生鼓包、移位、断裂等问题，后期也没有专业的人员维护修理，这些都会减短雪毯的寿命，给滑雪者的人身安全造成隐患。未来，需要更多的专业人才来保障行业发展。

（2）建立二三线城市完备的滑雪机教学体系，赢得滑雪爱好者的信任

荷兰等欧洲国家室内滑雪发展已经较为成熟，有正规、国家认可、统一的滑雪机教学体系。随着滑雪机在我国的流行，尽快引进国外先进的教学体系作为教学时的参照标准，使教学的内容和方法有可靠的依据应，可以保证教学效果，使学员在滑雪机上学习之后，真的学会滑雪。等我国的室内滑雪

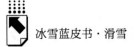
也日趋成熟时，可以借鉴国外的经验，建立我国统一的教学体系并申请专利，进行知识产权保护。

（3）多元化拓展业务，跳出滑雪学习技能这类常规业务，朝安全系数高、趣味性强的滑雪机发展

提高安全系数，研发生产有重力感应的滑雪机，可以在滑雪者摔倒、感应局部压力增大时触发急停装置，使雪毯急停；并在雪毯后方安装保护性的红外线装置，当滑雪者越过安全区域时触发红外线报警器，使机器急停，保证滑雪者的安全。增强滑雪机的安全系数，让滑雪者安全进行滑雪。

在消费升级大趋势下，二三线城市成室内模拟滑雪胜负关键，得先机者得天下，以及在各个城市对滑雪经济拥抱度提高的前提下，室内模拟滑雪下沉的速度会变快，二三线城市也会像一线城市那样逐渐成为一片新的蓝海。

（二）室内模拟滑雪产业发展形成一条相关产业链。

目前，滑雪产业的市场营销已经初步成功，由以前仅限于东北地区到现在拥有固定的消费群体。

我国的室内模拟滑雪产业呈现出以滑雪场为主，滑雪服装、器材等其他相关产业共同发展的趋势。随着滑雪运动在我国的广泛开展，滑雪服装、器材不能仅靠进口国外的名牌服装，国内厂家也可以自行生产。2015年以前，由于市场需求量小，只有有限的外国品牌在中国推销滑雪板等相关产品，年销售滑雪板也是少之又少。像沃克、所罗门、菲舍尔、伯顿、伊兰、K2、Bolle、Dalbello、Lange、Rossignol、Phenix、Reima等一批国际性滑雪板品牌在中国的销售量很大，而我们国产的品牌极少，大家了解多一些的有力达克斯、友博体育，这是一个很好的发展方向。10年前滑雪只在中国东北地区开展，现在已普及到整个中国；10年前只有少部分人参与，现在消费人群扩大了。儿童是在不断成长的，儿童不会永远是儿童，因此，许多企业把儿童当成未来的成年人。

六　5G赋能室内模拟滑雪产业走向智慧新生活

随着5G及其与云计算、大数据、物联网、人工智能的深度结合和广泛应用，信息技术将更全面地深入生活中的方方面面。围绕着5G所带来的万物互联的能力，每个行业都会迎来新一轮大的商业模式的梳理。中国联通在5G方面已经做好了全面筹备与布局，目前已获3500MHz - 3600MHz共100MHz带宽试验频率，将以5G创新技术为主导，打造一系列智慧应用。在高速率、低延时、大连接的5G网络保障下，借助虚拟化、人工智能、边缘计算等技术，为冬奥打造智慧应用平台，提供360度全景直播、VR沉浸式体验、赛场医疗等智慧应用，通过5G技术赋能智慧冬奥。

从整个滑雪市场来看，休闲娱乐型室内滑雪馆是发展的主流，新科技助力室内模拟滑雪产业向智慧化方向发展。就龙湖天街这个商场来说，龙湖天街都是在5G的覆盖下完成建设的，在客流量上，散客人数一年大约为2万人次，固定学员在2000人左右，从初期学员过渡到长期学员大概会有1/3。目前商场里主要的冰雪项目，就是花样滑冰和冰球，像速滑等项目在商场里不太能实现。除此以外，如果虚拟现实技术（VR）与室内模拟滑雪相结合，运动员通过VR训练滑雪，时间会缩短20%。VR技术让运动员训练更加有效、有趣，让运动的体验感更佳。

实际上，当一个产业成熟的时候，一定会分层，一定会有领军者产生。大家需要做的事情就是专注于行业平台，快速进入市场，做出区别化算法以及解决方案。不难预见，无论是现在还是今后很长一段时间里，室内模拟滑雪都是室内滑雪行业发展的一个重大领域。会有更多的企业根据实际布局发展战略，让更多的室内模拟滑雪馆走入大众生活，为实现"三亿人上冰雪"运动目标做出贡献。

国际借鉴篇

International Experience and Lessons

B.12
全球滑雪产业发展研究报告*

劳伦特·凡奈特　伍　斌**

摘　要： 2017~2018 年雪季是全球滑雪产业呈现上升趋势的第二个雪季，是新千年以来全球排名第四的最佳雪季。这是经历了 3 年产业下滑之后的积极现象。目前，虽然全球滑雪产业依旧面临挑战，西方国家滑雪者数量趋于或多或少的停滞不前，但全球表现仍然处于较好水平。本部分报告参照瑞士劳伦特·凡奈特先生的《2019 全球滑雪市场报告》，分析当前全球各大洲滑雪产业发展现状，探讨全球滑雪产业发展趋势。

关键词： 全球滑雪产业　滑雪市场　滑雪人次

---

　* 本章基础数据来源于劳伦特·凡奈特所著《2019全球滑雪市场报告》。
　** 劳伦特·凡奈特，《全球滑雪市场报告》作者，主要研究方向为冰雪和高山旅游；伍斌，北京市滑雪协会副主席，北京市石景山区冰雪体育顾问，北京卡宾滑雪体育发展集团股份有限公司总裁，北京卡宾冰雪产业研究院院长，北京安泰雪业企业管理有限公司董事长，《中国滑雪产业白皮书》作者。

一　概述

历经数百年，全球冰雪产业发展日益成熟。受气候条件及山形地貌的影响，世界冰雪运动发展主要分布于北美、欧洲、亚洲及大洋洲。其中，欧洲与北美地区国家多为发达国家，由于经济实力强，冰雪运动发展历史久、发展氛围好，各国冰雪运动已形成规模，举办过多次冬奥会，并在竞技体育领域占据了重要地位。从整体来看，目前全球滑雪产业呈现出北美市场发展平稳、欧洲市场稳中有降、日韩市场持续下滑的特点。

尽管全球滑雪产业发展展露了积极的迹象，但仍存在一些消极趋势。首先，2018 年韩国冬季奥运会并未给韩国滑雪产业带来积极的推动，韩国滑雪度假区游客数量持续下降。日本滑雪产业发展仅稳定在一个极低的水平。这两个国家的情况表明，人口老龄化和不断变化的趋势依旧影响着滑雪者与滑雪场。在滑雪者并未充分投入滑雪运动这一背景下，这种现象对滑雪产业来说是一个巨大的威胁。随着冬奥会进入北京时间，中国滑雪产业蓬勃发展，新滑雪者对滑雪的热情和投入越来越重要。如何摆脱片面依靠个人乐趣发展滑雪产业的尴尬境地，转而将滑雪作为一项健康的体育活动和健康生活的一部分，从而确保滑雪产业长期发展，将是全中国乃至全世界共同思考的话题。其次，在东欧、中亚及中东国家，由于冰雪文化发展有限，滑雪场无法有效吸引国内及国际滑雪者，部分滑雪项目进展缓慢或被搁置。实践表明，任何一个想要发展滑雪产业的国家都必须主要依靠国内市场。

即便如此，滑雪市场整体并未衰退。即使在全球成熟市场，滑雪产业仍是具备发展潜力的产业，有很大的改进空间。未来可通过创新手段，吸引更多滑雪者，填补滑雪者缺口，以寻找更多的便利。

（一）滑雪运动参与国家

目前全球滑雪场约有 5000～6000 多家（含室内滑雪场），分布在 100 个国家，主要集中在滑雪产业发达地区和国家（欧洲阿尔卑斯山区、北美、日本等），每年雪季全球的滑雪人次约为4亿，其中阿尔卑斯山区占43%，美洲的顶级滑雪场所占比为21%。全球具备4条以上提升设备的滑雪胜地约有2000家。除了滑雪人次众多的主要滑雪胜地，其他较小的滑雪胜地如东欧和中国正在蓬勃发展中。其他一些国家，如塞浦路斯、希腊、印度、伊朗、以色列、黎巴嫩、莱索托、摩洛哥、新西兰、巴基斯坦、南非、土耳其等国，亦有滑雪产业快速发展的趋势。

（二）全球滑雪场分布

1. 室外滑雪场

目前全球具备4条以上提升设备的滑雪场数量为2084家，超过1/3的滑雪场位于阿尔卑斯地区。

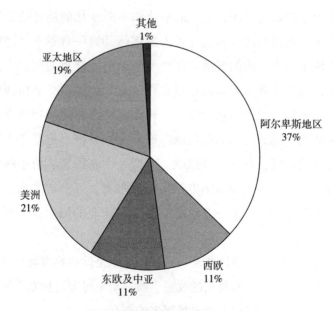

图1 全球各大区滑雪场分布占比

目前全球滑雪场共有提升设备26109部，阿尔卑斯山地区约占39%。

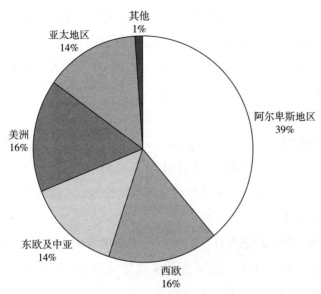

图2　全球各大区滑雪场提升设备分布占比

全球百万人次滑雪场共有 51 家①，80% 以上的百万人次滑雪场位于阿尔卑斯地区。

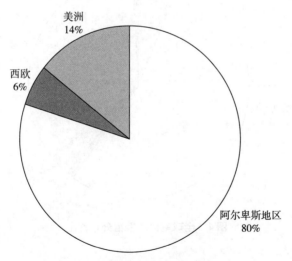

图3　全球百万人次滑雪场分布占比

---

① 若滑雪场冬季平均滑雪人次达到 100 万以上，即视为百万人次滑雪场。

大部分滑雪产业集中在年均滑雪游客量超过 100000 人次的滑雪场。尽管它们仅占全球滑雪场总数的 20%，但是它们占全球滑雪场滑雪人次的 80%。同时，海拔高度并不能作为衡量全球冰雪产业发展的基准。在某些地区，人们可以在与海平面持平的海拔滑雪，而在其他国家，需要在更高海拔地区才能获得更好的雪质。

2. 室内滑雪馆

室内滑雪中心可以追溯到 20 世纪 20 年代的柏林和维也纳。20 世纪 50 年代早期，在日本的西武，有使用复杂的碎冰作为雪表面的传统。现在室内滑雪馆均在雪面下设置了人工坡面。

普遍认为，历史最悠久且依旧运行的室内滑雪中心为 1993 年在英国开业的塔姆沃思。截至目前，约 30 个国家已建成约 100 座室内滑雪中心，约 90 座仍在运营，其中一些是专为越野滑雪建造的。

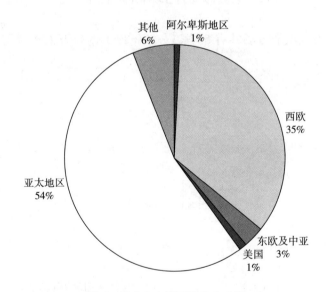

图 4　全球室内滑雪馆分布占比

截至 2019 年 4 月，全球仍在运营的室内高山滑雪中心有 70 座。近年来，中国室内滑雪场的数量急剧增长，2015 年至 2018 年，中国开设了 19 座室内滑雪馆。截至 2018 年底，中国已建成并在运 26 座室内滑雪馆，已成为全球室内滑雪馆最多的国家，其后是荷兰、英国、德国、日本和印度。在中国，最大雪道面积的室内滑雪中心是 2017 年开业的哈尔滨万达娱雪乐园（现更名为哈尔滨融创雪世界），最长的室内雪道位于法国的安内维尔雪场。

（三）全球滑雪人次变化

目前，估计全球整体年滑雪人次达 4 亿（含室内滑雪场)[①]。

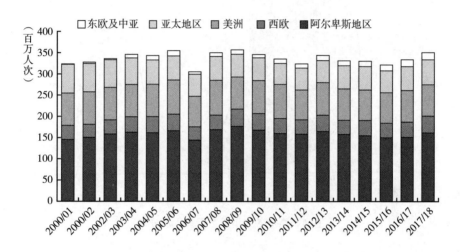

图5　全球滑雪人次变化

（四）世界各地滑雪人次的市场份额

阿尔卑斯地区是世界上最大的滑雪胜地，吸引了 44% 的滑雪者。第二大滑雪胜地是美洲（主要是北美），占全球滑雪人次的 21%。亚太地区曾与美国有相同的市场份额，然而，日本滑雪产业持续下滑，但并未被日益增长的中国滑雪市场所顶替。从长期来看，类似印度与巴基斯坦的国家可能会有

---

① 此估算基于假设过去十五年所有的数据均保持稳定，主要的成熟市场增长减缓（非类似日本的大幅下降），而其他市场兴起。

助于提高者亚洲在国际滑雪者人次分布中的分量①。欧洲北部、南部和西部的非高山国家（西欧辖区内）也吸引了10%的市场份额，滑雪人次主要分布在大量的小型度假村。

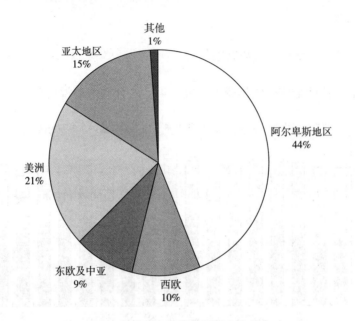

图6 全球各大滑雪区滑雪人次分布

（五）滑雪者来源地分析

对全球滑雪者总数基于各国滑雪人次以及国内参与率进行估算，目前约有1.3亿。得益于东欧和亚洲市场的发展，全球滑雪者数量呈现上升趋势。然而，由于新增滑雪参与率仍低于消失的滑雪人次，滑雪人数的增长趋势并未在滑雪人次中体现出来。除此之外，部分没有滑雪场或只有室内滑雪场的国家，拥有数量庞大的出境滑雪队伍。如荷兰约有100万的出境滑雪者。

阿尔卑斯地区是全球范围内最国际化的滑雪胜地，接待了全球44%的

---

① 这似乎是一个长远的观点，因为到目前为止，这些国家的项目都无法实施，或只在小范围内实施。此外，根据印度的环境保护法，最近滑雪活动在印度的一些地区被禁止。

滑雪人次，却只占全球 15% 的滑雪者。其他地区均没有如此高比例的外国游客。

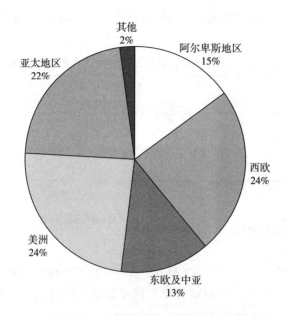

图7　阿尔卑斯地区滑雪者来源地分析

（六）全球滑雪者流动情况

全球滑雪者主要在欧洲流动，跨国滑雪者数量只占少数。如2016～2017年雪季，海外滑雪者数量只占美国滑雪场滑雪总人次的 3.5%（含拉丁美洲游客）。在大多数滑雪胜地国家，受市场规模、运输、旅行时间和成本等因素的影响，外来滑雪者占的比重极其有限。

从全球来看，全世界外国游客数量占参与者总量的 12% 左右。只有少数国家同时拥有出境市场和入境市场。由此来看，滑雪主要基于国内市场，在所有滑雪大国中，国内客户群体是市场的主体。全球几个顶级国际度假村多为外国游客的度假目的地。

目前全球最大的滑雪者出境国为德国和英国，它们为少数几个滑雪者入境国提供滑雪者。绝大部分滑雪者出境国拥有滑雪文化，但没有足够的滑雪场。除此之外，部分国家尽管有巨大的人口，但由于没有滑雪文化，也不可能成为跨境滑雪者的主要供应地。跨境滑雪者的流动集中在非常有限的滑雪胜地，表1显示滑雪者年流动人数超过200000人次的国家排名。

表1　滑雪者年流动人数超过200000人次的国家排名

入境市场	出境市场				
	德国	英国	新西兰	比利时	瑞士
奥地利	1	6	5		9
法国		3	7	8	
意大利	2	10			
瑞士	4				

（七）市场份额未来趋势

东欧、中亚、亚太地区在全球范围内提供35%的滑雪者，但在滑雪人次上仅占25%。此外，从新增的提升设备数量可以确定，东欧和亚洲区域国家滑雪场的建设速度比传统的滑雪区域更快。由此可见，这些地区具有较大的增长空间。上述地区更新和引进雪场提升设备基础设施，逐步实现了度假区的现代化，但游客人数仍停滞不前。其他工业欠发达的东欧国家也并未实现计划的所有滑雪区域的建设。

中国滑雪者数量增长前景光明，但需要改进滑雪消费模式，保证滑雪者对滑雪运动的持续投入，产生持续的发展动力。

二　全球滑雪市场概况

美国、日本、法国和意大利拥有最多滑雪场，每个国家超过200座（不考虑少于5座提升设备的小型滑雪场）。

奥地利和法国有10家以上度假村，每个雪季有100多万滑雪人次。由于近年来滑雪胜地之间的相互关联，目前奥地利超越法国，成为全球拥有最多度假胜地的国家。

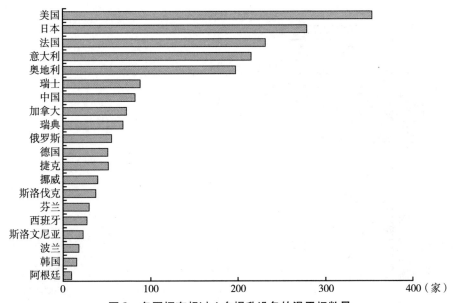

图 8　各国拥有超过 4 台提升设备的滑雪场数量

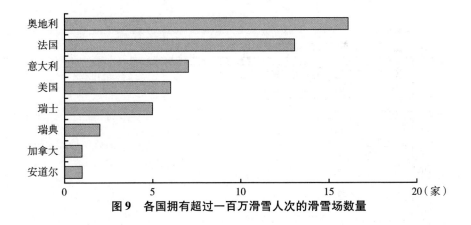

图 9　各国拥有超过一百万滑雪人次的滑雪场数量

法国、奥地利和美国是提升设备最多的国家，每个国家约为 3000 部。

从各国滑雪人次 5 年平均水平来看，美国、法国、奥地利三个国家超过5000 万人次。2018～2019 年雪季，美国重回世界第一位置。法国曾在 2015～2016 年雪季占据全球第一的位置。

列支敦士登、瑞士、奥地利和挪威是滑雪参与率国家，30% 以上的人都参与滑雪。

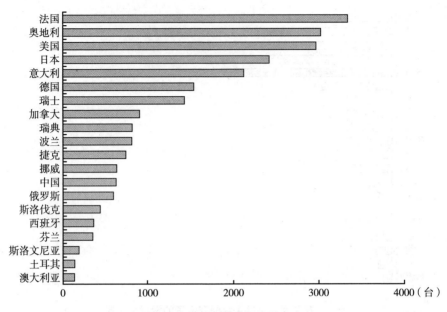

图10 各国提升设备数量分布

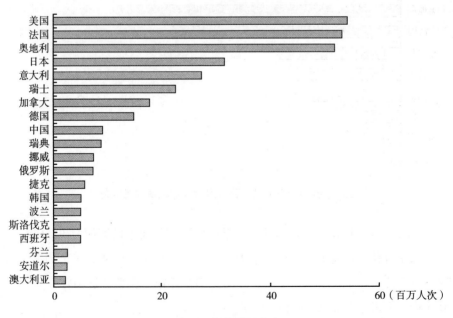

图11 各国滑雪人次

说明：5年平均情况。

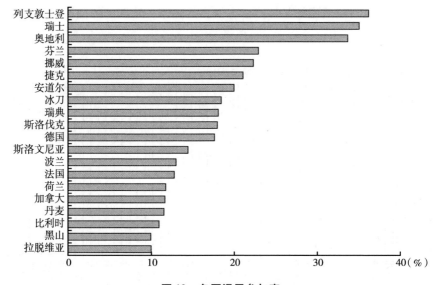

图 12　各国滑雪参与率

美国、德国和中国由于其人口较多，成为国内滑雪者最多的国家。随着参与人数的不断增加，中国跻身世界国内滑雪者数量前三位。在此之前，日本占据第三位。

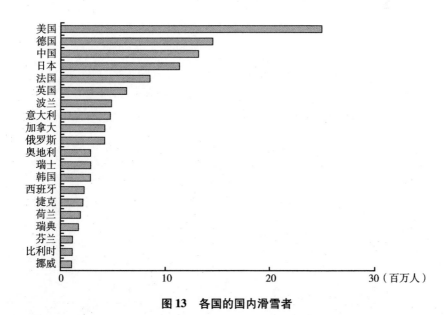

图 13　各国的国内滑雪者

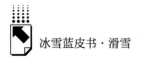

法国、美国和西班牙是外国游客最多的国家，法国的外国游客对滑雪场的贡献最为明显。

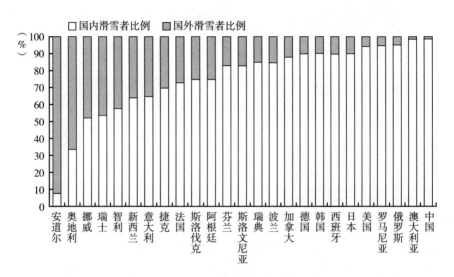

图14　本国和国外滑雪者的比例

大明（维瓦尔第）滑雪
度假区发展概况

魏庆华　赵昀昀*

摘　要： 从全球滑雪产业发展来看，亚洲滑雪主要分布在东亚的日本、韩国和中国。其中，日本从20世纪50年代开始大力发展滑雪产业，韩国起步比日本稍晚，但由于国家经济水平支撑，滑雪产业得以蓬勃发展。截至目前，韩国滑雪人数已经超过国民总数的10%，韩国逐步跻身世界滑雪产业大国之列。本文将以大明（维瓦尔第）滑雪度假区为例，剖析雪场与其他业态结合的四季运营模式，以期为中国滑雪场发展带来些许借鉴。

关键词： 韩国旅游　大明（维瓦尔第）滑雪场　四季运营

一　度假区概况

大明度假村位于江原道洪川，由韩国旅游业巨头大明集团于1993年开设，是韩国综合性度假村，具备韩国最大规模的住宿设施、国际会展中心及多种体育娱乐设施，度假公寓也是韩国国内休闲娱乐产业的先锋，设施齐全，便利舒适。

---

* 魏庆华，中雪众源（北京）投资咨询公司董事长，资深滑雪场管理专家，从事滑雪行业的高级管理和运营工作；赵昀昀，北京卡宾冰雪产业研究院研究员，主要研究方向为冰雪产业。

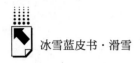

度假村距离首尔 80 分钟车程，涵盖滑雪、山地高尔夫、水上乐园、马术、地下娱乐场和旅游地产等 12 个项目，其中，滑雪场深受当天往返和深夜滑雪的滑雪爱好者欢迎。

截至 2018 年，大明度假村拥有 9700 多间客房，是韩国滑雪场中规模最大的，适合举办大型活动。估计到 2022 年，客房将增加到 14000 间，5 年内增长率达到 44.3%。滑雪场内的公寓旅馆是韩国国内休闲娱乐产业的先锋，设施齐全，便利舒适。旅馆地下有 7000 多平方米的四季娱乐场，内设碰碰车、旋转木马等设施，也包含保龄球馆、台球馆、游泳池、男女桑拿浴、湖水公园、森林浴场、网球场以及 40 余家餐厅等一系列服务设施。

2018 年大明度假村业务报告显示，2018 年全年大明度假村销售额为 6198.3 亿韩元，约合 50900 万美元①，比 2017 年减少 119 亿韩币（约合 1000 万美元）；营业利润为 159.22 亿韩币（约合 1300 万美元），相比 2017 年，减少 1.46 亿韩币（约合 11 万美元）。其中，净利润由 2017 年度的 336.94 亿元（约合 2765 万美元）下降到 2018 年度的 36.25 亿元（约合 297 万美元），下降幅度接近 90%。

大明（维瓦尔第）滑雪度假区山体整体坡度较陡，山形地貌复杂。为迎合以初、中级为主的滑雪市场，在雪道设计中，填平深沟，在山底形成较为平缓地带，以建设初级道；在高山上进行大量土方改造以建设高级道②；同时增加初、中级道宽度，以提升初、中级雪道的游客容量。

在非雪季期间还利用已改造的山体和雪道，通过简单的土方改造和草坪种植将其建为高尔夫球场，吸引夏季游客。

每年雪季，大明（维瓦尔第）滑雪度假区提供首都圈免费穿梭巴士，免费接送游客前往雪场。2018～2019 年雪季，大明（维瓦尔第）滑雪度假区在首尔、京畿道、仁川等地设置 24 条线路、95 个乘车地点，在杨平、春川、原州等分设支线，乘客提前网上预订后均可乘坐。

---

① 美元：韩币以 1∶1219 计算。
② 细分为中高级、高级、最高级。

大明（维瓦尔第）滑雪度假区全年可接待 500 万人次，其中每雪季可接待滑雪人次 80 万人，鼎盛时期在 100 万人次左右，水上乐园约 180 万人次，其他项目为 240 万人次。

图1　大明度假村概况

（一）雪道概况

大明（维瓦尔第）滑雪度假区是韩国离首尔市中心最近的滑雪场，位于海拔 651 米的鹰峰山麓，前山落差仅 276 米。雪场总面积为 132 万平方米，共开发 13 条滑雪道，其中高级滑雪道 9 条、中级道 1 条、初级道 2 条，雪道总长度 6784 米，雪道均以音乐类型命名；配备亚洲最早的 8 人座高速吊椅缆车及 8 人座高速吊厢缆车，共运营 10 台升降设备，总长度 6332 米；由于经常举办滑雪比赛和活动。大明（维瓦尔第）滑雪度假区雪质与雪道一直维持在优秀水准，能满足不同等级滑雪者的需求。滑雪场单日最多容纳 2 万人，连续 8 年在韩国获得最受欢迎的滑雪场称号。

大明（维瓦尔第）滑雪度假区是韩国最早开放夜间滑雪的场地，主要客群为当天往返和深夜滑雪的滑雪爱好者。运营时段分为白天（08：30 ~

17：00）、夜间（18：30－22：30）及一夜（22：30－05：00），雪季期间每日运营 19 小时。

表1　滑雪道数据统计

滑雪道名称	长度（米）	宽度（米）	最大坡度（°）	难度
民谣道	480	60～150	9	初级
雷鬼道	570	30	15～17	中高级
古典道	450	20～40	14～16	中高级
摇滚道	590	30	16～28	最高级
放克道	460	30	17	高级
泰克诺1道	500	50	13	高级
泰克诺2道	570	45	17～19	高级
嘻哈1道	240	40	18	中高级
嘻哈2道	880	70	14～16	中高级
大半管道	210	47	18	高级
蓝调道	365	50	5	初级
爵士道	900	40	13	中级

表2　索道数据统计

索道名称	长度（米）	运输能力（人/小时）	座位数量（个）	限乘人数（人）
布鲁斯1索	313	1800	40	4
布鲁斯2索	343	1800	44	4
民谣1索	468	2400	38	4
民谣2索	492	2400	41	4
爵士索	855	3085	53	6
嘻哈1索	552	1800	74	4
嘻哈2索	582	1800	76	4
泰克诺索	1008	3200	51	8
贡多拉索	1115	2400	42	8
摇滚索	590	1800	78	4

（二）滑雪学校

1. JSKI 国际滑雪学校

JSKI 国际滑雪学校是韩国境内最好的单双板滑雪教学学校。学校教授滑雪课程，为学员提供提高技术、获得自信的各种机会，授课形式包括一对一教学、小组教学、滑雪训练营等。JSKI在韩国维瓦尔第公园、阿尔卑西亚度假村、龙平度假村均设有滑雪学校，教练来自世界各地，以流利英语为主要沟通语言，均为认证专业教练，在日常语言、滑雪能力与滑雪类型方面提供教学指导。

（1）基础课程

JSKI为不同级别（含初级、中级、高级等）的不同类型客户（含儿童、情侣、家庭等）提供专业课程，满足滑雪相关所有需求（含住宿、服装及装备租赁、交通等），根据客户的特殊需求提供定制套餐。同时，学校在雪季运营紧急救援中心，为客服提供24小时服务。

表3　JSKI国际滑雪学校双板课程

水平	讲义课程	讲义内容
初次课程	初学者	理解双板，熟悉雪上感觉
	有经验者	犁式滑行
初中级	初始犁式制动	S转弯
	初级犁式制动	引申转弯
	犁式转弯	犁式滑行到平行滑行
高级	平行滑行	转移身体重量，平行滑行
	小弯滑行	平行小弯滑行

表4　JSKI国际滑雪学校单板课程

水平	讲义课程	讲义内容
初次课程	初次课程	理解单板，熟悉雪上感觉
	2小时后	方向移动（摆动）
	转弯	方向转换
初中级	beginner初级转弯（初级）	掌握S转弯，矫正姿势
	novice初级转弯（中级）	利用引申，调节转弯大小
高级	斜滑转弯	中/高级斜滑转弯
	刻滑转弯	利用板刃转弯

（2）个性课程

①一日单双板套餐

该套餐含缆车票、滑雪服、滑雪板及1小时基础课程。基础课程以团体

课的形式在雪场进行，最多含 15 人。基础训练后，学员可随时练习滑雪。

②私人单双板教程

该教程含缆车票、滑雪服、滑雪板，提供个性化和定制的课程。课程以小组形式进行，最多含 4 人。私人单双板教程提供免费视频以及照片拍摄与 3 分钟编辑视频服务。

③英语滑雪营

英语滑雪营是韩国唯一的英语滑雪露营项目，时间为 3 天 2 晚，适合 7 ~ 12 岁儿童选择。课程包含滑雪课程、英语课程、生活课程三部分。滑雪课程方面，依据学员水平进行分组，以小规模小组形式进行（最多 5 人），通过一定时间的系统培训，使学员提高滑雪能力；英语课程方面，通过 ESL 持证英文母语老师教学，培养学员英语学习兴趣，在实际生活中使用日常英语用语；生活课程方面，在同各国学员学习、生活、交流过程中，强化国际化能力。

2. 维瓦尔第公园滑雪学校

维瓦尔第公园滑雪学校为初次滑雪人士及进阶滑雪人士提供个性化滑雪课程。

（1）学习专用道

维瓦尔第公园为保障滑行安全，为滑雪学校学习者设置学习专用道，避免初学者打滑而造成的事故。学习专用道分多个级别，方便学习者接受滑雪课程。

专用道专门为学习者设计，节约排队时间，提高学习效率。自动收费系统保证初学者更便捷、快速地入场。

（2）最新租赁装备

维瓦尔第公园滑雪学校为参与滑雪课程者提供专用租赁装备，如雪板、雪杖、单板、雪鞋等。

（3）体系化教学

从安全须知到雪板应用，提供体系化安全滑雪教学服务。滑雪学校依据参与滑雪课程者年龄及水平，在前台将其分为幼儿、初/中级别、高级等，专业教练据此提供个性化培训。

（4）学前儿童专用班

维瓦尔第公园滑雪学校以 4 岁起未入学儿童为对象，提供幼儿专用班教学服务。从第一次接触雪板，到依据个人水平技术进阶知道，为学员提供专业化服务。

（5）专业教练，强化培训

维瓦尔第公园滑雪学校设有专门教练，为技术进阶学员提供强化训练，如竞速滑雪、猫跳等深化课程，方便学员快速提高技术。

（6）个性化管理

维瓦尔第公园滑雪学校为不同水准的学员提供个性化管理服务，使学员根据自身水准选择合适的课程，高效提高技能。个性化课程分为初次课程、初中级班、高级班、所有课程、幼儿课程等。

（三）Snowyland 冰雪世界

维瓦尔第雪橇场地为 Snowland 冰雪世界，面积为 5 万平方米，是韩国国内规模最大的娱雪乐园。冰雪世界设置在雪道顶端，可以体验各种雪上活动，如漂流雪橇、充气雪橇、传统冰橇、塑料雪橇、雪地摩托、冰壶、冰球、堆雪人、夜晚烛光庆典等。

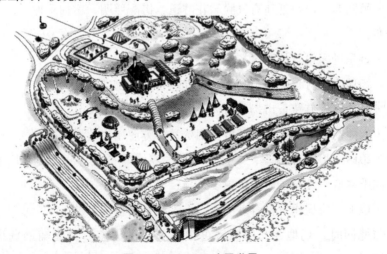

图 2　Snowyland 冰雪世界

Snowyland 冰雪世界分为三个时段，其中，下午票仅支持维瓦尔第公园滑雪世界 APP 网上购买，并最高享受七折优惠。充气雪橇仅在白天开放，漂流雪橇全天开放。普通门票包含吊厢缆车、雪橇及体验区域各项目。儿童不支持用于雪橇项目。

表 5　Snowyland 冰雪世界票种

单位：元

票种	使用时间	标准票(成人／儿童)	周中/周末
白日票	10:00 ~ 16:30	240	168
下午票	12:30 ~ 16:30	168	114
夜间票	18:30 ~ 22:30	168	114

注：36 个月 – 小学毕业前为儿童票范围，下午券仅支持网络购买。
此处价格为人民币价格，按照 0.6 汇率换算。

Snowyland 冰雪世界需乘坐吊厢缆车到达，场内设施追求人性化。

·客人乘坐雪橇滑至最低点后，由机器将人与雪橇拖拉至坡顶，增加安全系数，减少体力消耗；

·游乐场中设置露天洗手间，缓解室内洗手间压力；

·吊厢缆车出口处建有气膜雪花隧道，搭配照明，增加乐趣性，又可暂时避寒；

·游乐场内设置拍照区，便于游客拍照留念；

·场地内设有食物超市，为游客提供各类食物选择；

·场地内设有跳蚤市场，可体验黏胶玩具、购买饰品；

·大厅内设置手机充电及电池租赁站，方便用户使用；

·2018 ~ 2019 年雪季，冰雪世界新规漂流雪橇允许身高 110 厘米以下儿童同乘雪橇，为亲子游提供更多选择；

·地下一层提供价格合理的滑雪个人装备销售服务。

与此同时，场地存在拍照区可拍性不强、漂流雪橇无辅助登顶设施等弊端。

二 四季业态

（一）海洋世界

海洋世界水上乐园 2006 年开业，是以地中海和非洲大陆相接的埃及文化为主题的水上乐园，既展示了古代埃及的文化遗产，又完整保存了古代文明的神秘，受到世界各国游客的追捧。

海洋世界其总面积达到 117604 平方米，其中室内区 43291 平方米，极限运动区 23787 平方米，活力区 31242 平方米，冲浪池 19284 平方米，有标准足球场的 14 倍大。海洋世界水量 200 吨，水道长 300 米，可同时容纳 23000 名游客。海洋世界含 8 栋温泉度假房，入口处设置了由 541 面玻璃组成的金字塔。

水上乐园大致分为室内区、极限运动区、活力区，其中室内区又包括波浪池、流水池、水滑梯、德式温泉 SPA、幼儿水上游乐区、韩式桑拿房、治疗中心、露天浴池、温泉等。

表 6　海洋世界水上乐园项目

区域	水上项目
活力区	怪物冲击波、超级 Boomerango、超大型 Waterflex
超速滑梯区	Cairo Racing、超级 S – RIDE、高速滑梯、家庭漂流滑梯
桑拿区	火窑、黄土房/炭火房/紫水晶房、休息设施
治疗中心	治疗中心
极限运动区	冲浪池、极限河流、儿童池、家庭池
室内区	室内滑梯、室内流水池、儿童池、水疗池、黄金日光浴床、塔池、室外流水池、洞穴浴池、露天浴池/特别浴池、桑拿区、天使 Spa、Spa 村

（二）高尔夫

维瓦尔第公园度假村在非雪季设有大量高尔夫球场，包括 1 个 18 洞会员制球场、2 个 18 洞公众球场及一个 9 洞公众球场，共 63 洞，以填补夏季

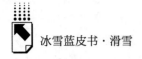

高端运动空白。

球场主要分为维瓦尔第田园俱乐部（Vivaldi Country Club，简称维瓦尔第 CC）、德尔皮诺田原俱乐部（Delpino Country Club，简称德尔皮诺 CC）、索诺菲利斯俱乐部（Sono Felice Country Club，简称索诺菲利斯 CC）、维瓦尔第第九高尔夫俱乐部（Vivaldi 9 Golf Club，简称维瓦尔第 9GC）。

（三）度假酒店

滑雪村为旅客设置了橡树栋、松树栋、枫树栋、樱桃栋、休闲栋及度假区酒店等各种不同档次的酒店，拥有 1278 间客房。其中橡树栋和松树栋以优美的自然环境为背景，配备了多种多样的休闲设施；枫树栋以时尚的室内装修为特点，为顾客提供高端的休息空间；樱桃栋在四季主题修养地提供令人愉悦的客房环境；休闲栋为上流层顾客量身定制的高级客房，提供了私密的高规格安全空间。

表 7　酒店类型

分类	房间类型	入住人数（人）
橡树栋	家庭房	4
	套房	5
	金色套房	7
松树栋	家庭房（炕）	4
	套房（炕）	5
枫树栋	家庭房	4
	套房	5
樱桃栋	套房（自炊型）	5
	套房（清洁型）	5
休闲栋	银色套房	6
	金色套房	7
	总统套房	8
度假区酒店	优选型	2
	豪华型	2
	豪华观景	2

（四）其他

1. 夏日雪橇竞速赛车

2017 年 7 月，维瓦尔第公园度假村开设夏日雪橇竞速赛车，使韩国成为全球继新西兰、新加坡、加拿大之后第四个拥有此项目的国家。

夏日雪橇竞速赛车是一项新兴竞速活动。赛车由传统冰上雪橇改装而来，成为四季可用的无动力斜坡滑车。维瓦尔第公园度假村赛车车道全长约833 米，下坡时速约 10 ~ 15 公里。

2. 草原音乐节

大明度假村滑雪场草原音乐节是度假村非雪季项目之一，许多韩国歌手以及乐队均在此巡演。音乐节聚集了大量的乐迷，结合周边餐厅及商场，形成一条完整的非雪季商业链。

3. 索诺菲利斯马术俱乐部

索诺菲利斯马术俱乐部是韩国一家欧洲风格的经典俱乐部会所，由国家队水平教练提供特定课程，课程受众范围涵盖初学者与爱好者各个级别。

三　案例借鉴

（一）场地复合利用，四季运营

维瓦尔第公园拥有滑雪场、滑雪学校、度假村、水上乐园、高尔夫球场、马术俱乐部、雪橇竞速赛车、草原音乐节、缆车观光等多种业态，以四季经营的理念，实现场地复合利用，将滑雪场开发为冬季滑雪、夏季避暑、春秋观光的综合性旅游度假目的地。

（二）合理改造地形以建设适应滑雪市场的雪道

雪场在开发之初，综合考虑选址地自然条件与基础地形。在低洼处填平

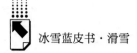

深沟，在山底形成较为平缓地带，以建设初级道；在高山上进行大量土方改造以建设中高级道；同时增加初中级雪道宽度，以提升初中级雪道的游客容量。

（三）雪场与其他业态布局紧密，配套设施完善

高尔夫场地紧邻滑雪场，且部分雪道夏季用作山地高尔夫球场；水上乐园、度假酒店、公寓以及众多娱乐设施等沿山谷与滑雪场紧密布置，并通过地面、地下多种方式联系。庞大的附加设施系统构建了维瓦尔第全方位商业圈，各类资源的综合利用，降低了园区运营成本，缓解了非雪季盈利空白期营收不足的问题。

（四）精细化管理、品质化服务

韩国雪场在借鉴北美成熟雪场发展模式经验的基础上，根据自身滑雪市场特点，打造大规模滑雪服务大厅综合体，形成完善的产业体系。

雪票依据客人类型，实行不同级别折扣。

表8　2018～2019年雪季雪票最新优惠情况

会员		特别优待		其他优惠	
记名会员	5折	残疾人	6折	联名卡	7折
不记名会员	6折	敬老优待	6折	当地人	7折
会员同行	7折	国家功臣	6折	投宿客人	8折

大明（维瓦尔第）滑雪度假区将紧急求助要员称为"维瓦雪警"，采用韩语和英语双语教学。为了让游客享受安全畅快的滑雪运动，维瓦雪警们时刻在雪场内巡视，随时排除安全隐患；指导滑雪秩序和礼仪，让游客更惬意地享受滑雪；一旦发生事故，迅速采取应急措施，护送受伤游客，防止二次伤害的发生。

四　韩国滑雪产业发展现状[①]

韩国是一个多山的国家，冬季天气寒冷。韩国雪季相对较短却很紧凑。学校的学年跟历法相吻合，学生们在每年的 12 月到 1 月放假，接下来就是二月中旬以及春节。而雪季是 11 月底或 12 月初开始，3 月份结束，几乎不会有延迟。

韩国滑雪场基于北美发展模式建造，属于资本密集型产业。建设雪场所用土地通常全部或部分被运营商征用，随后由运营商经营雪场的全部业务。由于韩国的雪场大多为白手起家，因此在道路、公共设施及基础设施方面需要大量投资。韩国雪场住宿几乎均为私人公寓，独特的地形条件也需要大量的土建工作，这通常也限制了大财团对雪场的运营。韩国有几家滑雪场为大型的企业集团所有，主要是韩国的企业，比如现代和 LG，小规模开发商通常会面临经济困难或者破产后被大投资商并购的境地。

在雪上运动成为韩国热门运动之前，滑冰以及滑雪对于部分韩国人来说已经相当熟悉了。韩国第一家滑雪场为龙平滑雪场，1975 年正式开业，曾举办过 1998 年滑雪世界杯、1999 年的江原道亚洲冬季运动会及 2018 年平昌冬奥会高山滑雪项目。龙平滑雪场年平均气温 16.4 度，雪季漫长。韩国雪场大部分为国际标准的配置。1998 年韩国经济危机减缓了滑雪产业发展，2002 年，韩国滑雪产业开始复苏，雪场数量不断增加，一些雪场开始不断地丢失市场份额，市场竞争也愈演愈烈。韩国滑雪产业在 2010 年出现停滞趋势。到目前为止，韩国共有 19 家滑雪场，大部分是国际标准的配置。然而，从 2006～2007 年雪季开始，一些雪场开始暂时或永久关闭。目前仍有 5 个滑雪场处于关闭状态。

从整体来看，韩国雪场均可提供全年活动，大多数雪场至少会有一个高尔夫球场、一个室内游泳池和零售商店。室内购物中心也提供各种娱乐活

[①]　本部分内容根据劳伦特·凡奈特先生的《2019 全球滑雪市场报告》韩国部分整理而来。

动，如保龄球、乒乓球、电子游戏、电影院、卡拉 OK 等，当然也会有饭店、酒吧、俱乐部、夜店等，多数度假村都是白天和晚上全天运营。其中有 3 家滑雪场还有水上乐园和主题公园。

从 21 世纪初期开始到 2008 年，韩国的滑雪人数持续稳定增长。2008 年后，年滑雪人次下降到 500 万以下。即使近几年有几家高质量的滑雪度假胜地开业，也未能改变这一现状。滑雪产业停滞与韩国国内乃至整个亚洲的经济状况和低迷的市场有关。

2018 年平昌冬奥会完全没能提高滑雪的受欢迎程度。2017～2018 年雪季的滑雪人次较前一年下降 10%，较 5 年平均水平下降 20%。

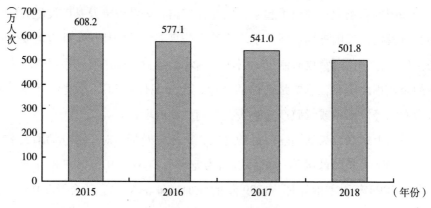

图 3 2015～2018 年韩国滑雪人次

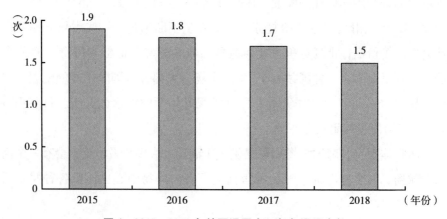

图 4 2015～2018 年韩国滑雪人口每年滑雪次数

在韩国，滑雪已经被包装成一种休闲活动，被视为一种健康运动，这使得它的发展更加敏感。目前从全国范围来看，韩国似乎也在向其他的休闲活动转变。参考过去 5 年韩国滑雪人次平均值，预计滑雪人次下降趋势将持续一段时间。韩国希望能够通过政府的宣传，增加国外游客的数量。

韩国有 4800 万人口，其中有 250 万滑雪人口，滑雪人口占总人口的5%，大众滑雪参与率为 5%，韩国的滑雪市场潜力仍有待开发，且需求将不断增长。

除此之外，韩国滑雪度假胜地的很多高质量的配套设施已经达到国际标准，这对整个亚洲地区的滑雪爱好者具有很大吸引力。除欧洲滑雪度假胜地之外，韩国提供了更多的选择余地。与日本相比，韩国滑雪的价格更有吸引力与乐趣，其中有几家度假胜地的提升设备几乎是 24 小时运营。在这种备受挑战的情况下，韩国滑雪产业似乎正处于一个转折点。要么找到刺激滑雪需求复苏的方法，要么转变滑雪场的商业模式，但增加更多的休闲活动可能只会让企业遭受当前趋势和时尚更不利的影响。

B.14
芬兰滑雪产业发展概况[*]

伍 斌　赵昀昀[**]

摘　要： 芬兰是世界冬季运动项目强国，曾获得 161 枚冬奥会奖牌，在越野滑雪、跳台滑雪、冬季两项等项目中长期占据主导地位。中国与芬兰体育渊源由来已久，自 1952 年新中国在芬兰赫尔辛基首次参加奥运会，到 2019 年中芬两国领导人在北京共同启动了"中芬冬季运动年"，中芬体育情谊已延续 70 年。随着"中芬冬季运动年"的启动，中芬间多个合作交流活动陆续开展，中芬体育合作尤其是冬季体育合作将进一步深化。本文将通过对比芬兰多个滑雪度假区，描述芬兰滑雪产业发展现状，为我国冬季运动发展提供些许借鉴。

关键词： 芬兰　冬奥会　中芬冬季运动年　冬季运动　滑雪产业

一　概述

斯堪的那维亚地区滑雪运动历史悠久，其中越野滑雪已有几千年历史，当地维京人曾把滑雪板作为交通工具使用。1850 年，斯堪的纳维亚半岛

---

[*] 本章节基础资料来源于劳伦特·凡奈特先生的《2019 全球滑雪市场报告》。

[**] 伍斌，北京市滑雪协会副主席，北京市石景山区冰雪体育顾问，北京卡宾滑雪体育发展集团股份有限公司总裁，北京卡宾冰雪产业研究院院长，北京安泰雪业企业管理有限公司董事长，《中国滑雪产业白皮书》主要撰稿人；赵昀昀，北京卡宾冰雪产业研究院研究员，主要研究方向为冰雪产业。

（主要在挪威）举行了第一届滑雪比赛后，滑雪运动得到发展，滑雪运动发展成为一项体育运动。1908年，芬兰滑雪联合会成立。

芬兰地势北高南低，东南部沿海平原地势平坦，多分布越野滑雪场地。与挪威交界的北部地区多山区，分布有高山滑雪场地。芬兰哈尔蒂山的最高点海拔为1328米，为芬兰最高峰。芬兰雪季总体上长于阿尔卑斯山国家，部分雪场营业时间可从十月中旬持续到次年五月中旬。

芬兰滑雪场雪道平均长度为600至800米，最长雪道超过3000米，位于拉普兰地区。北极圈、驯鹿、北极光、圣诞老人、纯净的大自然和清新的空气，使拉普兰地区成为世界冬季滑雪的仙境。同时，芬兰的雪票价格在西欧最为便宜，使得拉普兰吸引了大量从英国、德国、法国和瑞士直飞的游客。

芬兰当地滑雪区各雪场联系密切，不仅很受孩子和初学者的欢迎，也受到专业自由式滑雪者和单板滑雪者的欢迎。滑雪场规模虽小，但娱雪和提升设备俱全，能够满足专业人士接受良好训练的需求。

芬兰的滑雪人次波动较大，大体呈现缓慢上升趋势。目前芬兰滑雪人次250万人，从芬兰滑雪人次5年平均值变化来看，2013~2014年雪季，芬兰滑雪人次较前一雪季下跌15%，之后几个雪季仍未见好转。2016~2017年雪季相较之前增长了6%。2017~2018年冬季保持在大致相同的水平。滑雪人次下跌这一趋势首先在拉普兰地区出现，后期在芬兰中部和南部地区出现。2018年，芬兰在多个滑雪度假区进行大笔投资，尤其是在卢卡，新配置吊厢缆车、吊椅缆车及配套村庄等。

除此之外，芬兰全国人口不足600万，各雪场均重视拓展海外市场。

二 芬兰各大雪场概况

截至2018年底，芬兰有76家滑雪场，其中北部地区和拉普兰地区22家、南部地区26家、中部地区28家。大部分雪场靠近城市或村镇，大型滑雪场主要集中于拉普兰丘原，形成芬兰经典的冬季度假胜地群。

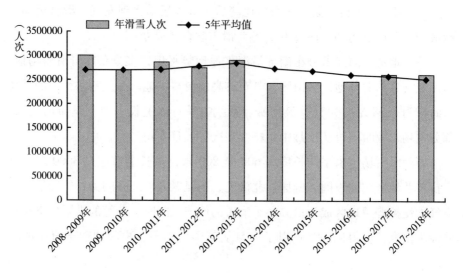

图1 芬兰滑雪人次5年平均值变化

类维（Levi）、卢卡－库萨莫（Ruka－Kuusamo）、禺拉斯（Ylläs）和比哈－洛斯托（Pyhä－Luosto）是拉普兰四大滑雪胜地，海拔高度为500米到700多米不等，山坡的长度最长可达3000米。从适合初学者的初级雪道到适合进阶者的高级黑色雪道，从冰雪公园到野地探险，为滑雪爱好者、家庭游客、户外运动游客提供各类场地与服务。

表1 芬兰典型雪场基本信息

雪场	垂直落差（米）	高山雪道数量(条)	上行设备（台）	最长雪道（米）	越野雪道长度（公里）
类维（Levi）	325	43	27	2500	230
卢卡－库萨莫（Ruka－Kuusamo）	201	34	21	1300	180
禺拉斯(Ylläs)	400	61	29	3000	330
比哈－洛斯托（Pyhä－Luosto）	280	15	9	1800	10
萨利色尔卡(Saariselkä)	180	15	6		
沃卡蒂（Vuokadtti）	170	13	9	1100	

（一）类维 （Levi）

类维滑雪场位于北极圈上的罗瓦涅米（Rovaniemi）市以北170公里处，距离基蒂莱（Kittila）机场15公里，冬季平均积雪深度70厘米，是芬兰最大的滑雪场，也是芬兰发展最快的滑雪胜地。雪场配备含2条高速吊厢与2条6人吊椅在内的27条地面提升设备，运力达27900人/小时。类维滑雪场目前共有43条高山雪道，其中10%雪道开放夜场滑雪。

类维滑雪场共配备300台造雪机，每年从10月底运营至次年5月中旬，正常雪季长达200天。2018～2019年雪季，类维滑雪场滑雪人次达到60万（不含越野滑雪人次），其中70%是芬兰当地人。

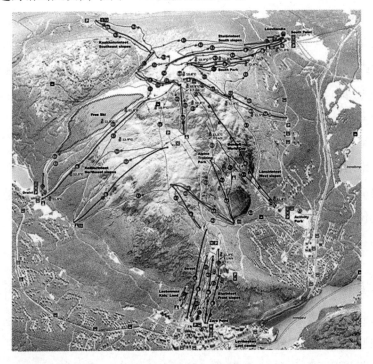

图2 类维滑雪场雪道

滑雪场内可以进行高山滑雪或单板滑雪运动，是芬兰唯一拥有高山滑雪世界杯级别雪道的滑雪胜地，每年11月举办高山滑雪世界杯第一站小回转

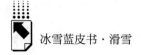
男子组和女子组比赛。由于纬度高、气温低，为满足竞赛要求，类维每年均使用特殊技术储存大量天然雪供下个雪季使用。

类维属于紧凑型现代化度假村，在设计之初，便坚持"服务均在步行距离之内"与"住宿均接近大自然"两大原则，商业系统中心布局以方便游客为主，如越野滑雪道临近酒店或别墅群，在度假村与缆车间设置免费穿梭班车等，节约滑雪者往返精力。目前度假区内有 3 座健身房、2 个保龄球馆、3 家食品杂货店、60 多家餐厅、商店、药房、医疗中心、按摩与瑜伽中心、SPA 等，有 5500 多件冬季和夏季活动装备可供租借，极大便利了游客出行需要。我国吉林万科松花湖度假区建设便参考了芬兰类维滑雪场的元素。

除滑雪外，雪场靠近拉普兰荒原，拥有 230 公里免费越野滑雪道、20公里宽胎自行车和冬季步行小径，游客参与滑雪运动之余可以参与远足、探险等各类运动。度假区探险乐园内有 10 条全长索降路线和 70 多道挑战关口，还可进行穿雪鞋步行、冬季拉力赛车、冰上卡丁车、雪地摩托、驯鹿与哈士奇雪橇、拜访圣诞老人、高尔夫、小径远足探险、划船垂钓、观光旅行、山地自行车、飞碟高尔夫、拉普兰传统仪式等活动。

类维地理位置独特，每年平均有 200 多个夜晚能见到北极光。度假区内专门建造玻璃穹顶屋酒店，在提高视角开阔度的同时防止光污染，是欣赏极光的绝佳场地。

（二）卢卡 - 库萨莫

卢卡山位于芬兰东部的库萨莫，交通便利，卢卡 - 库萨莫度假村依山而建，是芬兰几个大型滑雪度假村之一，是阿尔卑斯式的活力山镇。它是芬兰最受欢迎的山地滑雪度假村之一，年滑雪人次约 20 万，一年四季开放。卢卡 - 库萨莫滑雪场共有 34 条雪道，配备含 6 人拖挂吊椅缆车在内的 9 条升降设备，每小时游客运送量为 11200 人。

卢卡是滑雪世界杯跳台滑雪、越野滑雪、北欧组合式滑雪等 8 个项目的比赛地，可提供世界一流水平的高山滑雪、自由滑雪和滑板滑雪运

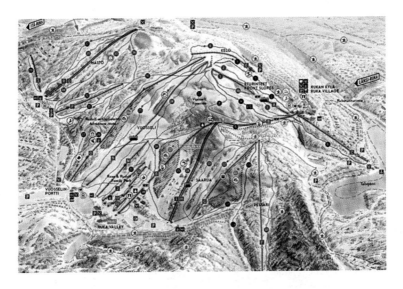

图 3　卢卡－库萨莫滑雪场雪道

动的训练和比赛设施。每年 11 月末，卢卡会举办跳台滑雪和北欧两项世界杯。

卢卡－库萨莫配备家庭初学者乐园，成人与儿童可在指定区间内进行滑雪练习和度假；另有穿越树林的冒险乐园，增加动物、隧道灯元素，增强代入感。

卢卡－库萨莫雪季从十月一直延续到次年五月，雪期长达 200 天，水上运动和远足的季节则从六月持续至十月。度假区连续四年被世界滑雪大奖委员会评选为芬兰最佳滑雪胜地。

卢卡－库萨莫是北芬兰最受欢迎的会议地点之一，新建的卢卡会议中心可提供多功能设施，安排召开从小团体会议到 1500 人大型会议的多种类型会议和展览活动。

卢卡－库萨莫地区旅游项目多样，拥有 500 公里雪地摩托路径、160 公里徒步远足小径、100 公里自行车小径、350 公里划船路径，同时，将驯鹿牧场探访等室外活动与保龄球、水疗养生等室内活动等相结合，打造大自然旅游目的地。

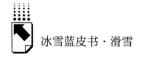
（三）禹拉斯

禹拉斯是芬兰拉普兰地区最高的山峰之一，海拔 718 米。禹拉斯滑雪场有 7 座山峰和 2 个原始拉普村落，配备 29 部滑雪提升设备，61 条雪道，超级大回转雪道以及芬兰最长的 3500 米雪道。禹拉斯位于芬兰地势最高的荒原，雪场内可进行高山速降练习。

从雪道长度和面积来说，禹拉斯是芬兰第一大滑雪场，但雪场南北坡虽雪票通用，但分属两个公司运营。因此从运营主体看，通常认为类维为芬兰第一大滑雪场。

图 4　禹拉斯滑雪场雪道

禹拉斯雪村酒店位于禹拉斯和类维之间，距离类维约 45 公里，于 2018 年 12 月开业。酒店根据实际情况，每年更换建筑设计和室内装饰主题，让游客体验独特的芬兰冰雪文化之旅。

（四）比哈－洛斯托

比哈－洛斯托位于芬兰最南端山麓比哈—洛斯托国家公园，比哈与洛斯托分别位于国家公园外的两端，是芬兰第四大滑雪中心。比哈 – 洛斯托是拉普兰最具有休闲性质的姊妹度假村，二者通过远足步道与滑雪道相连接。2017 年，比哈 – 洛斯托被评为芬兰最佳雪场。

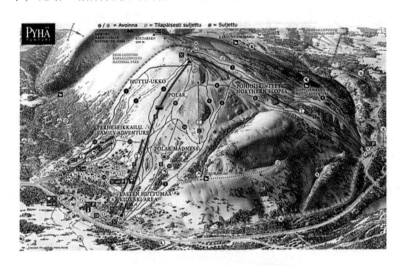

图 5　比哈 – 洛斯托滑雪场雪道

比哈滑雪度假村属于城郊学习型雪场，游客多为芬兰本地人。滑雪赛事设施到位，多举办滑雪积分赛。度假村内便利设施均在步行或滑雪可轻松抵达的范围内，滑雪路线可满足各类滑雪者需要。

比哈滑雪度假村历史悠久，吊椅缆车历史超过 60 年，每年接待 13 万滑雪人次。雪场小而精，是多个欧洲国家高山滑雪队的训练基地，曾举办过多场国际级别单双板滑雪赛事。

比哈滑雪度假村滑雪学校历史超过 40 年，提供高山滑雪、单板滑雪、泰勒马克滑雪及越野滑雪各类课程。

比哈滑雪度假村流线设计规划中，设置了篝火、用餐等多处开放地点，随时随地满足游客需求。场地内搭建了攀冰场地，综合优势明显。

比哈滑雪场下方设置了大片宿营地，每年雪季开始时，许多当地居民将房车开到此处，通过支付一个雪季的停车费并办理季卡的方式，实现全雪季滑雪。雪场附近有多处木屋，满足滑雪爱好者长期定居需求。

（五）萨利色尔卡

萨利色尔卡位于芬兰的极北地带，是芬兰最北端的滑雪地，位于乌尔霍·吉科宁（Urho Kekkonen）国家公园萨利色尔卡度假村内。该雪场垂直落差180米，配备6条提升设备和15条雪道，其中7条雪道夜场开放。除此之外，已开发200公里越野滑雪道。雪场内可进行越野滑雪、速降滑雪等各类滑雪活动与比赛，满足高水平滑雪爱好者的需求。

萨利色尔卡度假区是芬兰历史最悠久的滑雪度假村之一，配备8间酒店、10家旅行社、29家餐厅以及其他商铺，设施完备。度假区有夏季、缤纷秋季、初雪季、圣诞季、春日滑雪季五个旺季，冬季可开展狗拉雪橇探险、驯鹿雪橇、驾驶雪地摩托探险、穿雪鞋步行以及其他数十种冰雪活动。同时，由于度假区地形相对适宜步行、自然环境清新、野外木屋休憩所设置密集，夏季可在乌尔霍·吉科宁国家公园内进行几小时的远足或连续几周的探险。

另外，度假区位于北极圈以北260公里处，是全世界纬度最北的度假村，能够欣赏北极光与午夜太阳。

（六）沃卡蒂

芬兰沃卡蒂奥林匹克中心位于芬兰中部凯努区索特卡莫市沃卡蒂镇，成立于1945年，与运动学院、国家体育机构、教育及文化部密切合作，为精英运动员提供训练设施、专业教练等服务。沃卡蒂镇人口仅有3000人，因专业的奥林匹克训练中心闻名于世。沃卡蒂奥林匹克中心包括室外滑雪道、室内滑雪隧道、冬季两项射箭场、健身中心、游泳馆、运动康复及医疗中心与冰球馆，被评为芬兰最佳专业训练基地。

训练基地建有世界第一条滑雪隧道，全长1.2公里，宽8米，落差18米；建有世界唯一的单板隧道，长80米，宽20米，高10米。基地内温度始终保持在零下5度，可以一年四季进行雪上训练。除满足运动员日常训练外，全年向游客开放。

同时，沃卡蒂拥有提供专业滑雪培训服务的沃卡蒂体育学院，是官方认可的奥林匹克培训中心。经过多年发展，沃卡蒂已拥有丰富的国际体育赛事及培训经验，长期接待不同国家和国际水准的体育团队进行训练，吸引了包括冬季两项、越野滑雪队、跳台滑雪队等众多类型的队伍前来驻营培训。沃卡蒂滑雪学校曾两度当选芬兰年度最佳滑雪学校，除接待专业培训以外，还可向初学者提供各类冰雪运动课程以及芬兰文化教育体验。

2019 年，约 200 名中国冰雪运动员在沃卡蒂陆续接受专项训练，备战 2022 年北京冬奥会。

三　芬兰冬季运动发展经验

（一）基础雄厚，政府支持

依据联合国国际研究，全年龄段的芬兰人锻炼率全球最高。而芬兰地处北欧，自然地理位置及气候条件使其适合开展冰雪运动。滑雪是芬兰最普及的群众性体育运动项目，是芬兰的全民运动。

芬兰冰雪参与基础雄厚。截至 2018 年底，芬兰共有 540 万人口，其中 100 万为滑雪积极爱好者。"全家滑雪度假"是芬兰人参与滑雪运动的全民理念，滑雪运动成为芬兰人日常娱乐项目。

芬兰的越野滑雪历史悠久，越野滑雪是芬兰民族象征的重要组成部分。滑雪运动的风行与政府支持息息相关。目前芬兰全国共有数千公里雪道，大部分由政府出资管理，免费对公众开放，在吸引滑雪者的同时，满足居民日常雪上运动需要。目前，仅首都赫尔辛基附近便设置了数十处免费滑雪场。帕洛黑奈（Pailoheina）户外公园是赫尔辛基附近最大的免费滑雪场，每年滑雪假期间滑雪人数可达 1000 人/天。场内同时设置儿童戏雪区，方便儿童初学者学习滑雪。夏季时，公园可作为跑步、骑行场地，向公众开放。

芬兰各级政府与公共服务机构将满足市民的冰雪运动需求置于保障市政交通的高度。赫尔辛基市开发了冰雪地图，全市约有 40 名工作人员在各雪

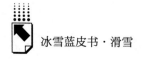

场、冰场和滑雪道巡逻，根据冰雪质量每日更新地图信息。赫尔辛基市民可实时手机登录，直观、便捷地掌握雪场和冰场是否开放。这一举措为普通民众参与冰雪运动提供了便利条件。

（二）青少年冰雪普及与滑雪教学

芬兰在教育和科技创新领域水平世界领先。自2000年起，经济合作与发展组织（OECD）每3年组织一次对各个国家15岁学生的测试，迄今为止，芬兰学生各项成绩均名列前茅，被公认为全世界基础教育成功的典范。师资力量方面，自1979年起，芬兰规定中小学老师属"研究型"人才，必须具备硕士学历。这项全球范围内相对严苛的标准，也是推动芬兰师资水平居于全球前列的重要动力。

芬兰重视儿童冰雪教育，在芬兰，6岁以下的孩子只要佩戴了头盔，均能免费在滑雪场玩耍，芬兰的中小学生每年2月左右都会有一周的滑雪假，学校自小学开始就设有滑雪课程，各个滑雪度假区中的儿童游戏区都有专人管理，为儿童成为真正的滑雪爱好者打下了良好的基础。

芬兰滑雪学校在全国提供统一质量服务，滑雪教练均受过专业的授课训练、护理训练和救生训练，至少会讲三种语言，所有教练均持证上岗，并且经过统一考试评定级别。儿童滑雪教练是教练中的特殊群体，他们深知儿童生理、心理状态，寓教于乐，让孩子们轻松掌握滑雪的要领。

（三）可持续理念

芬兰在可持续发展和创新方面具有领先地位，是世界范围内可持续发展的典型国家。从自然环境看，芬兰全国森林覆盖率超过70%，全境拥有20万个纯净湖泊，空气质量位于世界前列。可持续理念受到芬兰政府、各地领导机构及各级官员的重视。

"可持续"也是芬兰滑雪场馆建设的重要理念，以拉赫蒂体育场为例，大跳台底部建造有游泳池，冰雪融化后，可在夏季作为游泳场所面向公众开放，也能满足游泳赛事需求。体育场中心草坪在冬季是越野滑雪运动的冲刺点，夏季能够满足各种其他项目的需求。虽然场馆冰雪季利用时间短，但综合利用范围广，场馆基本不存在闲置问题。

产品可持续方面，芬兰在冬季运动设备设施、可持续数字工具及可持续人造冰雪利用方面的技术和方法达到了世界最高标准，符合全球可持续发展的要求。

（四）冰雪训练

1. 奥林匹克训练中心

良好的气候条件、设备设施条件及冰雪运动发展的长久历史，使芬兰滑雪场成为世界级冬季体育项目培训基地。

芬兰南部城市拉赫蒂目前是世界知名奥林匹克训练中心。拉赫蒂总面积154.5 平方公里，陆地面积 134.9 平方公里，人口 12 万。2017 年举办过北欧滑雪世界锦标赛，吸引了 60 多个国家的 700 多名参赛运动员参加。中国女子队员在高台跳雪项目上进入前 30，取得了重大突破。

目前，芬兰全境共有 11 个奥林匹克训练中心，其中两个坐落在拉赫蒂——维耶鲁梅基（Vierumaki）和帕尤拉赫蒂（Pajulahti）。世锦赛期间，所有参赛运动员均在维耶鲁梅基生活训练。

维耶鲁梅基是各支国家队的训练基地，也是世界顶尖的体育培训学院所在地，中心 24 小时营业，设置适合 100 多个运动项目的设施，全年可接待50 万人，每年有 800 名学生毕业。维耶鲁梅基也是对普通民众开放的户外休闲俱乐部，可为普通游客提供 3300 个床位。

拉赫蒂奥林匹克训练中心对全世界运动员开放，中国首支世界顶级冰球联赛球队——昆仑鸿星组建初期在此处完成了训练、磨合，中国越野滑雪队常年在此训练。中心管理层大多在早年有运动员和教练员经历，精通冬、夏奥运会各类项目，拥有博士学位，横跨运动训练、心理学、环境科学等各类学科，为训练中心科学训练课程提供了强大的人才支撑。

迄今为止，中国冬季项目的队伍已经有超过 700 人次赴芬兰接受训练，这对我国冬季运动项目发展有着不可估量的积极作用，也将进一步推进我国

冬季运动项目的发展与国际水平接轨。

2.芬兰体育学院

芬兰的体育大学、体育学院、综合性大学，以及教育部、体育俱乐部、体育协会等之间已建立起全面的协作关系，搭建完善的冬季运动人才培养体系。

凯萨卡里奥体育学院，位于芬兰南部，主要是为运动员提供教育，并且开展各种各样的赛事。芬兰凯萨卡里奥体育学院从业资格培训班是 2019 年中芬冬季运动年官方重点教育项目，按照芬兰及欧盟职业标准教学，由芬兰凯萨卡里奥体育学院直招，为全日制 1 年期课程。该课程全程采用小班授课的方式，课程内容包括体育指导、运动技能教练、赛事组织、专项体育教练资格四门。培训班结业时可获得芬兰及欧盟共同认可的芬兰教育体系资格证书、芬兰教练教育文凭、单项运动国际协会证书。培训班的目的是为中芬两国提供体育业内专业人才，其宗旨具体有三个：一是为更多人提供体育职业教育，帮助其进入体育行业就业，以抓住最佳的体育职业发展契机；二是帮助体育从业人员快速提升自己的职业技能和职业水平，为其将来在这个行业深耕和发展提供助力；三是为那些有意向去芬兰从事体育工作的人提供一个极有价值的职业通路。

桑塔体育学院位于芬兰北部，由罗瓦涅米桑塔体育集团投资运营，属于以体育为特色，融学院教学、科研培训和户外休闲功能于一体的文教度假综合体。

（五）滑雪产业"黑科技"

芬兰在与冬季恶劣的自然条件长期做斗争的过程中，研制出领先世界的雪处理技术，其中一项为提前囤积天然雪以应对"雪荒"。2002 年夏季，为满足芬兰运动员在当地进行夏季集训的需要，芬兰滑雪教练曾在 22℃的自然条件下，成功用囤积雪铺成高山速降雪道。2014 年索契冬奥会，芬兰方面设计整套雪场建设与维护方案，在冬奥会开始前，利用隔热技术帮助索契提前收集和储存了 80 万立方米的雪量，为冬奥会成功举办提供双重保障，将自然因素影响降到了最低，满足国际奥委会和冬季单项协会的严格要求。

除此之外，芬兰极寒天气易对人体造成极大损害。随着滑雪运动及医疗健康等各种问题的出现，芬兰政府更加关注全民关节与骨骼健康，推动了大量的相关科学研究。芬兰保健系统在极高的道德标准框架下，推动芬兰技术创新局与各大学专家进行联合研究，为冬季运动的运动员与普通民众的健康提供了极高的保障。

（六）滑雪 + 文化

作为世界传统冰雪强国，为了能在日渐饱和的市场中找到立足之地，芬兰除了开发中国等潜在市场外，还积极寻找自身旅游资源，发展差异化的冰雪品牌，提高国家冬季运动核心竞争力。

芬兰在波的尼亚湾海岸建造冰雪城堡，打造出了极地冰雪之旅，邀请世界知名的艺术家参与冰雪城堡推广。城堡内搭配建造冰酒店、冰酒吧、冰餐厅、冰教堂、冰雪堡垒等各类冰雪元素建筑、设施，举办大型冰雕展览，吸引全世界各地的游客体验芬兰独有的冰雪文化。

此外，芬兰利用纬度优势，打造极地冰雪之旅，通过组织游客参观北极圈圣诞老人村、乘坐爱斯基摩犬雪橇、进行冰雪垂钓、乘坐破冰船、体验波罗的海破冰之旅、冰海沉浮、体验芬兰传统桑拿浴等活动，让世界了解北极萨米人的拉普兰文化。

（七）对外交流

除吸引全球专业滑雪竞技队伍在冬奥训练中心参与训练外，芬兰也积极组织大众休闲滑雪运动的相关交流与培训。

芬兰是最早同新中国建立外交关系的西方国家之一，是第一个同中国签订政府贸易协定的西方国家，也是中国"一带一路"建设中十分重要的合作伙伴。2018 年，芬兰拉赫蒂市与张家口市签约成为友好城市，芬兰冬季运动培训公司为张家口提供越野滑雪、跳台滑雪、北欧两项等项目的人员培

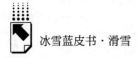

训，同时组织面向全市中小学的冬奥知识普及主题培训活动，取得了良好的进展。

2019 年，中芬两国领导人宣布将冬季运动作为中芬两国合作的重点，未来冰雪相关运动也将在中芬两国间持续展开。中国与芬兰在冬季运动相关研究机构、企业、政府及冬奥城市等方面已加强沟通与了解，建立了多个合作伙伴关系，为实现"三亿人上冰雪"目标提供了强大的推动力，为中国冰雪运动的发展和即将到来的 2022 年北京冬奥会筹办工作带来一定启发。

高校交流方面，2018 年，北京体育大学派出 9 名体育商学院学生赴芬兰拉普兰大学、芬兰应用科技大学进行为期两年的交流访问，积极创造机会与冰雪强国开展合作交流，学习芬兰先进的冰雪技术及经验，为我国培养更多国际化高水平的冰雪产业人才、提高我国冰雪产业整体的科学技术含量、促进我国冰雪产业又好又快地发展做出了贡献。

信息来源与鸣谢

　　《中国滑雪产业发展报告》是卡宾冰雪产业研究院每年一辑的系列研究报告，本书为第四辑。四年来，随着中国滑雪产业飞速发展，卡宾冰雪产业研究院不断强化品牌塑造、加强专家顾问团队建设、提升冰雪报告质量，受到社会、业内人士、学术界以及消费者的广泛关注。在多位业内专家的助力下，《中国滑雪产业发展报告》的成长步伐越加坚实有力。

　　2022年北京冬奥会的经济效应带动中国滑雪产业进入了全面发展的时期，我国滑雪产业发展空间逐步扩大。至此书出版发行之日，距离2022年北京冬奥会开幕式已不足1000天。"千日太久，只争朝夕"，卡宾冰雪产业研究院期待与各位同仁一起，见证冬奥进入北京周期以来中国滑雪产业的发展变化，为中国滑雪产业描绘更为清晰的画像，为中国冬季运动发展做出更多的贡献。

　　感谢以下单位对本报告提供数据与信息支持！

北京体育大学　　　　　　　　　　抚顺市农业特产学校

雪乐山室内滑雪　　　　　　　　　成都西岭雪山

美团门票　　　　　　　　　　　　马蜂窝旅游网

北京粉雪科技有限公司　　　　　　北京自然力量科技贸易发展有限公司

北京雪族科技有限公司　　　　　　魔法滑雪学院

北京安泰雪业投资管理有限公司　　中雪众源（北京）投资咨询有限责任公司

《滑雪场大全》　　　　　　　　　众信旅游

金雪花滑雪产业联盟

Abstract

Annual Report on Development of Ski Industry in China (*2019*) is the fourth series of blue book on the development of winter sports industry. Since 2016, *Annual Report on Development of Ski Industry in China* has passed four years. As the first comprehensive research report on the development of China ski industry, *Annual Report on Development of Ski Industry in China* will continue to contribute to the development of China ski industry based on the domestic reality.

Annual Report on Development of Ski Industry in China (*2019*) continues the structure of the first three years and consists of four parts: general report, hot repoot, case studies and International Experience and Lessons.

The general report starts from the global and domestic, relies on the *2019 International Report on Snow& Mountain Tourism* and *China Ski Industry White Book* (*2018*) as the backing, expounds the development status of the global and China ski industry from the ski resorts and skier, ski equipment, personal equipment, ski training, ski event five parts.

The hot report select hot Topics in the ski industry development nowadays, discusses China ski industry development is facing opportunities and challenges from the development of ski area, ski market characteristics, research of performance evaluation of large ski resort, diamond model of Beijing-Tianjin-Hebei ski destination competitiveness analysis, four seasons operations talents of ski resort, etc.

The case studies takesclassic enterprises of domestic ski industry chain and ski resort as examples, such as Xiling Snow Mountain, Antaeus Ski, Magic Ski School, SKI + Huabei and SNOWNOW, analyzes and summarizes their successful experience in the development process, analyzes their operation mode and concept, bring reference for the development of enterprises related to the ski industry chain.

International Experience and Lessons takes the ski world in Vivaldi park in South Korea and the ski industry in Finland as examples, selects representative cases of ski industry development from the Asia-pacific region and the Nordic region, points out the direction for the future development of China ski industry.

This report adopts questionnaire survey method, market survey method, expert interview method, qualitative analysis method, literature and other methods to analyze the current development trend of the ski industry in China and international, provide reference for the decision-making of the ski industry in China.

Contents

I　General Report

Abstract: The 2018 − 2019 snow season is the fourth season since the successful bid for the 2022 winter Olympics. In the past four years, China ski industry has maintained a strong, powerful and relatively healthy development. Compared with the traditional skiing countries in the world, the number of ski resorts in China is growing rapidly, the number of people participating in ski sports is increasing significantly, the equipment and facilities of ski resorts and skier equipment are gradually showing the trend of nationalization, ski training and ski events is gradually forming a scale. This report continues the research model of the development status of China ski industry in the previous three years. Through a horizontal comparative analysis of various chains of the ski industry chain, it summarizes the valuable experience and practical problems in the development process of China ski industry, contributing to the success of the winter Olympics and "300 million people participate in winter sports".

Keywords: Ski Industry in China; Ski Resorts; Skiers; 2022 Winter Olympics

II   Hot Reports

B. 2   Analysis of the Development of Major ski Areas in China

Zhao Wei / 079

Abstract: To develop winter sports industry, cold climate and abundant water resources are the basic conditions, ice and snow resources are greatly affected by geographical location. In the world, snow and ice resources are mainly concentrated in regions above 40 degrees latitude. If the temperature is lower than 40℃, the temperature is higher for the snow and ice to melt. Therefore, in the region of 40 − 50 latitude, it is most suitable to develop snow and ice projects under natural conditions. China snow and ice are mainly distributed in the western alpine glacier accumulation area. The area of snow and ice in stable seasons is 4. 2 million square kilometers, including northeast China, eastern and northern Inner Mongolia, northern and western Xinjiang, and Qinghai-Tibet plateau; the unstable snow cover area is located in 24° − 25° north latitude. Snow-free areas include only Fujian, Guangdong, Guangxi, Yunnan, Hainan and most of Taiwan. Chinese annual average snowfall supply is 345. 18 billion cubic meters, with half of its snow and ice resources concentrated in the western and northern alpine regions. Generally speaking, Chinese ski resorts should be mainly distributed in five snow and ice industrial zones, namely Changbai mountain snow and ice industrial zone, Da xing'an ling-yin mountain snow and ice industrial zone, Yanshan-Taihang mountain snow and ice industrial zone, Qinling-Funiushan mountain snow and ice industrial zone, Qionglai mountain-Minshan snow and ice industrial zone.

Keywords: Ski Area; Ski Industry; Ice and Snow Resources

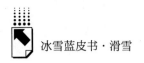

B. 3　Seeing China ski Market Characteristics from Mafengwo. com

Wang Bing / 107

Abstract: With the development of China economy and society and the improvement of material and living standards, the consumer demand is becoming more and more diversified. Tourism plays an increasingly important role in promoting consumption, tourism service platform comes into being. As a relatively emerging form of tourism consumption, skiing has been increasingly appearing in the operating sectors of major service platforms and occupies a considerable share. This paper will rely on the big data of Mafengwo. com platform, integrates and analysis of China ski industry development status and characteristics, painting a clearer portrait of the skier, find a way to promote the upgrade of ski tourism consumption and promote the development of the ski industry.

Keywords: Mafengwo. com; Ski Tourism; Skier; Ski Market; Big data

B. 4　Research on Performance Evaluation of Ski Resorts in China

Based on Balanced Scorecard　　　*Zhang Yongze* / 131

Abstract: Since the 2022 Beijing Winter Olympics were successfully bid, China ski industry has entered a period of accelerated development as an important means to help the goal of "300 million people to participate in winter sports", an important carrier to meet the people's needs for a better life. While facing the national major policy to promote the development of winter sports and the trend of leisure consumption upgrade, ski industry in our country is still has practical problems such as prominent profit problem, ski industry business model innovation progress based on the local is slow-moving. At the same time, external potential environmental resource constraints are presented for the ski industry quality and efficiency problem more pressing questions, especially in the background of big economic development from "high growth into high quality", ski optimization and transformation and upgrading of industrial structure adjustment in the context of the development of the new era is more urgent. How to find a high quality development path with both economic and social benefits under the limitation of resources and environment is an important issue for practitioners and researchers in the ski industry in China.

Keywords: Balanced Scorecard; Ski Resort; Performance Evaluation; Winter Olympics

B. 5 Analysis of the "Diamond Model" of the Competitiveness of Beijing-Tianjin-Hebei Ski Destination   *Liu Huaxiang* / 148

Abstract: Since winning the right to host the 2022 Winter Olympics, China ski market has shown a trend of booming development. With the continuous growth of the ski market, different regional ski destinations show obvious competitive tension. Beijing-Tianjin-Hebei as the site of the 2022 games, showing a strong advantage backwardness, under this background, the author try to study the Beijing-Tianjin-Hebei region as the research category, take the ski destination competitiveness as the research object, combine the theory of porter's diamond model, the application of the method of documentation, expert interview method, field survey method, mathematical statistics method of Beijing-Tianjin-Hebei ski destination on qualitative analysis, through the analysis of the competitiveness of Beijing-Tianjin-Hebei ski destinations, find competitive advantages and disadvantages of the Beijing-Tianjin-Hebei region ski destinations, to provide the reference for the public understanding of Beijing-Tianjin-Hebei ski destination competitiveness present situation, to provide a realistic basis for the government, enterprises to take relevant measures to improve the competitiveness of the Beijing-Tianjin-Hebei ski destination.

Keywords: Ski Destination; Competitiveness; Ski Industry; Beijing-Tianjin-Hebei

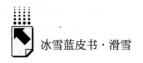
B. 6   Empirical Study on Cross-border Training of Four Seasons
Operational Talents in Ski Resorts in Vocational Education

Sun Zhimin, Wu Zhihai / 174

Abstract: After the successful bid for the Winter Olympics in Beijing, China
in 2015, winter sports were quickly promoted and spread in China, skiing has
developed rapidly in China. From the perspective of the professional and technical
personnel of the ski resort, the problems of professional and technical staff
appearing in the four seasons of the ski resort are studied, and the key points of the
problem are analyzed, clear viewpoint is put forward, rationalization suggestions
are given. And actually explore and explore in vocational education. Utilize
vocational education platform to connect with skiing companies, innovate and
develop, build ice and snow service specialty, school and enterprise cooperation to
jointly cultivate "winter sports + agriculture" composite professional and technical
personnel, provide four season operation supporting service personnel for ski
resorts, and solve the shortage of ski resort talents problem.

Keywords: Vocational Education; School-enterprise Cooperation; Four-
year Operation; Cross-border Personnel Training

Ⅲ   Case Studies

B. 7   Analysis of the Operation Mode of Chengdu Xiling Snow

Mountain Ski Resort   *Kou Dexin, Yan Cheng and Li Xiao* / 194

Abstract: As a typical representative of the ski resorts in southern China,
Xiling Snow Mountain adheres to the development strategy of "ice and snow
experience + scenic area operation" based on the differences between north and
south ice and snow resources endowment attributes and customer group structure.
By creating a four-season product pattern of "Flower in Spring, Cool in
Summer, Red Leaf in Autumn, Skiing in Winter", in 2017, Xiling Snow

Mountain received a total of 857, 000 passengers (527, 000 people in winter), in 2018, it received 1. 003 million customers (606, 000 in winter) people) . This paper aims to explore the possibility of the medium and short-term development path of small and medium-sized ski resorts in the South by analyzing the operation orientation, source structure and product structure of Xiling Snow Mountain.

Keywords: South Ski Resort; Four Seasons Operation; Customer Group Structure

B. 8 Exploration of Professional Ski Resort Operation Management Mode   *Liu Yu / 205*

Abstract: The ski resort is the leader of the ski industry and the core of the development of China winter sports industry. However, the profitability of most ski resorts in China is not optimistic. An important reason is that these ski resorts generally have professional shortages in operation management. This paper takes the specialized snowfield operation management mode as the entry point, studies the origin of professional snowfield operation management, uses Antaeus Ski, the domestic professional snowfield operation management pathfinder, Macearth, the Asia-Pacific professional snowfield management pioneer, explore the operation mode of specialized snowfield operations.

Keywords: Ski Resort Operation Management; Antaeus Ski; Macearth

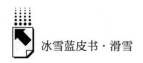

B. 9　Practice and Thinking on the Operation Mode Innovation of China Ski Training Industry by Magic Ski School
—*"Full-teaching ski resort" results sharing of Beijing Haidian hot spring winter sports park*

Zhang Yan, Jiang Yingchao and Zhang Guoliang / 218

Abstract: Beijing has entered the winter Olympics cycle, the winter Olympics economy highlights, the entire ski industry will usher in a historic opportunity. Among them, the ski training industry will play a huge role in promoting the whole ski industry. Independent ski training institutions such as Magic Ski School are representative enterprises in the whole ski training industry, and their development has important implications for domestic ski training institutions. Magic Ski School is the first ski training institution to introduce the advanced ski teaching system from abroad and continuously carry out the localization of China ski teaching system. The pioneering advanced operation mode of "whole teaching" ski resort explores the development of ski training institutions and the teaching management of ski resort. This report elaborates on the development process of Magic Ski School, milestone nodes of different development stages and reflection on China ski training market, analyzes the practical results of "full-teaching ski resort" initiated by magic ski academy, which has certain reference significance for China's ski training industry.

Keywords: Ski Training; Model Innovation; Teaching System; Full Teaching

B. 10　Looking at China Skiing Mobile Social Platform by "SKI + Huabei"

Du Haijun / 229

Abstract: Since Beijing joined hands with Zhangjiakou to bid for the 2022 winter Olympics in 2015, a series of favorable policies have been introduced. The development optimization of the industry, the constant evolution of demand, the good development of the economy also make the ski industry into a new period of development. At the same time, the rapid development of Internet make the ski industry has special features and the new development direction, the birth of the company or product following the "Internet + ski" idea emerge in endlessly, for example, apps such like Huabei, Goski, Skiing Aid, Hao Shihua; ski entrance guard or ticketing system such as Gold Eagle, Huaxuezu. com; public account focuses on the content of "We-Media"; major internet companies focused on skiing event such as sina, etc. In recent years, China ski mobile social platform is in a new development era, from dozens of embryonic period to a few, it is not difficult to see the development of this industry. This paper takes the product of Beijing Fenxue technology co. , ltd. "SKI +Huabei" app as an example to make a preliminary discussion on the ski industry.

Keywords: Ski Social APP; Ski Socializing; Ski Track Recording; Online Ski Event; Video Service

B. 11　Seeing the Development of Indoor Simulated Ski Industry from Skinow

Abstract: Abstract: on July 23, 2015, China won the right to host the 2022 winter Olympic Games, the upsurge of skiing broke out. This sport, which used to be called the unaffordable rich people's sport, has really entered ordinary people's homes now, and its main characteristics have been labeled as fashion, which is popular among young people. Technologies such as artificial intelligence, big data is the key drivers of a new round of revolution of science and technology, from the outside ski resorts to the development of the indoor ski slope, represented by simulating indoor ski machine new ski technology is speeding up the ski industry iteration, promoting skiing forms from the "outdoor skiing" to "indoor skiing", then to the artificial intelligence technology of "interior design builds simulated outdoor skiing in four dimensional space" evolution. This also makes China indoor

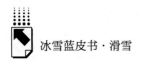
ski simulation industry into a golden period of development.

Keywords: SKINOW; Indoor Ski; Simulator

Ⅳ   International Experience and Lessons

B. 12   Overview on Development of Ski Industry in the world

Laurent Vanat, *Wu Bin* / 272

Abstract: The 2017 −2018 snow season is the second snow season show an upward trend of the global ski industry, and is the fourth best snow season in the world since the new millennium. This is a positive industrial phenomenon after three years decline. At present, although the global ski industry is still facing challenges, the number of skiers in western countries tends to be more or less stagnant, but global performance is still at a high level. This part of the report refers to the *2019 International Report on Snow& Mountain Tourism* by Mr. Laurent Vanat of Switzerland, analyzes the current development of the global ski industry in all continents, and discusses the development trend of the global ski industry.

Keywords: Global Skiing Industry; Ski Market; Ski Trips

B. 13   Daemyung Resort (Vivaldi) Ski Resort

Wei Qinghua, *Zhao Yunyun* / 285

Abstract: From the perspective of global ski industry development, Asian skiing is mainly distributed in Japan, South Korea and China in east Asia. Among them, Japan began to vigorously develop its ski industry from the 1950s, while South Korea started a little later than Japan, but thanks to the support of the national economic level, the ski industry has been booming. So far, the number of skiers in South Korea has exceeded 10 percent of the country's total population. This paper will take Daemyung (Vivaldi) ski resort as an example to analyze the four-season operation mode of combining ski resort with other formats, so as to bring some references for the development of China ski resorts.

Keywords: Korean Tourism; Daemyung Resort; Vivaldi Ski Resort; Four — Seasons Operation

B. 14　Development of the Finnish Ski Industry

Wu Bin, Zhao Yunyun / 300

Abstract: Finland is a world power in winter sports, with 161 winter Olympic medals and a dominant position in cross-country skiing, ski jumping and biathlon. China and Finland have a long history of sports. From 1952, when the People's Republic of China first participated in the Olympic Games in Helsinki, Finland, to 2019, when the leaders of China and Finland jointly launched the "China-Finland Winter Sports Year" in Beijing, China-Finland sports friendship has lasted for 70 years. With the launch of the "China-Finland Winter Sports Year", a number of cooperation and exchange activities between China and Finland have been carried out successively, and the cooperation between China and Finland in sports, especially in winter sports, will be further deepened. This paper will compare the dimensions of ski resorts in Finland and describe the development status of ski industry in Finland, so as to provide some references for the development of winter sports in China.

Keywords: Finland; Winter Olympic Games; Winter Sports; Ski Industry; China-Finland Winter Sports Year

❖ 皮书起源 ❖

"皮书"起源于十七、十八世纪的英国，主要指官方或社会组织正式发表的重要文件或报告，多以"白皮书"命名。在中国，"皮书"这一概念被社会广泛接受，并被成功运作、发展成为一种全新的出版形态，则源于中国社会科学院社会科学文献出版社。

❖ 皮书定义 ❖

皮书是对中国与世界发展状况和热点问题进行年度监测，以专业的角度、专家的视野和实证研究方法，针对某一领域或区域现状与发展态势展开分析和预测，具备原创性、实证性、专业性、连续性、前沿性、时效性等特点的公开出版物，由一系列权威研究报告组成。

❖ 皮书作者 ❖

皮书系列的作者以中国社会科学院、著名高校、地方社会科学院的研究人员为主，多为国内一流研究机构的权威专家学者，他们的看法和观点代表了学界对中国与世界的现实和未来最高水平的解读与分析。

❖ 皮书荣誉 ❖

皮书系列已成为社会科学文献出版社的著名图书品牌和中国社会科学院的知名学术品牌。2016年，皮书系列正式列入"十三五"国家重点出版规划项目；2013~2019年，重点皮书列入中国社会科学院承担的国家哲学社会科学创新工程项目；2019年，64种院外皮书使用"中国社会科学院创新工程学术出版项目"标识。

权威报告·一手数据·特色资源

皮书数据库
ANNUAL REPORT(YEARBOOK)
DATABASE

当代中国经济与社会发展高端智库平台

所获荣誉

- 2016年，入选"'十三五'国家重点电子出版物出版规划骨干工程"
- 2015年，荣获"搜索中国正能量 点赞2015""创新中国科技创新奖"
- 2013年，荣获"中国出版政府奖·网络出版物奖"提名奖
- 连续多年荣获中国数字出版博览会"数字出版·优秀品牌"奖

成为会员

通过网址www.pishu.com.cn访问皮书数据库网站或下载皮书数据库APP，进行手机号码验证或邮箱验证即可成为皮书数据库会员。

会员福利

- 已注册用户购书后可免费获赠100元皮书数据库充值卡。刮开充值卡涂层获取充值密码，登录并进入"会员中心"—"在线充值"—"充值卡充值"，充值成功即可购买和查看数据库内容。
- 会员福利最终解释权归社会科学文献出版社所有。

数据库服务热线：400-008-6695
数据库服务QQ：2475522410
数据库服务邮箱：database@ssap.cn
图书销售热线：010-59367070/7028
图书服务QQ：1265056568
图书服务邮箱：duzhe@ssap.cn

社会科学文献出版社 皮书系列
SOCIAL SCIENCES ACADEMIC PRESS (CHINA)
卡号：238686235963
密码：

法律声明